Das bietet Ihnen die CD-ROM

 Rechner

- AfA-Rechner
- Gewerbesteuer-Rückstellung
- Innerbetriebliche Leistungs-
  verrechnung
- u. v. m.

 Arbeitsvorlagen

- Vorlagen für Rechnungen und
  Quittungen
- Kassenbericht, Kassenbuch
- Reisekosten- und Bewirtungs-
  kostenabrechnung
- Belegjournal

 Checklisten

- Abstimmarbeiten und Beleg-
  organisation
- Bewirtung, Geschenke
- Reisekosten, Telefonkosten
- Richtigkeit von Rechnungen
- u. v. m.

 Gesetze

Informieren Sie sich aus den zentra-
len Rechtsquellen:

- Einkommensteuergesetz
- Umsatzsteuergesetz

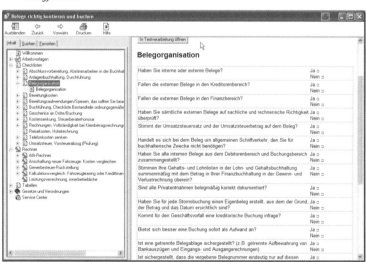

Screenshot der CD-ROM: Nutzen Sie die Arbeitshilfen und Checklisten
für Ihre Buchhaltungsarbeiten – einfach per Mausklick in die Textverar-
beitung übernehmen.

Bibliographische Information Der Deutschen Bibliothek

Die Deutsche Bibliothek verzeichnet diese Publikation in der Deutschen National-
bibliographie; detaillierte bibliographische Daten sind im Internet über http://dnb.ddb.de
abrufbar.

ISBN: 978-3-448-09306-3   Bestell-Nr. 01170-0002

1. Auflage 2007 (ISBN: 978-3-448-07480-2)
2. Auflage 2009

© 2009, Rudolf Haufe Verlag GmbH & Co. KG
Niederlassung Planegg/München
Redaktionsanschrift: Postfach 13 63, 82152 Planegg/München
Hausanschrift: Fraunhoferstraße 5, 82152 Planegg/München
Telefon: (089) 895 17-0
Telefax: (089) 895 17-290
www.haufe.de
online@haufe.de
Produktmanagement: Dipl.-Kffr. Kathrin Menzel-Salpietro

Redaktion und DTP: Peter Böke, 10961 Berlin
Umschlag: HERRMANNKIENLE, Simone Kienle, 70199 Stuttgart
Druck: Bosch-Druck GmbH, 84030 Ergolding

Belege richtig kontieren und buchen

von
Dipl.-Kfm. Elmar Goldstein

2. Auflage

Haufe Mediengruppe
Freiburg · Berlin · München

Inhaltsverzeichnis

Inhaltsverzeichnis

Inhaltsverzeichnis

Vorwort

„Wohin verbuche ich nur diesen Beleg?" Jeder Buchhalter stellt sich diese Frage mehr oder weniger häufig. Trotz Kontierungs- und Buchungshinweisen aus der Fachliteratur erleben selbst erfahrene Buchhalter den Praxisschock eines Schuhkartons unsortierter Belege.

In diesem Buch haben wir über 75 häufige Buchungsfälle zusammengestellt – von A wie *Arbeitskleidung* bis Z wie *Zinserträge*. Auf der linken Buchseite ist jeweils der Originalbeleg abgebildet. Auf der gegenüberliegenden Seite erfahren Sie, wie Sie den Geschäftsvorfall den richtigen Konten zuordnen und buchen. Darüber hinaus finden Sie zu jedem Buchungsfall Hinweise, worauf Sie buchungstechnisch und rechtlich besonders achten müssen. Nutzen Sie dieses Buch als Nachschlagewerk: Wenn Sie Ihren Fall nicht im Buchungs-ABC finden, hilft Ihnen das ausführliche Stichwortverzeichnis am Ende des Buches weiter.

Die Belegsammlung kann ein Lehrbuch über Buchhaltung oder einen Kontierungsratgeber nicht ersetzen, aber durch Praxisbeispiele ergänzen. Zum Grundverständnis des DATEV-Systems und für Fragen zur richtigen Kontenzuordnung empfehlen wir den „Schnelleinstieg in die DATEV-Buchführung" und „Richtig Kontieren von A bis Z" aus dem Haufe Verlag.

Für die zweite Auflage wurde das einleitende Kapitel „Worum geht es in der Buchführung?" hinzugefügt. Hier erfahren Sie, was Sie beim Kontieren und Buchen grundsätzlich beachten müssen: Welcher Kontenrahmen ist der richtige? Wie werden Belege bearbeitet? Wie schreiben Sie korrekte Rechnungen? Welche Aufzeichnungspflichten müssen Sie beachten? Anhand dieser Fragen entwickeln Sie ein Gespür für die Belegprüfung und für die richtige Zuordnung in der Buchhaltung.

Der Anhang am Ende des Buches enthält zahlreiche Formulare, die Sie im Unternehmensalltag regelmäßig benötigen: Fahrtenbuch, Anlagekarte, Abschreibungstabelle, Reisekostenabrechnung u. v. m. Anhand von Beispielen erfahren Sie, wie Sie die Formulare korrekt ausfüllen und einsetzen. Alle Formulare finden Sie auch als Blanko-Vorlagen auf der CD-ROM zum Buch.

Im Anhang finden Sie Auszüge der Kontenrahmen SKR03 und SKR04 der DATEV eG Nürnberg. Die Original-Kontenrahmen sind im Internet unter www.datev.de kostenfrei erhältlich. Wenn Sie dort im Feld „Servicesuche" die Dokumenten-Nr. 0907800 eingeben, finden Sie alle DATEV-Kontenrahmen zum genannten Jahr.

Mein besonderer Dank gilt auch dem Bundesverband der Industrie für den Industriekontenrahmen (IKR). Der ungekürzte und erläuterte Industriekontenrahmen ist im Heider-Verlag, Bergisch-Gladbach, erschienen.

Die neuen Rechnungsvorschriften nach dem Umsatzsteuergesetz zwingen zur Offenlegung persönlicher Daten. Daher sind Aussteller, Empfänger und u. U. weitere Teile unserer Belege fiktiv oder geschwärzt. Herzlich danken möchten wir der Firma Terrashop, die mit der Namensnennung einverstanden war.

Bei der Fülle des Zahlenmaterials sind Druckfehler nicht auszuschließen. Verlag und Autor sind für diesbezügliche Hinweise und Anregungen dankbar. Kontierungsfälle, die Sie in unserem ABC nicht finden, bitten wir, schriftlich beim Verlag oder mit Belegabbildung (tif-Format in 300 DPI) unter **konto@internetfibu.de** nachzufragen. Wir werden jede Anfrage beantworten und diese Kontierung in der nächsten Auflage berücksichtigen.

Heppenheim, im Februar 2009 *Dipl.-Kfm. Elmar Goldstein*

Worum geht es in der Buchführung?

In diesem einleitenden Kapitel werden die wichtigsten Fragen zum Thema Buchführung behandelt. Zunächst stellen wir Ihnen die vier in Deutschland am meisten verwendeten Kontenrahmen sowie die unterschiedlichen Kontenfunktionen vor. Anschließend erfahren Sie, was Sie beim Kontieren und Buchen grundsätzlich beachten müssen. Ab Seite 28 finden Sie eine Anleitung, wie Belege in der Buchhaltung bearbeitet werden.

Kontenrahmen und Kontenplan

Ein Kontenrahmen stellt ein vorgegebenes System von gegliederten Konten dar, die Sie bei Ihrer Buchführung verwenden. Die (bis zu 1.000) Standardkonten sind in Kontenklassen und Kontengruppen geordnet. Wie eine Postleitzahl verweist die Kontonummer auf einen Bereich ähnlicher Konten. Die richtige Zuordnung – Kontierung – der Geschäftsvorfälle wird dadurch erleichtert.

Postleitzahlen für die Konten

Im DATEV-Kontenrahmen SKR04 bezeichnet z. B. die Kontenklasse 0 die Konten des Anlagevermögens, darunter 05 und 06 „Andere Anlagen", „Betriebs- und Geschäftsausstattung" und letztlich das Konto 0650 „Büroeinrichtung". Im Gegensatz zum Industriekontenrahmen und Großhandelskontenrahmen sind sämtliche Sachkontennummern vierstellig.

Aus dem Kontenrahmen wählen Sie je nach Umfang Ihrer Buchhaltung nach und nach die zu Ihrem Betrieb passenden Sachkonten aus. Dies können weniger als 50 oder auch mehr als 200 sein. So ersparen Sie sich eine Menge Arbeit für eigene Bezeichnungen und Kontenfunktionen. Der betriebliche Kontenplan besteht zum einen aus den für Ihre Buchhaltung ausgewählten Konten sowie aus zusätzlichen individuellen Konten.

Während der Kontenplan immer wieder neu den betrieblichen Änderungen angepasst wird, ist die grundsätzliche Wahl des Kontenrahmens nur schwer zu revidieren.

Welcher Kontenrahmen ist der richtige?

Die Kontierungstabelle berücksichtigt die vier in Deutschland am meisten verwendeten Kontenrahmen.

Kontenrahmen des Groß- und Außenhandels

Der Kontenrahmen des Groß- und Außenhandels wird von Handelsschulen, Volkshochschulen, IHK und anderen Einrichtungen zu Ausbildungszwecken gebraucht und ist von daher weit verbreitet. Er gilt den Einen als bewährter Standard, den Anderen trotz der Anpassung 1988 als veraltetes Kontensystem. Herausgeber ist der Bundesverband des Groß- und Außenhandels.

Kontenklasse	Kontenarten
0	Anlage- und Kapitalkonten
1	Finanz- und Privatkonten
2	Abgrenzungskonten
3	Wareneingangs- und Bestandskonten
4	Konten der Kostenarten
5	Konten der Kostenstellen
6	Konten für Umsatzkostenverfahren
7	Frei
8	Umsatzerlöse
9	Abschlusskonten

Industriekontenrahmen

Mit dem IKR wurde 1988 der frühere GKR an das geänderte Bilanzrecht angepasst. Er wird zumeist in der Industrie und im Handwerk eingesetzt. Der Bundesverband der Industrie entwickelte diesen Kontenrahmen mit integriertem Nummernkreis für die Betriebsbuchhaltung.

Kontenklasse	Kontenarten
0	Immaterielle Anlagen und Sachanlagen
1	Finanzanlagen
2	Umlaufvermögen und Rechnungsabgrenzung
3	Eigenkapitalkonten und Rückstellungen
4	Verbindlichkeiten und Rechnungsabgrenzung
5	Erträge
6	Betriebliche Aufwendungen
7	Weitere Aufwendungen
8	Ergebnisrechnungen
9	Kosten- und Leistungsrechnung

DATEV-Kontenrahmen

Die diversen DATEV-Kontenrahmen unterscheiden sich im Wesentlichen nur in der Anordnung der Konten, weshalb z. B. für das Konto „Raumkosten" im DATEV-Kontenrahmen SKR03 die Nummer 4200, im SKR04 hingegen die Nummer 6305 vorgesehen ist. Wenn Sie nicht nach dem DATEV-System buchen, stehen Ihnen die Automatikfunktionen nicht zur Verfügung. Gleichwohl kann es sinnvoll sein, einen der folgenden Kontenrahmen zu verwenden.

SKR03

Wenn Sie nach dem Kontenrahmen des Großhandels die Buchführung gelernt haben, so finden Sie im SKR03 die vertrauten Kontenklassen und bekannte Kontennummern.

Kontenklasse	Kontenarten
0	Anlage- und Kapitalkonten
1	Finanz- und Privatkonten
2	Abgrenzungskonten
3	Wareneingangs- und Bestandskonten
4	Betriebliche Aufwendungen
5 + 6	Frei für Kostenrechnung
7	Bestände an Erzeugnissen
8	Erlöskonten
9	Vortragskonten – Statistische Konten

SKR04

An den Positionen des Jahresabschlusses orientiert sich der SKR04 (Aktiva, Passiva, Erträge und Aufwendungen). Er ist übersichtlicher gegliedert und von daher für den Neueinsteiger zu empfehlen. Da sich die Gliederung an die HGB-Vorschriften für Kapitalgesellschaften anlehnt, sollten insbesondere GmbH-Buchhalter diesen Kontenrahmen verwenden.

Kontenklasse	Kontenarten
0	Anlagevermögen
1	Umlaufvermögen
2	Eigenkapitalkonten
3	Fremdkapitalkonten
4	Betriebliche Erträge
5 + 6	Betriebliche Aufwendungen
7	Weitere Erträge und Aufwendungen
8	Frei für Kostenrechnung
9	Vortragskonten – Statistische Konten

Kontenfunktionen

Automatische Umsatzsteuerfunktionen

Automatische USt.-Berechnung

Vom DATEV-System sind bereits etliche Konten im SKR mit Automatikfunktionen zu Umsatzsteuerberechnungen ausgestattet. Wenn Sie den Kontenrahmen zur Hand nehmen, sehen Sie zu Beginn etlicher Kontenklassen eine Box mit Kontenbereichen, markiert durch KU, M oder V. Unmittelbar vor den einzelnen Kontennummern stehen die Buchstaben AM und AV.

Das Kürzel AV vor der Kontonummer bedeutet, dass die Vorsteuer aus dem auf diesem Konto gebuchten Bruttobetrag herausgerechnet und automatisch auf dem Vorsteuerkonto verbucht wird. Das Kürzel AM steht für die automatische Verbuchung der Mehrwertsteuer, wenn Sie die so gekennzeichneten Erlöskonten ansprechen.

Als weitere Kontenfunktionen, eingearbeitet in den DATEV-Kontenrahmen, sind hier zu erwähnen:

USt.–Zusatzfunktionen

KU = Keine Umsatzsteuer
V = Nur Vorsteuerabzug/Korrektur möglich
M = Nur Mehrwertsteuer/Korrektur möglich

Die solchermaßen belegten Kontenbereiche verhindern Fehlbuchungen. So kann bei einer Privatentnahme aus der Kasse weder
Vorsteuer abgezogen noch Mehrwertsteuer berechnet werden, und
bei einer Warenrücksendung kann nur die Vorsteuer, nicht aber
versehentlich die Mehrwertsteuer korrigiert werden.

Fehlbuchungen verhindern

Weitere Kontenfunktionen

Die Sammelfunktion S kennzeichnet Konten, auf denen Buchungs-
beträge gesammelt werden, ohne durch Buchungssätze direkt ange-
sprochen zu sein – so z. B. vom System errechnete Vorsteuerbeträge
oder Mehrwertsteuer.

Eine Sonderrolle bilden die mit S gekennzeichneten Konten „Verbindlichkeiten" bzw. „Forderungen aus Lieferungen und Leistungen".
Da auf diesen Konten automatisch die Salden der Personenkonten
erscheinen, können sie als einzige Sammelkonten nicht direkt bebucht werden. Dieser Schutz verhindert eventuelle Differenzen zwischen dem Sachkonto und den entsprechenden Personenkonten.

Ebenfalls nicht bebucht werden können die mit R reservierten Konten. Hier behält sich die DATEV vor, zukünftig Konten mit neuen
Merkmalen festzulegen. Beispielsweise wurden viele Konten mit
15 % und 16 % USt. für die Umsatzsteuererhöhung in 2007 gesperrt
und neu belegt.

Konten mit dem Kürzel F machen auf spezielle Funktionen, z. B. die
Abfrage und das Einsteuern in die Umsatzsteuervoranmeldung oder
die Zusammenfassende Meldung aufmerksam.

Buchungsschlüssel und Automatik

Bei der Eingabe des Gegenkontos in der DATEV-Buchhaltung hat
man die beiden zusätzlichen Stellen für Korrektur- und Umsatzsteu-
erfunktionen vorgesehen. Realisiert werden diese Funktionen, wie so
oft bei der DATEV, durch Schlüsselung. In den folgenden Beispielen
wurde der SKR04 verwendet.

Barkauf von Bürobedarf (# 6815) zum 3. Juli:

Umsatz	Gegenkonto	Beleg 1	Datum	Konto	Text
23,88 –	906815	0	03.07.	1600	Schreibwaren

Im Bruttobetrag von 23,88 EUR sind 19 % Vorsteuer enthalten. Diese zu ermitteln und auf dem Vorsteuerkonto zu sammeln, überlassen wir dem Computer durch den Schlüssel 9.

Umsatzsteuerschlüssel

Die 2. Stelle (oder 6. von rechts) des Feldes Gegenkonto regelt also die Umsatzsteuerberechnung:

	Umsatzsteuerberechnung
1	Mehrwertsteuerfrei (mit Vorsteuerabzug)
2	Mehrwertsteuer 7 %
3	Mehrwertsteuer 19 %
5	Mehrwertsteuer 16 %
7	Vorsteuer 16 %
8	Vorsteuer 7 %
9	Vorsteuer 19 %

Wenn Sie sich noch an die Kontenfunktionen erinnern, so gibt es im DATEV-Kontenrahmen Konten, die bereits mit den Funktionen der automatischen Vorsteuer- oder Mehrwertsteuerberechnung belegt sind. Die Verwendung dieser Konten erspart die Mühe, bei jeder Buchung einen Umsatzsteuer-Schlüssel setzen zu müssen.

Der Warenverkauf zum 15.07. an den Kunden Hermann Hirsch (Deb. 12400) kann also sowohl auf dem Automatikkonto (AM) 4400 als auch auf dem Konto 4000 verbucht werden:

Umsatz	Gegenkonto	Beleg 1	Datum	Konto	Text
23.491,20 –	12400	846	15.07.	4400	Restposten

oder

Umsatz	Gegenkonto	Beleg 1	Datum	Konto	Text
23.491,20 +	304000	846	15.07.	12400	Restposten

An diesem Buchungsbeispiel sieht man auch, dass die Benennung von Konto und Gegenkonto frei wählbar ist – vorausgesetzt, man kommt mit Plus und Minus nicht durcheinander.

Achtung:

Aus Sicherheitsgründen lässt die DATEV die USt.-Schlüsselung bei der Verwendung von USt.-Automatikkonten nicht zu.

Buchungssätze, nach denen also nach Ihren Anweisungen Umsatzsteuerberechnungen doppelt durchzuführen sind, werden vom Rechenzentrum nicht verarbeitet.

Einen Sonderfall der USt.-Schlüsselung stellt die Verbuchung von EG-Umsatzsteuerfällen dar. Hier greift die DATEV auch auf die erste Stelle des Gegenkontos zurück. EG-Umsatzsteuer wird danach mit den Ziffern 10 bis 19 geschlüsselt:

EG-Umsatzsteuer-Schlüssel	
10	Erlöse aus einer in einem anderen EG-Land steuerpflichtigen Lieferung
11	Steuerfreie innergemeinschaftliche Lieferung
12	Erlöse aus einer im Inland steuerpflichtigen EG-Lieferung: 7 % MWSt
13	Erlöse aus einer im Inland steuerpflichtigen EG-Lieferung: 19 % MWSt
15	Erlöse aus einer im Inland steuerpflichtigen EG-Lieferung: 16 % MWSt
17	Innergemeinschaftlicher Erwerb: 16 % (MWSt und Vorsteuer)
18	Innergemeinschaftlicher Erwerb: 7 % (MWSt und Vorsteuer)
19	Innergemeinschaftlicher Erwerb: 19 % (MWSt und Vorsteuer)

§ 13b-Umsatzsteuer-Schlüssel

Auch für Leistungen, bei denen der Leistungsempfänger die Umsatzsteuer einbehalten und an das Finanzamt abführen muss (Bauleistungen, ausländische Unternehmer), ist die Erfassung auf Automatikkonten vorgesehen. Für die Buchung von Anzahlungen, die unter § 13b UStG fallen, hat die DATEV keine Automatikkonten zur Verfügung gestellt. Den Ausweis in der Umsatzsteuervoranmeldung erreichen Sie in diesen Fällen durch einen Umsatzsteuerschlüssel an der 1. und 2. Stelle.

46	Erbrachte Leistungen § 13b UStG
91	Erhaltene Leistungen 7 % Vorsteuer und Umsatzsteuer § 13b UStG
92	Erhaltene Leistungen o. Vorsteuer 7 % Umsatzsteuer § 13b UStG
94	Erhaltene Leistungen 19 % Vorsteuer und Umsatzsteuer § 13b UStG
95	Erhaltene Leistungen o. Vorsteuer 19 % Umsatzsteuer § 13b UStG

Berichtigungsschlüssel

Stornobuchung Die erste Stelle des Gegenkontos ist mit den Ziffern 2 bis 9 für Korrekturen und die Aufhebung von Kontenfunktionen vorgesehen. Der Schlüssel „2" kennzeichnet eine Stornobuchung (DATEV-Bezeichnung: Generalumkehr). Eine so geschlüsselte Habenbuchung erscheint mit negativen Vorzeichen auf der Sollseite, eine Sollbuchung erscheint mit Minus auf der Habenseite des bebuchten Kontos.

Der Warenverkauf zum 15.07. an den Kunden Hermann Hirsch (Deb. 12500) wurde versehentlich dem Modehaus Hans Hirsch (Deb. 12400) zugeschrieben und in der Juli-Buchhaltung verbucht. Zur Erinnerung die Fehlbuchung in der Juli-Buchhaltung:

Umsatz	Gegenkonto	Beleg 1	Datum	Konto	Text
23.491,20 +	304000	846	15.07.	12400	Restposten

Das Storno dieser Buchung erfolgt in der August-Buchhaltung unter dem gleichen Buchungsdatum:

Umsatz	Gegenkonto	Beleg 1	Datum	Konto	Text
23.491,20 –	2304000	846	15.07.	12400	

Hier der verkürzte Kontoauszug zum Debitor 12400, gebucht bis 31.08.:
Hans Hirsch

Datum	Gegenkonto	Buchungstext	Soll (Umsatz)	Haben
1507	4000	Restposten	23.491,20	
...				
1507	4000	Generalumkehr	- 23.491,20	
Sammelbuchung Anzahl 65			35.994,17	xx.xxx,xx

Der Umsatz muss ein zweites Mal, diesmal unter Angabe des richtigen Debitorenkontos, 12500 eingebucht werden. Dies kann man ebenfalls unter dem Datum 15.07. in der August-Buchhaltung (01.08. – 31.08.) erledigen.

Zu erwähnen ist noch, dass auch bei verdichteten Konten – also der Zusammenfassung aller Buchungen eines Tages bzw. Monats zur Sammelbuchung – die Generalumkehr gesondert ausgewiesen ist.

Warum macht man sich die Mühe, eigens einen Korrekturschlüssel zu setzen, wenn eine Fehlbuchung auch durch eine Buchung auf der Gegenseite korrigiert werden könnte? Sehen Sie sich den Kontoauszug von Hans Hirsch nochmals an. Die Stornobuchung löscht die Fehlbuchung auf der Sollseite.

Eine Korrektur per Habenbuchung würde nur den Kontosaldo richtigstellen. Die Summen der Sollseite sowie der Habenseite wären hingegen jeweils zu hoch ausgewiesen – gerade so, als habe Umsatz und Rechnungsausgleich stattgefunden. Für die Bemessung vom Jahresbonus kann dieser Unterschied aber wichtig werden.

Mit dem Stornoschlüssel können Sie beispielsweise auch Fehlbuchungen von Umbuchungen differenzieren.

- Falsches Kostenkonto verwendet: Storno durch Generalumkehr im Soll
- Kostenersatz durch Dritte: Umbuchung im Haben

Auch sollten Fehlbuchungen im Anlagen- und Privatkontenbereich mit Rücksicht auf den Bilanzbuchhalter immer mit dem Korrekturschlüssel storniert werden. Zum Jahresabschluss kann beim Anlagenspiegel und bei der Gewinnverteilung ansonsten das Datenchaos ausbrechen.

Den Korrekturschlüssel „4" verwendet man, wenn die Automatikfunktion eines angesprochenen Kontos ausgeschaltet werden soll. Dies kann z. B. bei der Umbuchung zwischen zwei Wareneinkaufskonten mit automatischem Vorsteuerabzug sinnvoll sein.

Der Schlüssel „8" kombiniert die Aufhebung der Automatik mit der Generalumkehr. Hier bleibt z. B. bei der Stornierung die Mehrwertsteuer unberührt:

Der Warenverkauf von brutto 11.900 EUR ist versehentlich auf dem Automatikkonto 4620 (Eigenverbrauch/Unentgeltliche Wertabgaben) anstatt auf 4400 verbucht worden:

Umsatz	Gegenkonto	Beleg 1	Datum	Konto	Text
11.900,00 –	1830	2	18.07.	4620	

Buchungszeile zur Stornierung:

Umsatz	Gegenkonto	Beleg 1	Datum	Konto	Text
10.000,00 +	8001830	2	18.07.	4620	

Richtige Verbuchung des Verkaufs:

Umsatz	Gegenkonto	Beleg 1	Datum	Konto	Text
10.000,00 +	4004400	2	18.07.	1830	Fehlbuchung 4620

Weitere Berichtigungsschlüssel können Sie dem Kontenrahmen entnehmen.

Bezeichnung individueller Konten

In jeder Buchhaltung sind neben den Standardkonten aus dem vorgegebenen Kontenrahmen individuelle Konten anzulegen. Ebenso werden sämtliche Personenkonten mit dem Namen des Kreditors oder Debitors bezeichnet.

Zusätzliche individuelle Konten sind eigens anzulegen für

- spezielle Anlagegüter,
- Darlehens-, Miet- und Leasingkonten,
- Bank, Sparkasse,
- Warengruppen beim Einkauf und Verkauf und
- eventuell andere Kosten- und Erlöskonten.

Da der Firmen-BMW zu 20 % und der geleaste Kombi zu 10 % privat genutzt wurden (Nachweis durch ein Fahrtenbuch), sollen die Kosten getrennt erfasst werden. Außerdem ist jeweils ein Konto für das Darlehen von Onkel Hugo, die Kreissparkasse Lüneburg, Einnahmen und Ausgaben der Eigentumswohnung einzurichten. Dem folgenden Kontenplan liegt der SKR04 zu Grunde.

Kontonummer	Bezeichnung
0521	BMW
1810	Kreissparkasse Lüneburg
2700	Aufwand Gräfenstraße
2750	Mieteinnahmen Gräfenstraße
3570	Privatdarlehen
6521	Kfz-Versicherung BMW
6522	Kfz-Versicherung Kombi
6531	Betriebskosten BMW
6532	Betriebskosten Kombi
6571	Leasingraten Kombi

Entweder sind bereits vorhandene Standardkonten neu zu bezeichnen (z. B. 1810 für Bank 1) oder freie Nummern in offenen Kontenbereichen zu besetzen (z. B. zwischen 6530 und 6540). Schlagen Sie im Kontenrahmen nach, ob diese Bereiche nicht etwa reserviert sind (im DATEV-Kontenrahmen mit R ausgezeichnet) und ob das Konto ggf. in die Umsatzsteuervoranmeldung und beim Jahresabschluss in die richtige Bilanzposition/GuV eingesteuert wird.

Zu Beginn der EDV-Buchführung könnten auch Sie dem Rausch unterliegen, jeden Monat aufs Neue vermeintlich wichtige, spezielle Konten anzulegen. Der fehlende Überblick bestraft Sie damit, dass wiederkehrende Zahlungen einmal auf dem einen Konto, dann auf einem anderen verbucht werden und am Jahresende nur noch mühsam zusammengefügt werden können.

Zu viele Konten

Tipp:

Fragen Sie sich jedes Mal, bevor Sie ein individuelles Konto einrichten, was Sie mit den Informationen aus der getrennten Erfassung anfangen wollen. Im obigen Beispiel macht die Trennung der Kfz-Kosten dann Sinn, wenn zum Jahresende eine unterschiedliche private Nutzung der Kfz berechnet wird. Eine getrennte Erfassung von Strom, Gas und Wasser bringt vielleicht nur die triviale Kenntnis am Jahresende, mehr Wasser als im Vorjahr verbraucht zu haben.

Personenkonten

Um Rechnungen gegenüber einzelnen Geschäftspartnern abzustimmen, Außenstände und Zahlungen zu überwachen, kann es sinnvoll sein, für Kunden und Lieferanten eigene Konten anzulegen und zusätzlich zu bebuchen. Diese so genannten Personenkonten liegen außerhalb des Sachkontenrahmens in zwei eigenen Buchungskreisen.

Sämtliche Salden der Kundenkonten (Debitoren) erscheinen auf dem Sachkonto:

* Forderungen aus Lieferungen und Leistungen

Sämtliche Salden der Lieferantenkonten (Kreditoren) erscheinen auf dem Sachkonto:

* Verbindlichkeiten aus Lieferungen und Leistungen

Auf dem Sachkonto steht jeweils nur die Summe aller Debitoren und Kreditoren. Eine Saldenliste gibt Ihnen den Überblick über den aktuellen Stand jedes einzelnen Kontos.

Sofern Sie Kunden- und Lieferantenkonten bebuchen, muss von den jeweiligen Firmendaten zumindest der Name erfasst werden. Nach dem DATEV-System sind für Debitoren die fünfstelligen Konten 10000–69999 und für Kreditoren 70000 bis 99999 vorgesehen. Für das Mahnwesen und den Zahlungsverkehr sind Adressen, Ansprechpartner und Bankverbindungen sinnvolle Angaben, um z. B. Mahnbriefe oder Abbuchungen zu automatisieren.

Es hat sich bewährt, einzelne Personenkonten nur für Großkunden oder -lieferanten zu führen und andere Geschäftspartner gesammelt, beispielsweise über Diverse Kunden A Konto 10100 oder Diverse Lieferanten G – Z Konto 62000, abzuwickeln.

Die Anlage von individuellen Sachkonten und Personenkonten kann en bloc bei der Einrichtung der Buchhaltung erfolgen oder später beim Buchen ergänzt werden.

Kontieren und Buchen

Überflüssige Angaben vermeiden

Zur Kontierung war es früher üblich, in einem Stempel auf dem Beleg die Sollkonten und Habenkonten mit den jeweiligen Beträgen sowie das Buchungsdatum einzutragen. Heute wird in der EDV-Buchhaltung aus Zeitgründen auf „überflüssige" Angaben verzichtet. Bei Kontierung auf einem Bankkontoauszug z. B. fehlt die Angabe des Kontos, Betrags und Datums, da dies ohnehin ersichtlich ist. Man vermerkt zu jeder Buchung lediglich das Gegenkonto und ggf.

den Schlüssel zur Umsatzsteuer. Ob die Bank im Soll oder im Haben bebucht wird, ergibt sich ebenfalls aus Eingang oder Ausgang. Erfassen Sie jede Buchung direkt vom Bankbeleg in den Computer, dient z. B. als Belegnummer die Nummer des Kontoauszugs. Um Rechnungen besser abstimmen zu können, ist es in diesen Fällen sinnvoller die Rechnungsnummer zu erfassen. Geben Sie zu Beginn des Buchungskreises den Banksaldo des Monatsanfangs vor, so haben Sie nach jedem Auszug die Kontrolle, dass selbst die Cent-Beträge richtig eingegeben sind.

Eine absolut richtige und eindeutige Kontierung ist nicht möglich. Denn wo endet das zulässige Ermessen, den Geschäftsvorfall als einmaliges Ereignis zu behandeln und ihn z. B. als „Sonstige Betriebliche Aufwendung" zu kontieren? Wann sollen Telefongebühren und Mobilfunk auf getrennten Konten, wann unter Telefonkosten zusammengefasst werden? Die Entscheidung können nur Sie treffen.

Kontierung ist Ermessensfrage

Mit der Kontierungstabelle steht Ihnen ein Arbeitsmittel für eine spezielle Kontierung zur Verfügung, mitunter auf ein neu anzulegendes Konto. Die vorgeschlagene Kontierung kann also genauso gut den Einzelfall treffen, wie auch die Entscheidung erleichtern, ein weniger spezielles Konto zu verwenden.

Als „Sonstige" Kosten- und Ertragskonten für die Buchung von Einzelfällen kommen folgende in Betracht:

Sonstige Konten	SKR03	SKR04	IKR	BGA	GuV-Position
Abgaben	4390	6430	6921	428	GuV 8.
Aufwendungen unregelmäßig	2309	6969	6992	4739	GuV 8.
Aufwendungen, betriebs-fremd, regelm.	2307	6967	6991	202	GuV 8.
Beratungskosten	4950	6825	677	484	GuV 8.
betriebliche Aufwendungen	4900	6300	693	473	GuV 8.
betriebl. u. regelm. Aufwendungen	4905	6304	6900	231	GuV 7.
betriebliche Erträge	2700	4830	54	27	GuV 4.
betriebliche Erträge, regelmäßig	8600	4835	5410	241	GuV 4.
betriebliche Erträge, unregelmäßig	2709	4839	543	24	GuV 4.

21

Sonstige Konten	SKR03	SKR04	IKR	BGA	GuV-Position
Betriebsbedarf	4980	6850	6074	4725	GuV 8.
betriebsfr. regelm. Erträge, nicht a. o.	2707	4837	5415	242	GuV 4.
Erträge, betriebl. u. regelm. 19 % USt.	8640	4836	5412	242	GuV 4.
Grundstücksaufwendungen, betrieblich	2350	6350	6933	4732	GuV 8.
Kfz-Kosten	4580	6570	6886	4349	GuV 8.
Personalaufwendungen	4100	6000	623	4011	GuV 6. a)
Provisionserträge	8570	4570	5412	8721	GuV 1.
Raumkosten, betrieblich	4280	6345	6933	4731	GuV 8.
Reparaturen/Instandhaltung	4809	6490	6065	4716	GuV 8.
soziale Abgaben	4140	6170	643	408	GuV 6b)
steuerfreie Betriebseinnahmen	2747	4982	5436	269	GuV 4.
steuerfreie Umsätze (§ 4 Nr. 2–7 UStG)	8150	4150	5056	8117	GuV 1.
steuerfreie Umsätze (§ 4 Nr. 8 ff. UStG)	8100	4100	506	8111	GuV 1.
steuerfreie Umsätze Inland	8110	4110	505	8112	GuV 1.
Steuern	4340	7650	78	424	GuV 19.
Zinsen und ähnliche Erträge	2650	7100	57	26	GuV 11.
Zinsertrag	8650	7110	579	266	GuV 11.
Zinsen und ähnliche Erträge aus verbundenen Unternehmen	2659	7109	570	2535	GuV 11.
Zinserträge aus verbundenen Unternehmen	2659	7119	570	2665	GuV 11.

Fehlkontierungen Fehlkontierungen lassen sich fast alle folgenlos rückgängig machen. Vorsicht ist jedoch bei allen Buchungen geboten, mit denen Sie steuerliche Wahlrechte ausüben oder sonstige ungewollte Konsequenzen auslösen. Irrtümer können teuer werden bei Kontierungsfehlern im Zusammenhang mit

- besonderen Aufzeichnungspflichten (siehe unten): Geringwertige Wirtschaftsgüter, Geschenke, Reisekosten, Bewirtungen, Löhne und Gehälter,

- Vermögensgegenständen, die entweder dem Betriebsvermögen oder dem Privatvermögen zugeordnet werden können (gewillkürtes Betriebsvermögen),

- jeglichen Zahlungen in der GmbH, die durch falsche Zuordnung als verdeckte Leistungen an einen Gesellschafter gedeutet werden können.

Damit die Betriebsausgaben steuerlich anerkannt werden bzw. auf Grund gesetzlicher Vorschriften, müssen sie auf gesonderten Konten zeitnah aufgezeichnet werden. Als zeitnah gilt eine Frist bis höchstens 1 Monat nach dem Geschäftsvorfall. Welche Aufzeichnungspflichten im Einzelnen gelten, erfahren Sie in dem Abschnitt „Welche Aufzeichnungsfristen müssen Sie beachten?" ab Seite 38.

Aufzeichnungspflichten

Änderungen in den DATEV-Kontenrahmen 2007/2008

Die DATEV eG belegte und beschriftete laufende Automatikkonten mit Regelsteuersatz von 16 % mit 19 % neu. Zusätzlich wurden Automatikkonten mit altem und neuem Steuersatz geschaffen. Im Zuge der Unternehmensteuerreform sind 2008 Kontenbezeichnungen angepasst worden sowie Gesetzesänderungen in neue Konten umgesetzt.

Neue DATEV-Konten zur Unternehmensteuerreform 2008	SKR03	SKR04
GWG 150 bis 1000 Euro (Sammelposten)	485	675
Sonderposten mit Rücklageanteil nach §§ 82d und 82e EStDV	942	2992
Sonderposten mit Rücklageanteil nach § 7g Abs. 2 EStG n. F.	943	2993
Gewerbesteuerrückstellung, § 4 Abs. 5b EStG	956	3035
Sonderabschreibungen nach § 7g Abs. 2 EStG (ohne Kfz)	4853	6243
Sonderabschreibungen nach § 7g Abs. 2 EStG (für Kfz)	4854	6244
Abschreibungen auf den Sammelposten GWG	4862	6264
Leasing (unbewegliche Wirtschaftsgüter)	4215	6316
Aufwendungen für die befristete Überlassung von Rechten (Lizenzen, Konzessionen)	4964	6837
Aufwendungen aus der Veräußerung von Anteilen an Kapitalgesellschaften	4976	6857

Neue DATEV-Konten zur Unternehmensteuer-reform 2008	SKR03	SKR04
Abgang von Wirtschaftsgütern des Umlaufvermögens	2328	6908
Laufende Erträge aus Anteilen an Kapitalgesellschaften (Umlaufvermögen)	2655	7103
Zinserträge § 233a AO, § 4 Abs. 5b EStG	2653	7107
Zinsen und ähnliche Aufwendungen §§ 3 Nr. 40, 3c EStG / § 8b KStG	2115	7350
Zinsen und ähnliche Aufwendungen an verbundene Unternehmen	2116	7351
Gewerbesteuernachzahlungen und -erstattungen für Vorjahre, § 4 Abs. 5b EStG	2281	7641
Erträge aus der Auflösung von Gewerbesteuerrückstellungen, § 4 Abs. 5b EStG	2283	7643
Offene Posten 2008	9078	9078

Daneben sind neue Konten angelegt für EU-Sonderfälle, Zuwendungen an Arbeitnehmer oder Dritten mit umstrittener Pauschalierung nach § 37b EStG sowie Verzinsung bei der Körperschaftsteuererhöhung nach § 38 KStG.

In 2009 sind folgende Konten in die Kontenrahmen eingefügt worden:

Neue DATEV-Konten 2009	SKR03	SKR04
Miet- und Pachtnebenkosten (gewerbesteuerlich nicht zu berücksichtigen)	4228	6318
Pacht (bewegliche Wirtschaftsgüter)	4961	6836
Abgang Umlaufvermögen nach § 4 Abs. 3 Satz 4 EStG	2310	6907
Zinsaufwendungen § 233a AO § 4 Abs. 5b EStG	2105	7308
Aufwendungen aus Zuführung und Auflösung latenter Steuern	2250	7645
Erträge aus Zuführung und Auflösung latenter Steuern	2255	7649
Offene Posten 2009	9079	9079

Was Sie beim Kontieren und Buchen beachten müssen

In der doppelten Buchführung erfasst man auf Sachkonten sämtliche Geschäftsvorfälle eines laufenden Wirtschaftsjahres sowohl im Hinblick auf ihre Vermögens- als auch Erfolgswirkung. Dementsprechend werden die Sachkonten in Bestandskonten und Erfolgskonten unterschieden.

Sachkonten

> **Tipp:**
>
> Als Geschäftsvorfall wird abstrakt jede Bewegung von Vermögenswerten innerhalb des Unternehmens oder mit seinem wirtschaftlichen Umfeld bezeichnet.

In der Buchhaltung müssen Sie sämtliche Geschäftsvorfälle erfassen, teilweise mit Auswirkungen auf mehrere Vermögenspositionen.

Was ist ein Geschäftsvorfall?

Hier handelt es sich z. B. um Geschäftsvorfälle:

- Mit dem Ausstellen einer Rechnung für erbrachte Leistungen erhebt das Unternehmen eine Forderung und erhöht gleichzeitig seine Umsatzerlöse sowie die Umsatzsteuerschuld.
- Mit dem Verkauf über den Ladentisch werden der Kassenbestand wie auch der Umsatzerlös und die Umsatzsteuerschuld erhöht.
- Bei Entnahme eines Firmenwagens durch den Unternehmer in sein Privatvermögen erhöhen sich der Entnahmeerlös und die Umsatzsteuerschuld, der Wert der Privatentnahmen und der Aufwand für den Abgang von Anlagevermögen. Schließlich vermindert dieser einzige Geschäftsvorfall noch den Fahrzeugbestand.

In den folgenden Fällen liegt kein Geschäftsvorfall vor:

- Sie erhalten von der Bank einen Brief, dass das beantragte Darlehen jederzeit bereitgestellt werden kann.
- Sie bekommen die Zusage: „Die Lieferung, der Scheck, die Bestellung, der unterschriebene Vertrag ist unterwegs". Solche „schwebenden Geschäfte" zu erfassen und zu bewerten ist Auf-

gabe des Jahresabschlusses. Erst dann müssen angefangene Arbeiten, unfertige Waren und drohende Risiken erkannt werden.

- Eine Bürgschaftserklärung wird so lange nicht als Geschäftsvorfall erfasst, wie sie nicht in Anspruch genommen wird.

| Tipp:
Man kann auch sagen: Jeder Geschäftsvorfall verändert jeweils mindestens zwei Werte in der Bilanz.

Ergebnis, Bestands- und Erfolgskonten

Der Jahresgewinn oder -verlust wird zum Jahresende doppelt festgestellt:

1. Einmal in der Bilanz durch Vermögensvergleich zu Beginn und Ende des Jahres: Dazu werden sämtliche Bestandskonten abgerechnet. Hat sich das Vermögen vermehrt, schlägt sich der Jahresgewinn als Zuwachs im Eigenkapital nieder, umgekehrt wird bei Verlust das Eigenkapital vermindert.
2. In der Gewinn- und Verlustrechnung durch Gegenüberstellung von Aufwand und Ertrag. Hier fließen sämtliche Erfolgskonten ein. Der Unterschiedsbetrag (Saldo) entspricht dem Jahresergebnis.

Bestandskonten   Bestandskonten übernehmen vom Eröffnungsbilanzkonto zu Beginn des Jahres die Anfangsbestände. Nachdem im Laufe des Jahres sämtliche Bestandsveränderungen auf den jeweiligen Konten verbucht wurden, muss der errechnete Jahresendbestand mit dem Inventurwert zum Jahresende übereinstimmen.

Übersicht Bestandskonten	
Aktive Bestandskonten (Vermögenskonten)	Zugang im Soll – linke Seite Abgang im Haben – rechte Seite
Passive Bestandskonten (Kapitalkonten, Schulden)	Zugang im Haben – rechte Seite Abgang im Soll – linke Seite

Der Endbestand eines Bestandskontos bestimmt sich aus dem Unterschiedsbetrag zwischen beiden Seitensummen, dem Saldo. Wenn der Saldo verbucht wird, gilt das Konto als abgeschlossen. Es muss dann Summengleichheit herrschen.

Auf den Erfolgskonten erfassen Sie im Laufe des Jahres den betrieblichen Aufwand und Ertrag. Buchungen auf diesen Konten beeinflussen letztlich nur ein einziges Bestandskonto, das Eigenkapitalunterkonto „Jahresgewinn". Zum Jahresende werden sämtliche Erfolgskonten abgeschlossen und über das Hilfskonto „Gewinn- und Verlustkonto" saldiert. Der Saldo dieses Kontos wiederum entspricht dem Jahresgewinn/Jahresverlust.

Übersicht Erfolgskonten	
Aufwandskonten	Erfassung im Soll – linke Seite Erstattung im Haben – rechte Seite
Ertragskonten	Erfassung im Haben – rechte Seite Ertragsminderung im Soll – linke Seite

Kontierung: Welche Konten sind betroffen?

Die Verbuchung der Geschäftsvorfälle erfolgt in zeitlicher und sachlicher Anordnung jeweils auf mindestens zwei betroffenen Konten. Die Entscheidung, welche Konten tatsächlich betroffen sind, nennt man Kontierung.

Beispiel:

Der Barkauf von Schreibwaren am 06.07. in Höhe von 238 EUR brutto wird sowohl auf den Konten „Bürobedarf" und „Vorsteuer" im Eingang/Soll als auch auf dem Konto „Kasse" als Ausgang/Haben erfasst. Der Aufwand nimmt in dem Maße zu, wie das Vermögen abnimmt.

Um die Buchung zu beschreiben, formuliert man einen standardisierten Buchungssatz.

Buchung am 06.07.:

Vorsteuer	38 EUR	
Bürobedarf	200 EUR	
an Kasse		238 EUR

oder ganz allgemein:

Soll (Konto, Betrag)		
an Haben (Konto, Betrag)		

Im DATEV-System wird der Buchungssatz des Beispiels in folgender Buchungszeile erfasst (Konten nach SKR04). Der Endsaldo jedes Erfolgskontos wird zum Jahresende vom DATEV-System automatisch gegen das Gewinn- und Verlustkonto gebucht und ist damit ausgeglichen.

Eingang	Ausgang	Gegen-konto	Beleg	Datum	Konto	Text
	238	906815		06.07.	1600	

Gewinn- und Verlustkonto

Auf dem Gewinn- und Verlustkonto erscheint sämtlicher Aufwand auf der linken Seite, sämtliche Erträge erscheinen auf der rechten Seite. Der Unterschiedsbetrag zwischen beiden Seiten entspricht dem Jahresergebnis. Ein Saldo auf der linken Seite bedeutet, dass die Erträge rechts den Aufwand links übersteigen. Dies bedeutet einen Gewinn. Steht der Saldo auf der rechten Seite, so war das Jahresergebnis negativ.

Wie werden Belege bearbeitet?

Keine Buchung ohne Beleg!

Ob nun manuell oder computergestützt – jede doppelte Buchführung gründet sich auf Belege. Auch in der EDV-Buchhaltung gilt der Grundsatz: **Keine Buchung ohne Beleg!**
In der Buchhaltung werden drei Belegarten unterschieden:
- **Fremdbelege:** z. B. eingegangene Rechnungen, Quittungen, Überweisungsscheine
- **Eigenbelege:** z. B. im eigenen Betrieb erstellte Abrechnungen, Rechnungskopien, Quittungen
- **interne Belege:** z. B. als Anweisungen über Umbuchungen oder Verrechnungen

Notbelege

Als Eigenbelege zählen auch so genannte Notbelege. Darunter werden Ersatzausfertigungen für fehlende Fremdbelege verstanden. Dies betrifft verloren gegangene Belege oder auch Fälle, in denen üblicherweise keine Belege anfallen, z. B. bei der Parkuhr oder bei Trinkgeldern. Die umgekehrte Vorstellung „Ohne Beleg keine Buchung" ist somit ein Trugschluss. Da die Erfassung der Geschäftsvorfälle zeitnah erfolgen soll, sind zur Dokumentation bei Verzögerungen provisorische Belege auszustellen.

Beispiel:

Die bestellte Ware trifft ohne Rechnung ein. Auf telefonische Nachfrage offenbart sich ein Abrechnungschaos auf der Gegenseite. Wenn der Kaufpreis bekannt ist, wird ein Eigenbeleg erstellt und verbucht – zunächst ohne Vorsteuerabzug.

Belege werden für die Buchhaltung in vier Schritten bearbeitet:
1. Schritt: Belege vorbereiten
2. Schritt: Belege kontieren
3. Schritt: Belege buchen
4. Schritt: Belege ablegen

1. Schritt: Belege vorbereiten

Die Vorbereitung der Belege besteht aus drei Phasen:
1. **Eingang:** Datumsstempel auf Fremdbelegen
2. **Sortierung:** chronologisch in Buchungskreisen wie Kasse, Bank, Eingangs- und Ausgangsrechnungen.
3. **Prüfung:** Sind die Belege ordnungsgemäß?

Die Anforderungen an die Ordnungsmäßigkeit der Belege sind sehr umfangreich. Fehler können dazu führen, dass der Vorsteuerabzug und sogar der Abzug als Betriebsausgabe gefährdet ist. Wenn fehlende Angaben im Nachhinein vom Finanzamt bemängelt werden, dann dürfen sie nachgetragen werden. Allerdings nur vom ausstellenden Unternehmer, nicht von Ihnen als Rechnungsempfänger.
Nach dem Umsatzsteuersystem können Sie von der geschuldeten Umsatzsteuer die bereits an andere Unternehmer gezahlte Umsatzsteuer (Vorsteuer) abziehen. Ohne eine ordnungsgemäße Rechnung des anderen Unternehmers mit ausgewiesener Umsatzsteuer gibt es allerdings keinen Vorsteuerabzug. Ob eine Ausgabenrechnung Vorsteuer enthält oder nicht, sehen Sie demnach am MwSt.-Ausweis in einem Euro-Betrag und dem ausgewiesenen MwSt.-Prozentsatz.

Fehlende Angaben

Bestandteile einer ordnungsgemäßen Rechnung

Wie sieht eine Rechnung aus, die vor dem Finanzamt Bestand hat? Die folgende Checkliste gibt Ihnen einen Überblick, welche Bestandteile eine ordnungsgemäße Rechnung enthält:[1]

siehe CD-ROM

Checkliste: Bestandteile einer ordnungsgemäßen Rechnung		
1.	Vollständiger Name und vollständige Anschrift sowohl des leistenden Unternehmers also auch des Leistungsempfängers	
2.	Steuernummer des leistenden Unternehmers (ausgestellt vom Finanzamt) oder Umsatzsteuer-Identifikationsnummer (ausgestellt vom Bundesamt für Finanzen)	
3.	Ausstellungsdatum (= Rechnungsdatum)	
4.	Fortlaufende Nummer mit einer oder mehreren Zahlenreihen, die zur Identifizierung der Rechnung vom Rechnungsaussteller einmalig vergeben wird (Rechnungsnummer)	
5.	Menge und die Art (handelsübliche Bezeichnung) der gelieferten Gegenstände oder den Umfang und die Art der sonstigen Leistung	
6.	Zeitpunkt der Lieferung oder sonstigen Leistung oder der Vereinnahmung des Entgelts oder eines Teils des Entgelts in den Fällen des Absatzes 5 Satz 1, sofern dieser Zeitpunkt feststeht und nicht mit dem Ausstellungsdatum der Rechnung identisch ist	
7.	Entgelt für die Lieferung oder sonstige Leistung (§ 10 UStG), das nach Steuersätzen und einzelnen Steuerbefreiungen aufgeschlüsselt sein muss, sowie jede im Voraus vereinbarte Minderung des Entgelts, sofern sie nicht bereits im Entgelt berücksichtigt ist	
8.	Angabe des anzuwendenden Steuersatzes sowie den auf das Entgelt entfallenden Steuerbetrag oder im Fall einer Steuerbefreiung einen Hinweis darauf, dass für die Lieferung oder sonstige Leistung eine Steuerbefreiung gilt	
9.	Hinweis auf die Aufbewahrungspflicht des Leistungsempfängers in den Fällen des § 14b Abs. 1 Satz 5 UStG (Danach haben auch Nichtunternehmer Baurechnungen zwei Jahre lang aufzubewahren.)	

---

[1] BMF-Schreiben vom 29.01.2004, IV B 7 – S 7280 – 19/04.

1. Name und Anschrift des leistenden Unternehmers und des Leistungsempfängers

In der Rechnung ist der Name und die Anschrift des leistenden Unternehmers und des Leistungsempfängers jeweils vollständig anzugeben. Dabei ist es ausreichend, wenn sich auf Grund der in die Rechnung aufgenommenen Bezeichnungen der Name und die Anschrift sowohl des leistenden Unternehmers als auch des Leistungsempfängers eindeutig feststellen lassen. Verfügt der Leistungsempfänger über ein Postfach oder über eine Großkundenadresse, ist es ausreichend, wenn diese Daten anstelle der Anschrift angegeben werden. Bei Unternehmern, die über mehrere Zweigniederlassungen, Betriebsstätten oder Betriebsteile verfügen, gilt jede betriebliche Anschrift als vollständige Anschrift. *(Vollständigkeit)*

Ungenauigkeiten bei der Angabe von Namen und Adresse führen nicht zu einer Versagung des Vorsteuerabzugs, wenn z. B. bei Schreibfehlern im Namen oder der Anschrift des leistenden Unternehmers oder des Leistungsempfängers oder in der Leistungsbeschreibung eine eindeutige und unzweifelhafte Identifizierung der am Leistungsaustausch Beteiligten, der Leistung und des Leistungszeitpunkts möglich ist und die Ungenauigkeiten nicht sinnentstellend sind. *(Ungenauigkeiten)*

Hat der Leistungsempfänger einen Dritten mit dem Empfang der Rechnung beauftragt und wird die Rechnung unter Nennung nur des Namens des Leistungsempfängers mit „c/o" an den Dritten adressiert, muss die Identität des Leistungsempfängers leicht und eindeutig feststellbar sein. Ansonsten könnte eine zusätzliche Steuerpflicht ausgelöst werden. Die Anschrift des Dritten gilt in diesen Fällen nicht als betriebliche Anschrift des Leistungsempfängers, wenn dieser unter der Anschrift des Dritten nicht gleichzeitig über eine Zweigniederlassung, eine Betriebsstätte oder einen Betriebsteil verfügt.[2] *(Beauftragung eines Dritten)*

---

[2] BMF-Schreiben vom 28.03.2006, IV A 5 – S 7280 a – 14/06.

2. Steuernummer oder USt.-IdNr. des leistenden Unternehmers

Steuernummer   Wenn das Finanzamt dem leistenden Unternehmer keine USt.-IdNr. erteilt hat, ist zwingend die Steuernummer anzugeben. Erteilt das Finanzamt dem leistenden Unternehmer eine neue Steuernummer (z. B. bei Verlagerung des Unternehmenssitzes), ist nur noch diese zu verwenden. Es ist nicht erforderlich, dass der Unternehmer die vom Finanzamt erteilte Steuernummer um zusätzliche Angaben (z. B. Name oder Anschrift des Finanzamts, Finanzamtsnummer oder Länderschlüssel) ergänzt.

Gutschriften   Im Fall der Gutschrift ist die Steuernummer bzw. die USt.-IdNr. des leistenden Unternehmers und nicht die des Leistungsempfängers, der die Gutschrift erteilt hat, anzugeben. Zu diesem Zweck hat der leistende Unternehmer (Gutschriftsempfänger) dem Aussteller der Gutschrift seine Steuernummer oder USt.-IdNr. mitzuteilen. Dies gilt auch für einen ausländischen Unternehmer, dem von einem inländischen Finanzamt eine Steuernummer oder vom Bundesamt für Finanzen eine USt.-IdNr. erteilt wurde.

Rechnet der Unternehmer über einen vermittelten Umsatz ab (z. B. Tankstellenbetreiber, Reisebüro), hat er die Steuernummer oder USt.-IdNr. des leistenden Unternehmers (z. B. Mineralölgesellschaft, Reiseunternehmen) anzugeben.

Mietverträge   Vor dem 01.01.2004 geschlossene Mietverträge müssen keine Steuernummer oder USt.-IdNr. des leistenden Unternehmers enthalten. Es ist nicht erforderlich, diese Verträge um die Steuernummer oder die USt.-IdNr. zu ergänzen. Bei Verträgen über Dauerleistungen, die nach dem 01.01.2004 abgeschlossen wurden, ist es ausreichend, wenn die Steuernummer oder die USt.-IdNr. des leistenden Unternehmers aufgeführt ist. Es ist nicht erforderlich, dass auf den Zahlungsbelegen die Steuernummer oder die USt.-IdNr. des leistenden Unternehmers angegeben ist.

3. Fortlaufende Nummer (Rechnungsnummer)

Durch die fortlaufende Nummer (Rechnungsnummer) soll sicher-gestellt werden, dass die vom Unternehmer erstellte Rechnung ein-malig ist. Bei der Erstellung der Rechnungsnummer ist es zulässig, eine oder mehrere Zahlen- oder Buchstabenreihen zu verwenden. (Auch eine Kombination von Ziffern mit Buchstaben ist möglich.) Bei der Erstellung der Rechnungsnummer bleibt es dem Rechnungs-aussteller überlassen, wie viele und welche separaten Nummernkrei-se geschaffen werden, in denen eine Rechnungsnummer jeweils einmalig vergeben wird. Dabei sind Nummernkreise für zeitlich, geographisch oder organisatorisch abgegrenzte Bereiche zulässig, z. B. für Zeiträume (Monate, Wochen, Tage), verschiedene Filialen, Betriebsstätten einschließlich Organgesellschaften oder Bestandsob-jekte. Es muss jedoch gewährleistet sein (z. B. durch Vergabe einer bestimmten Klassifizierung für einen Nummernkreis), dass die jewei-lige Rechnung leicht und eindeutig dem jeweiligen Nummernkreis zugeordnet werden kann und die Rechnungsnummer einmalig ist.

Einmaligkeit der Rechnung

Bei Mietverträgen, die vor dem 01.01.2004 abgeschlossen worden sind, ist keine fortlaufende Nummer erforderlich. Für Verträge über Dauerleistungen, die nach dem 01.01.2004 abgeschlossen wurden, ist es ausreichend, wenn diese Verträge eine einmalige Nummer enthalten (z. B. Wohnungs- oder Objektnummer, Mieternummer). Es ist nicht erforderlich, dass Zahlungsbelege eine gesonderte fort-laufende Nummer erhalten. Im Fall der Gutschrift ist die fortlaufen-de Nummer durch den Gutschriftsaussteller zu vergeben. Kleinbe-tragsrechnungen und Fahrausweise müssen keine fortlaufende Nummer enthalten.

Mietverträge, Gutschriften und Klein-betrags-rechnungen

4. Menge und Art der gelieferten Gegenstände oder Umfang und Art der sonstigen Leistung

Die Bezeichnung der Leistung muss eine eindeutige und leicht nachprüfbare Feststellung der Leistung ermöglichen, über die abge-rechnet worden ist.[3] Neben Markenartikelbezeichnungen sind auch handelsübliche Sammelbezeichnungen ausreichend, wenn sie die Bestimmung des anzuwendenden Steuersatzes eindeutig ermögli-

Bezeichnung der Leistung und des Produkts

---

[3] BFH-Urteil vom 10.11.1994 – BStBl 1995 II S. 395.

chen, z. B. Baubeschläge, Büromöbel, Kurzwaren, Schnittblumen, Spirituosen, Tabakwaren, Waschmittel.

Achtung:

Bezeichnungen allgemeiner Art, die Gruppen verschiedenartiger Gegenstände umfassen, z. B. Geschenkartikel, sind für eine ordnungsgemäße Rechnung nicht ausreichend.

5. Zeitpunkt der Leistung und Vereinnahmung des Entgelts

In der Rechnung ist der Zeitpunkt der Lieferung oder der sonstigen Leistung anzugeben. Dies gilt nicht bei einer Rechnung über Voraus- oder Anzahlungen, bei denen dieser Zeitpunkt noch nicht feststeht. Allerdings ist auf der Rechnung kenntlich zu machen, dass über eine noch nicht erbrachte Leistung abgerechnet wird.

Zeitpunkt der Lieferung oder Leistungserbringung

Als Zeitpunkt der Lieferung oder Leistungserbringung kann der Kalendermonat angegeben werden, in dem die Leistung ausgeführt wird. Wenn in einem Vertrag – z. B. Miet- oder Pachtvertrag, Wartungsvertrag oder Pauschalvertrag mit einem Steuerberater – der Zeitraum, über den sich die jeweilige Leistung oder Teilleistung erstreckt, nicht angegeben ist, reicht es aus, wenn sich dieser Zeitraum aus den einzelnen Zahlungsbelegen, z. B. aus den Überweisungsaufträgen oder den Kontoauszügen, ergibt. Dabei wird es nicht beanstandet, wenn der Zahlungsbeleg vom Leistungsempfänger ausgestellt wird.

6. Entgelt

In der Rechnung sind nach Steuersätzen und einzelnen Steuerbefreiungen aufgeschlüsselte Entgelte anzugeben, also z. B.:

Nettoumsatz zu 19 % USt.:	1.000,00 EUR	19 % USt.:	190,00 EUR
Nettoumsatz zu 7 % USt.:	500,00 EUR	7 % USt.:	35,00 EUR

Wenn Boni, Skonti oder sonstige Rabatte vereinbart worden sind, muss in der Rechnung auf die entsprechende Vereinbarung hingewiesen werden.

7. Steuersatz und Steuerbetrag oder Hinweis auf eine Steuerbefreiung

In der Rechnung sind der Steuersatz sowie der auf das Entgelt entfallende Steuerbetrag oder – im Fall der Steuerbefreiung – ein Hinweis auf die Steuerbefreiung anzubringen.

Bei dem Hinweis auf eine Steuerbefreiung ist es nicht erforderlich, dass der Unternehmer die entsprechende Vorschrift des Umsatzsteuergesetzes oder der 6. EG-Richtlinie nennt. Allerdings soll in der Rechnung ein Hinweis auf den Grund der Steuerbefreiung enthalten sein. Dabei reicht eine Angabe in umgangssprachlicher Form aus (z. B. „Ausfuhr", „innergemeinschaftliche Lieferung", „steuerfreie Vermietung", „Krankentransport"). Vor dem 01.01.2004 geschlossene Mietverträge müssen keinen Hinweis auf eine anzuwendende Steuerbefreiung enthalten.

Hinweis auf eine Steuerbefreiung

Bestandteile von Kleinbetragsrechnungen

Rechnungen, deren Gesamtbetrag 150 EUR nicht übersteigt, werden als Kleinbetragsrechnungen bezeichnet. Die gesetzlichen Anforderungen für diese Rechnungen sind weniger streng. Die folgende Checkliste zeigt Ihnen, welche Angaben für Kleinbetragsrechnungen erforderlich sind.

Checkliste: Bestandteile von Kleinbetragsrechnungen	
1.	Vollständiger Name und vollständige Anschrift des leistenden Unternehmers	
2.	Ausstellungsdatum (= Rechnungsdatum)	
3.	Menge und die Art (handelsübliche Bezeichnung) der gelieferten Gegenstände oder den Umfang und die Art der sonstigen Leistung	
4.	(Netto-)Entgelt und der darauf entfallende Steuerbetrag in einer Summe	
5.	Angabe des anzuwendenden Steuersatzes („... enthält 19 % MWSt.")	
6.	Im Fall einer Steuerbefreiung: Hinweis, dass für die Lieferung oder sonstige Leistung eine Steuerbefreiung gilt.	

siehe CD-ROM

In Rechnungen über Leistungen mit unterschiedlichen Steuersätzen sind die jeweiligen Bruttosummen anzugeben.

2. Schritt: Belege kontieren

Die geordneten und geprüften Belege werden im 2. und 3. Schritt kontiert und gebucht. Ob Sie nun die Belege kontieren und sofort buchen oder sämtliche Belege zunächst komplett vorkontieren, bleibt Ihnen überlassen. Übliche Praxis ist es, bei einer Vielzahl gleichartiger Belege – soweit sinnvoll und gestattet – diese zusammenzufassen und die Einzelbeträge als Summe per Monatsletzten einzubuchen.

> **Achtung:**
> Kassenbelege sind erst unmittelbar vor dem Buchen fortlaufend zu nummerieren. Wenn Sie ein Kassenbuch führen (chronologische und einzelne Aufzeichnung), können Sie auch hier gleiche Vorgänge eines Monats zusammengefasst einbuchen, z. B. per 30. April Briefmarken April 235 EUR, Tankquittungen April 370 EUR etc. Addieren Sie sämtliche Einzelbeträge auf und heften Sie den Tippstreifen an die Einzelbelege.

Fortlaufende Nummerierung

Bei den Buchungskreisen der Eingangs- und Umsatzrechnungen verwenden Sie als fortlaufende Nummerierung den Eingangsstempel bzw. die von Ihnen vergebene Rechnungsnummer. Möglichst in dieser Reihenfolge sind auch die Buchungen zu erfassen.

Zur Kontierung war es früher üblich, in einem Stempel auf dem Beleg die Sollkonten und Habenkonten mit den jeweiligen Beträgen sowie das Buchungsdatum einzutragen. Heute wird in der EDV-Buchhaltung aus Zeitgründen auf „überflüssige" Angaben verzichtet.

> **Achtung:**
> Bei Kontierung auf einem Bankkontoauszug z. B. fehlt die Angabe des Kontos, Betrags und Datums, da dies ohnehin ersichtlich ist. Man vermerkt zu jeder Buchung lediglich das Gegenkonto und ggf. den Schlüssel zur Umsatzsteuer. Ob die Bank im Soll oder im Haben bebucht wird, ergibt sich ebenfalls aus Eingang oder Ausgang.

Wenn Sie jede Buchung direkt vom Bankbeleg elektronisch erfassen, dient z. B. die Nummer des Kontoauszugs als Belegnummer. Um

Rechnungen besser abstimmen zu können, sollten Sie in diesen Fällen sinnvoller die Rechnungsnummer erfassen. Geben Sie zu Beginn des Buchungskreises den Banksaldo des Monatsanfangs vor. So haben Sie nach jedem Auszug die Kontrolle, dass selbst die Cent-Beträge richtig eingegeben sind.

Wie vermeiden Sie Kontierungsfehler?

Fehlkontierungen lassen sich fast alle folgenlos rückgängig machen. Vorsicht ist jedoch bei allen Buchungen geboten, mit denen Sie steuerliche Wahlrechte ausüben oder sonstige ungewollte Konsequenzen auslösen.

Ein Irrtum kann teuer werden bei Kontierungsfehlern im Zusammenhang mit

- besonderen Aufzeichnungspflichten (siehe unten): Geringwertige Wirtschaftsgüter, Geschenke, Reisekosten, Bewirtungen, Löhne und Gehälter,
- Vermögensgegenständen, die entweder dem Betriebsvermögen oder dem Privatvermögen zugeordnet werden können (gewillkürtes Betriebsvermögen),
- jeglichen Zahlungen in der GmbH, die durch falsche Zuordnung als verdeckte Leistungen an einen Gesellschafter gedeutet werden können.

3. Schritt: Belege buchen

Die kontierten Belege werden nach dem jeweiligen Buchungskreis (Kasse, Bank, Ausgangsrechnungen usw.) dem Datum nach auf Buchungslisten oder direkt elektronisch erfasst. Im zweiten Fall hilft ein Buchungsprotokoll (Primanota), jede einzelne Buchung wiederzufinden.

4. Schritt: Belege ablegen

Bei der berüchtigten Schuhkartonablage verlieren Sie und – schlimmer noch – der Betriebsprüfer vom Finanzamt jeglichen Überblick und Kontrolle über die Buchhaltung.

Ablage nach
Buchungskreisen

Die einfachste Ablage erfolgt chronologisch nach Buchungskreisen. Sie buchen für jeweils einen Monat nacheinander die Kasse, Bank, Sparkasse, Postbank usw. und heften die nummerierten Belege hinter den Kontoauszug/Kassenbericht. Bei größeren Buchhaltungen empfiehlt es sich, für jeden Buchungskreis eigene Aktenordner anzulegen. In die Bankordner können Listen über Daueraufträge, Einzugsermächtigungen und sonstige Verträge eingeheftet werden. Kunden- und Lieferantenrechnungen können Sie zusätzlich in Kopie, alphabetisch geordnet in separaten Ordnern ablegen. So ist eine Rechnung auch dann schnell zu finden, wenn Sie das Datum nicht genau kennen.

Welche Aufzeichnungspflichten müssen Sie beachten?

Betriebsausgaben müssen auf gesonderten Konten zeitnah aufgezeichnet werden. Wenn Sie die gesetzlichen Aufzeichnungspflichten verletzen, kann dies dazu führen, dass Ihre Betriebsausgaben steuerlich nicht anerkannt werden. Als zeitnah gilt eine Frist bis höchstens 1 Monat nach dem Geschäftsvorfall. Im Einzelnen gelten die folgenden besonderen Aufzeichnungspflichten:

- **Bewirtungskosten:** Angaben auf dem Beleg oder einem beigefügten Vordruck über bewirtete Personen, einschließlich des Unternehmers, daneben den Anlass der Bewirtung. Der Wirt muss die verzehrten Speisen und Getränke auf maschinellem Beleg mit Name und Anschrift der Gaststätte detailliert auflisten. Bei Beträgen über 150 EUR muss auch die Unterschrift des Unternehmers, MwSt.-Ausweis und Ausweis des Nettoentgelts sowie Rechnungsnummer, Rechnungs- und Lieferdatum enthalten sein.
- **Geschenke unter 35 EUR** an Geschäftsfreunde werden in einer Liste z. B. auf der Rückseite des Einkaufsbeleges dem jeweiligen Empfänger (Einzelperson, keine Firma) zugeordnet. Auch sie müssen auf einem separaten Konto erfasst werden.
- **Geringwertige Wirtschaftsgüter (GWG)** sind auf einem Sammelkonto zu erfassen.

- **Löhne und Gehälter**, auch von Aushilfen, sind auf einzelnen Lohnkonten und ggf. mit Aushilfsbelegen aufzuzeichnen. Die Abrechnung können Sie auch von einem Lohnprogramm vornehmen lassen.
- **Reisekosten:** eine Reisekostenabrechnung muss enthalten:
  - Name des Reisenden,
  - Zeit, Dauer, Ziel und Zweck der Reise, ggf. gefahrene Kilometer,
  - Bemessungsgrundlage für den Vorsteuerabzug ,
  - ggf. Tankquittungen, Fahrscheine, Telefonkosten, Übernachtungs- und pauschale Verpflegungskosten, Bewirtungsbelege (separates Konto), Eigenbelege über Trinkgelder.

So schreiben Sie korrekte Rechnungen

Richtiges Rechnungsschreiben ist für viele Unternehmen von existenzieller Bedeutung. Hier verschaffen Sie sich die nötige Liquidität für Ihre Finanzierungen und legen den Grundstein dafür, bei schleppender Zahlung rechtlich abgesichert zu sein. Nach Leistungsabschluss bzw. einer möglichst kurzfristig eingeleiteten Abnahme der Arbeiten sollten Sie die Abschlussrechnung möglichst binnen eines Tages ausstellen. Es ist nur eine Frage der Organisation, dass Lieferung und Rechnung am gleichen Tag die Firma verlassen. Eine zügige Rechnungsstellung signalisiert übrigens keine Liquiditätsschwäche, sondern zeigt, dass Ihr Rechnungswesen gut funktioniert.

Inhalte der Rechnung

Eine richtige Rechnung enthält steuerliche und handelsrechtliche Pflichtangaben:

siehe CD-ROM

- **Firmenbriefbogen mit Sitz, Handelsregister, Geschäftsführer**
  Sollte es zu einem Rechtsstreit kommen, ist bei diesen Angaben (Pflichten nach § 37a HGB) Ihre Firma formell nicht angreifbar.
- **Anschrift des Kunden – Firmenname und Besteller/Geschäftspartner**
  Der korrekte Firmenname ist steuerlich und rechtlich von Bedeutung, da zunächst nur der genannte Rechnungsempfänger

39

aus dem Geschäft verpflichtet wird. Bei einer falschen Schreibweise kommt Ihre Lieferung an, nur für die Rechnung wird sich möglicherweise niemand verantwortlich fühlen. Der Besteller haftet in Fällen, in denen er ohne Vertretungsmacht handelt.

- Bei **steuerfreien innergemeinschaftlichen Lieferungen** nach § 6a Abs. 1 Satz 1 Nr. 3 UStG sind sowohl die USt.-IdNr. des Unternehmers als auch des Kunden anzugeben. Außerdem benötigen Sie einen Versandnachweis oder die Zusicherung, dass der Empfänger die Ware selbst außer Landes geschafft hat.
- **Rechnungsdatum und Lieferdatum sowie ggf. der Kalendermonat der Leistung.**
- **Fortlaufende Rechnungsnummer**, bei Bedarf mehrere Nummernkreise, z. B. AG2051, Fd65, Fd66, AG2052, Fd67, AG2053, AG2054 usw.
- Die präzise **Aufschlüsselung und Bezeichnung der Ware oder Leistung mit Einzelpreis.**
- **Gesamte Nettoentgelte getrennt nach Steuersatz** ausweisen sowie die jeweils darauf entfallende Umsatzsteuer. Bei einer steuerfreien Lieferung/Leistung ist die Befreiungsvorschrift anzugeben, z. B. „steuerfreie innergemeinschaftlichen Lieferung § 6a Abs. 1 Satz 1 Nr. 3 UStG".
- **Gesamtpreis netto und Bruttopreis.**
- **Steuernummer oder USt.-IdNr.**

Bereits aus einer Missachtung der steuerlichen Vorschriften lässt sich böswillig ableiten, dass keine rechtsgültige Rechnung vorliegt, also auch nicht gezahlt werden muss.

Nicht pflichtig, aber notwendig sind folgende Angaben:

- **Kontonummer mit Bank und BLZ**
  Achten Sie auf Übereinstimmung Ihrer Geschäftsbezeichnung mit denen Ihrer Bankverbindung. So lässt z. B. die Deutsche Bank selbst bei geringen Abweichungen unter Berufung auf das Geldwäschegesetz Gutschriften über 5.000 EUR zurückgehen.

- **Kundennummer, Auftragsnummer und Bestellnummer des Kunden**
  Damit erleichtern Sie Ihrer Buchhaltung die Zuordnung bei Zahlung oder Rückfragen des Kunden.

- **Ansprechpartner für Rückfragen**
  Dadurch ersparen Sie Ihrem Kunden telefonische Odysseen und können auftretende Reklamationen und sonstige Kontakte zu Kundenpflege, Zusatzaufträgen u. a. nutzen.

- **Eigentumsvorbehalt auf gelieferte Ware**
  Dadurch können Sie bis zur vollständigen Zahlung des Kaufpreises auch noch im Insolvenzfall die Herausgabe der Ware verlangen.

  Ein erweiterter Eigentumsvorbehalt könnte lauten: »Der Eigentumsvorbehalt erstreckt sich auch auf die durch Verarbeitung der Vorbehaltsware entstehenden neuen Erzeugnisse zu deren vollem Wert.« Diese Klausel sollten Sie verwenden, wenn Ihre Ware in andere Sachen eingebaut wird oder einfließt, wie z. B. Deckenpaneelen, DVD-Laufwerke, Bodenfliesen. *Erweiterter Eigentumsvorbehalt*

  Beim „verlängerten Eigentumsvorbehalt" erstreckt sich die Sicherung auch auf die im Voraus abgetretenen offenen Forderungen aus dem Wiederverkauf. *Verlängerter Eigentumsvorbehalt*

- **Zahlungs- und ggf. Lieferkonditionen, Zahlungs- bzw. Fälligkeitsdatum**
  Machen Sie Angaben, bis wann gezahlt werden muss und ob der Kunde bei beschleunigter Zahlung Skonto abziehen darf. Hier sollte der Hinweis für den privaten Verbraucher nicht fehlen, dass stets 30 Tage nach Fälligkeit und Zugang einer Rechnung der Verzug eintritt und gesetzliche Verzugszinsen verlangt werden. Unter Kaufleuten muss keine Einzelvereinbarung getroffen

werden. Hier ist der Hinweis auf die beigefügten Allgemeinen Geschäftsbedingungen beim Vertragsabschluss ausreichend.

- **Verzugszinsen**
  Wenn Sie Angaben zu Verzugszinsen in Ihre Rechnungen aufnehmen wollen, sollten Sie keinen festen Zinssatz angeben. Da die Zinssituation schwankt, bietet sich eine variable Regelung an. Beispielsweise könnte diese lauten: „Wir berechnen bei Überschreiten der vereinbarten Zahlungsziele Verzugszinsen gemäß § 288 Abs. 1 BGB in Höhe von 5 Prozentpunkten über dem jeweiligen Basiszinssatz." (Dies bedeutet beispielsweise bei einem Basissatz von 1,95 % Verzugszinsen in Höhe von 6,95 %.) Falls Ihr tatsächlicher Schaden diesen Zinssatz überschreitet, z. B. bei Kontokorrentzinsen von 12,5 %, können Sie bei entsprechendem Nachweis auch Verzugszinsen in der tatsächlichen Höhe verlangen. Bei Geschäften unter Kaufleuten beträgt der Zinsaufschlag anstatt 5 % sogar 8 % (§ 288 Abs. 2 HGB).

Muster: Rechnung

Name:	Firma Schaltkreise GmbH ①		Datum:	18.05.07
Adresse:	Industriestr. 12		Auftragsnr.:	
PLZ Ort	55548 Holzhausen		Verkäufer:	
Land:			Lieferdatum:	
			Lieferart:	UPS
Vielen Dank für Ihren Auftrag		RECHNUNG	Nr. ②	8099675

Anzahl	Beschreibung ③	Einzelpreis	USt.	Gesamt
45	Schaltmuffen	234,00 EUR	19 %	10.530,00 EUR
23	Fressbackenverstärker	12,20 EUR	19 %	280,60 EUR
20	Blumensträuße	19,80 EUR	7 %	396,00 EUR
12	Dopplerzwingen	14,90 EUR	19 %	178,80 EUR
		Zwischensumme		11.385,40 EUR
		Versand	19 %	20,00 EUR
	Entgelte zu 19 % USt.	11.009,40 EUR	19 %	2.091,78 EUR
	Entgelte zu 7 % USt.	396,00 EUR	7 %	27,72 EUR
		Summe		13.524,90 EUR

Zahlungsbedingungen: 30 Tage rein netto

Bei Zahlung bis ④	28.05.07	Skonto 2 %		Skonto	228,11 EUR
		Skonto zu 19 % USt.	220,19 EUR	19 %	41,83 EUR
		Skonto zu 7 % USt.	7,92 EUR	7 %	0,55 EUR
			Skontobetrag		270,49 EUR

① Achten Sie im Interesse Ihres Kunden auf die richtige Bezeichnung des Empfängers. Nur dann ist für ihn der Betriebsausgabenabzug gewährleistet oder er könnte anderenfalls sogar die Zahlung verweigern.
② Tragen Sie hier den gültigen Steuersatz ein.
③ Achten Sie auf eine hinreichend genaue Beschreibung. „Diverse Ware" z. B. gefährdet den Abzug als Betriebsausgabe.
④ Voreingestellt sind 10 Tage nach Rechnungsdatum. Überschreiben Sie ggf. das Skontodatum.

Blanko-Formular: Rechnung

Name:		Datum:
Adresse:		Auftragsnr.:
PLZ Ort:		Verkäufer:
Land:		Lieferdatum:
		Lieferart:

Vielen Dank für Ihren Auftrag   RECHNUNG   Nr.

Anzahl	Beschreibung		Einzelpreis	USt.	Gesamt
			Zwischensumme		
		Entgelte zu 19 % USt.		19 %	
		Entgelte zu 7 % USt.		7 %	
			Summe		

Zahlungsbedingungen: 30 Tage rein netto

Bei Zahlung bis		Skonto	Skonto		
		Skonto zu 19 % USt.		19 %	
		Skonto zu 7 % USt.		7 %	
			Skontobetrag		

44

Buchungsfälle von A bis Z

Medien-Service

Medien-Service · Postfach 64201

Tel.: 0
Fax: 0

Firma Elektro Zapp
Inh. Erwin Zapp
Daimlerstr. 3

46464 Neustadt

Anzeigen-Rechnung
sche Post

Rechnungs-Datum : 12.07.

Bei Zahlung u.Schriftverkehr stets angeben

Bei Rückfragen:
Post

⌒ 0

Kunden-Nr.	Rechnungs-Nr.
10	R039

nz.Nr./ eil.Nr./ usgabe	Erschei- nungstag	Ru- brik	Auftrags-Nr./ Kurztext	Beleg	mm/ Zeilen/ Stück	Spal- ten	Preis je mm pro 1000 Stück	EUR
7685543	10.07.	0620	Buchhalterin gesucht		100	1	1,26	126,00
			Netto					126,00
			UST-pfl.Betrag					126,00
			UST	19,00%				23,94
			Rechnungsbetrag					149,94

Verlag und Druckerei GmbH

Geschäftsführer:

HRB   Amtsgericht

USt-IdNr.: DE 1
Erfüllungsort und Gerichtsstand
ist

Bankkonten:
Siehe Rückseite

46

Anzeigenwerbung

- Anzeigenwerbung in Tageszeitungen, Fachzeitschriften und Internet-Marktplätzen für Waren und Dienstleistungen gehören zu den Werbekosten.
- Kosten für Anzeigen, in denen Sie nach Mitarbeitern suchen, gehören dagegen zu den Personalkosten.

Beleg buchen

In der örtlichen Tageszeitung wird eine Buchhalterin in Teilzeit gesucht. Die Kosten für die Annonce wird vom Zeitungsverlag abgebucht. *Beispiel*

Personalkosten	126,00 EUR	
Vorsteuer	23,94 EUR	
an Bank		149,94 EUR

Das richtige Konto

BGA (GHK)	IKR	SKR03	SKR04	Kontenbezeichnung (SKR04)
441	687	4610	6600	Werbekosten
40	62	4100	6000	Löhne und Gehälter
473	693	4900	6300	Sonstige betriebliche Aufwendungen

Firma Elektro Zapp
Inh. Erwin Zapp
Daimlerstr. 3

46464 Neustadt

(an der)
6   n
Telefon (0
Telefax (0

Konto   60)
Fran   a
K   02 01)

Konto

L

Lieferschein / Rechnung   10.?   Frankfurt/M., den   25.3.

Wir sandten Ihnen gem. Auftrag

Anzahl	Warengattung	Größe	Einzelpreis €	Gesamtpreis €
	Sie erhielten gemäss Lieferschein Nr.132 vom 20.3. abgeholt			
1	Berufshose			24,14
1	dito			20,69
				44.83
		+19% MWSt		8,52
				53,35
	Wir danken für Ihren Auftrag.			

GEBUCHT

Ust. IDNr.: D   / Steuernum:

Kondition: 10 Tage 2% Skonto, 30 Tage netto Kasse.
Erfüllungsort für Lieferung, Zahlung und Gerichtsstand Frankfurt/Main.

Skontoberechtigter Betrag
Die Ware bleibt bis zur völligen Bezahlung unser Eigentum.

Sitz der Gesellschaft: Fra   schäftsführ   n

48

Arbeitskleidung

- Als typische Berufsbekleidung gilt z. B. ein schwarzer Anzug oder Frack des Kellners oder der Büromantel des Architekten. Er kann als „Sonstiger Betriebsbedarf" erfasst werden.
- Erhält der Arbeitnehmer die Berufsbekleidung von seinem Arbeitgeber zusätzlich zum ohnehin geschuldeten Arbeitslohn, so ist anzunehmen, dass es sich um typische Berufskleidung handelt.[4]
- Wenn der Arbeitnehmer jedoch die Kosten der Berufsbekleidung selbst trägt, verweigert das Finanzamt die Anerkennung als Werbungskosten. So befindet das Sächsische Finanzgericht: Die von einem Baumaschinisten für die Tätigkeit auf dem Bau getragenen Jeanshosen, Latzhosen, Pullover, T-Shirts und Anoraks dienen vornehmlich dem Zweck des witterungsangemessenen Bekleidetseins und sind keine zum Werbungskostenabzug berechtigende „typische Berufskleidung".[5] Aufwendungen für die Reinigung typischer Berufskleidung stellen Werbungskosten dar; dies gilt auch dann, wenn die Berufskleidung zu Hause in der eigenen Waschmaschine gereinigt wird. Die Reinigungskosten sind zu schätzen. Die Schätzung der Reinigungskosten kann auch anhand repräsentativer Daten der Verbraucherverbände erfolgen.[6]

Beleg buchen

Die Arbeitshose wird bar bezahlt.   Beispiel

Arbeitskleidung	44,83 EUR	
Vorsteuer	8,52 EUR	
an Kasse		53,35 EUR

Das richtige Konto

BGA (GHK)	IKR	SKR03	SKR04	Kontenbezeichnung (SKR04)
405	6410	4140	6130	Freiwillige soziale Aufwendungen, lohnsteuerfrei
4725	6074	4980	6850	Sonstiger Betriebsbedarf

[4] Vgl. R 20 und R 21c Lohnsteuerrichtlinien.
[5] Urteil vom 27.04.2005 – 5 K 1031/04.
[6] FG München Urteil vom 29.04.2005 – 10 K 1422/02.

GmbH
Post[ack
3
Tele[on 05
Telefax 05

Liefer- und Hausanschrift

AutFit

Reifen + Autoservice

GmbH

Tei 0   Fax 06

UGENHEIM

Firma Elektro Zapp **Inh. Erwin Zapp** **Daimlerstr. 3**	**BARVERKAUF** Blatt 1

Es gelten ausschließlich unsere Ihnen bekannten Allg. Geschäftsbedingungen

46464 Neustadt

Belegnummer	Kd.Nr.	Beleg-Datum
27 5/2	090	12.07.0

Bei Zahlung bzw. Rückfragen bitte angeben!

Lieferdatum: 12.07.0

Unsere Fachkraft: F
Monteur ....: U

Kennzeichen:
KFZ: MINI MINI
Km-Stand: 19.585
TÜV-Termin: AU-Termin:

Pos	Artikel-Bezeichnung	Menge	Einzelpreis	Betrag EUR	USt
1	**W GNS** 15058133 Windschutzscheibe	1	163,00	163,00	2
2	**Clipse - seitlich** 159980170002850001	8	0,22	1,76	2
3	**Clipse - unten** 159980170002850002	8	0,17	1,36	2
4	**HAFTGRUND SCHEIBENMONTAGE** 10910223 DIENSTLEISTUNGEN	1	9,40	9,40	2
5	**Leiste oben** 159980170002850003	1	9,90	9,90	2
6	**Leiste unten** 159980170002850004	1	13,20	13,20	2
7	**KLEBESATZ WINDSCHUTZSCHEIBE** 10910224 DIENSTLEISTUNGEN	1	73,02	73,02	2
8	**ALTGLASENTSORGUNG PKW** 10917009 DIENSTLEISTUNG	1	4,31	4,31	2
9	**ARBEITSWERT SCHEIBE 12 AW / h** 10910225 DIENSTLEISTUNGEN	34	5,96	202,64	2
10	**KLEINMATERIAL UND REINIGUNGSMATERIAL** 10910227 DIENSTLEISTUNGEN	1	5,43	5,43	2
11	**RADWECHSEL PKW ALU** 10910511 DIENSTLEISTUNG	4	3,88	15,52	2
	AUSWUCHTEN STAT. PKW ALU 10910538 DIENSTLEISTUNG	2	8,02	16,04	2
13	**GUTE-FAHRT-CHECK DURCHGEFUEHRT** 10910165 DIENSTLEISTUNG	1	0,00		2

515.58
EUR

12.07.0   Barzahlung

-N-a-t-i-o-n-a-l--   -e-u-r-o-p-a-w-e-i-t-
- 0800 /   - 00 800 /

ACHTUNG! Radmuttern nach 50-100 km, bei Zwillings-
rädern nach 200 km, unbedingt nachziehen lassen.

WARE ERHALTEN	Warenwert	Steuerpfl. Betrag		Umsatzsteuer		Endbetrag	Wäh
END-BETRAG DANKEND ERHALTEN!	515,58	515,58	19,0%	97,96		613,54	EUR

Autoreparatur

- Die Entnahme eines dem Unternehmen zugeordneten Pkw, den ein Unternehmer von einem Nichtunternehmer und damit ohne Berechtigung zum Vorsteuerabzug erworben hat, unterliegt nicht der Umsatzbesteuerung.[7]
- Aufwendungen für Reparaturen, Pflege, Dienstleistungen, Ersatz eines Scheibenwischers oder einer Autobatterie und Wartung führen selbst im Fall eines Vorsteuerabzugs nicht zu einer Umsatzsteuerpflicht bei Entnahme des Pkw.

Beleg buchen

Die Reparaturrechnung der Firma AutFit über den Austausch der Windschutzscheibe kostet 613,54 EUR und wird bar bezahlt. Beispiel

Kfz-Reparaturen	515,58 EUR	
Vorsteuer	97,96 EUR	
an Kasse		613,54 EUR

Das richtige Konto

BGA (GHK)	IKR	SKR03	SKR04	Kontenbezeichnung (SKR04)
034	0841	0320	0520	Pkw
4714	6882	4540	6540	Kfz-Reparaturen

---

[7] BFH, Urteil vom 18.10.2001, V R 106/98.

CArTEc
Automotive Engineering

Firma Elektro Zapp
Inh. Erwin Zapp
Daimlerstr. 3

46464 Neustadt

D-

TELEFON 0049 - (0)
TELEFAX 0049 - (0)
EMAIL info@   .de
INTERNET www.h   de

Rechnung

Nummer/ number:
Kunden Nr:
Datum/ date:
Auftragsnummer:

Fahrzeug/ Modell	Amtl. Kennzeichen	Km/ Stand	Kundenberater
M r S			

Wir bestellen, liefern, berechnen zu unseren AGB.

Rechnungsdatum entspricht Leistungsdatum

Menge quantity	Artikelnummer article number	Artikel article description	Einzel Preis single net	%	Gesamt Preis total net
1,00	1000	Leistungssteigerung 147 KW incl. TÜV-Eintrag	560,34	0,00	560,34
4,00	1000	Zündkerzen Beru UXF	4,60	0,00	18,40
1,00	1000	Luftfilter	13,50	0,00	13,50
1,00	1000	Fahrwerksfedern (Eibach) incl.Einbau u. TÜV-Eintr.	290,95	0,00	290,95
1,00	1000	Spurverbreiterungen incl. Montage	137,93	0,00	137,93
1,00	1000	Radschrauben	19,83	0,00	19,83

Warenwert   1.040,95

Porto	0,00	Summe Netto EURO/ net value:	1.040,95
Verpackung	0,00	19% MwSt. / V.A.T.	197,78
Nachnahme	0,00		
Eilzuschlag/ Express	0,00	**Summe Brutto EURO/ total amount:**	1.238,73

Die Ware bleibt bis zur vollständigen Bezahlung
Eigentum der Firma   bH
Zahlung sofort in bar ohne Abzug

The goods remain property of   e
              l until complete payment.
Payable after receiving

D - 6
Tel.+49 (+ Fax

Gebucht

BANK Sp
BLZ :   e · Konto
SWIFT CODE
UST. ID NR. DE
GESCHÄFTSFÜHRER H
AMTSGERICHT

52

Autotuning (Sonderausstattungen)

- Anschaffungsnahe Einbauten von Sonderausstattungen, wie z. B. Standheizung, Klimaanlage, Diebstahlsicherung und eingebaute Navigationsgeräte, sind mit dem Pkw zu aktivieren.
- So sind ein eingebautes Autotelefon oder Autoradio keine Bestandteile des Kfz, da sie leicht vom Fahrzeug getrennt werden können.[8]
- Dagegen steht ein fest eingebautes GPS-Navigationsgerät in einem einheitlichen Nutzungs- und Funktionszusammenhang mit dem Kfz und kann nicht von der Nutzungsmöglichkeit des Kfz getrennt werden.[9]
- Schließlich kommt es auf die Nutzungs- und Funktionsmöglichkeit der Zusatzausstattung an: Ist die Gebrauchsmöglichkeit der in das Fahrzeug eingebauten zusätzlichen Gegenstände untrennbar mit der Art und Weise der Fahrzeugnutzung verbunden, ist eine vom Fahrzeug getrennte Beurteilung nicht möglich.

Beleg buchen

Unmittelbar nach dem Kauf wird der Mini auf eine höhere Leistung getuned und die Umbauten in den Fahrzeugbrief eingetragen. Die anschaffungsnahen Kosten werden zum Kaufpreis des Pkw hinzuaktiviert.

Beispiel

Pkw	1.040,95 EUR	
Vorsteuer	197,78 EUR	
an Bank		1.238,73 EUR

Das richtige Konto

BGA (GHK)	IKR	SKR03	SKR04	Kontenbezeichnung (SKR04)
034	0841	0320	0520	Pkw
4714	6882	4540	6540	Kfz-Reparaturen

---

[8] BFH, Urteil vom 18.10.2001, V R 106/98.
[9] BFH, Urteil vom 16.02.2005, VI R 37/04.

```
bahn.   [DB]  IC/EC Fahrkarte        UNTAUSCH/ERSTATTUNG AB DEM
comf.  CIV 80     NORMALPREIS        1.GELTUNGSTAG: 15 EURO        1 Erwachsener
```

H: am   18.03.0   R: am 18.03.0

🚆	🕐	VON	->NACH	🚆	🕐	KI/CI
IC/EC		Bensheim	->Frankfurt-Höchst			2
IC/EC		Frankfurt-Höchst	->Bensheim			

VIA: DA*F

```
                              1 BC 25                      Preis EUR ***59,50
                     3214
17671404    MWST D: ***59,50 19,0% =***9,50                              32
130037084                                 504514601 Bensheim            OO
13003708-95              Kreditkarte       15.03.                     16:19
```

54

Bahnfahrkarten

- Bahnfahrkarten gelten auch dann als Rechnungen, wenn sie nicht die Bestandteile Steuernummer, Rechnungsnummer, Nettoerlöse und Leistungsempfänger enthalten.
- Anstelle des Steuersatzes kann die Tarifentfernung angegeben sein (§ 34 UStDV). Denn bei einer Fahrtstrecke unter 50 km beträgt der Vorsteuerabzug 7 %, darüber 19 %.
- Bei Zugreisen ins Ausland muss aus dem Fahrausweis der Anteil des Beförderungspreises und der Steuersatz hervorgehen, der auf die Strecke bis zur Grenze entfällt (ein ausländischer Streckenanteil von weniger als zehn Kilometer gilt als inländisch, § 3 UStDV). Nur aus diesem Betrag erhalten Sie den Vorsteuerabzug.

Beleg buchen

Die Bahnfahrkarte zum Preis von 59,50 EUR bezahlt der Unternehmer über Kreditkarte. Der Steuersatz von 19 % und der Vorsteuerbetrag sind ausgedruckt. *Beispiel*

Reisekosten Unternehmer Fahrtkosten	50,00 EUR	
Vorsteuer	9,50 EUR	
an Kreditkartenabrechnung		59,50 EUR

Das richtige Konto

BGA (GHK)	IKR	SKR03	SKR04	Kontenbezeichnung
4450	6850	4663	6663	Reisekosten Arbeitnehmer Fahrtkosten
4460	68510	4673	6673	Reisekosten Unternehmer Fahrtkosten
174	4890	1730	3610	Kreditkartenabrechnung

BGE

Berufsgenossenschaft
für den ....

Firma
Horst Starke
Wiesengasse 3
55586 Neustadt

Bezirksverwaltung Bonn
Mitglieder- und Beitragsabteilung

Telefon:	(0228) ....
Telefax:	(0228) ....
E-Mail:	...bonn@.....de
Datum:	12.06.....

Beitragsbescheid für 20

gem § 168 Abs. 1 Sozialgesetzbuch - Gesetzliche
Unfallversicherung - (SGB VII)

Sehr geehrte Unternehmerin, sehr geehrter Unternehmer,
wir haben den Beitrag für Ihr Unternehmen gemäß den umseitig genannten Vorschriften wie folgt berechnet:

I. Beitrag zur Berufsgenossenschaft

	Unternehmer Ehegatte Versicherungssumme		Arbeitnehmer Arbeitsentgelt	Gefahr-klasse	Beitragseinheiten	Beitrags-fuß	Beitrag EUR
	a	b	c	d	e=(a+b+c)xd	f	g=(e x f):1000
Pflicht-Versicheru	22.080	6.850	61.526	3,9	352.778	3,43	1.210,03
Zusatz-Versicheru							
Freiwillige Versicheru							

II. Fremdbeiträge

Diese Beiträge sind von der Berufsgenossenschaft aufgrund gesetzlicher Vorschriften mit einzufordern und an Dritte abzuführen

Ausgleichslast	Arbeitsentgelt wie l.c. abzüglich Freibetrag von 110.000 EUR			
Insolvenz für die Bundesanstalt für Arbeit	Arbeitsentgelt wie l.c.	61.526	2,34	143,97

Die Beitragsforderung für 20 wird festgesetzt auf

1.354,00

Bitte zahlen Sie (möglichst keine Schecks verwenden)

1.354,00

Der festgesetzte Betrag wird am **15. des nächsten Monats** fällig. Überweisen Sie den Beitrag bitte so frühzeitig, dass er bis zum Fälligskeitstag unserem Bankkonto gutgeschrieben wird. Dies gilt auch, wenn Sie Rückfragen haben oder Widerspruch einlegen.
Bitte benutzen Sie die beigefügten Überweisungsträger. Sie erleichtern uns die Arbeit und helfen uns, Kosten zu sparen. Sie können das Formular bei allen Banken, Sparkassen und der Post, auch für Bareinzahlungen, verwenden.
Sollte die Zahlung nicht bis zum **Fälligkeitstag unserem Bankkonto gutgeschrieben sein**, ist nach § 24 Sozialgesetzbuch - Gemeinsame Vorschriften - (SGB IV) in Verbindung mit § 31 unserer Satzung ein Säumniszuschlag zu zahlen. Er beträgt für jeden angefangenen Monat der Säumnis (SGB IV) 1 v.H. des Rückstandes.
Außerdem haben Sie die Möglichkeit, am **Lastschriftverfahren** teilzunehmen. Falls Sie hiervon Gebrauch machen wollen, füllen Sie bitte, falls noch nicht geschehen, die beigefügte Einzugsermächtigung aus und senden diese so rechtzeitig zurück, dass sie **spätestens 10 Tage vor Fälligkeit bei der Berufsgenossenschaft vorliegt.**

Mit freundliche Grüßen
Berufsgenossenschaft für den Einzelhandel

Berufsgenossenschaften (Beiträge)

- Beiträge an Berufsverbände sind abziehbare Betriebsausgaben, wenn die Mitgliedschaft in dem Verband beruflich veranlasst ist (z. B. IHK, Handwerkskammer).
- Beiträge zu Berufsgenossenschaften zählen hingegen zu den sozialen Abgaben.
- Aus den Beiträgen ist kein Vorsteuerabzug möglich.

Tipp:

Beiträge zur Berufsgenossenschaft werden nur ausnahmsweise im Voraus erhoben. Bilden Sie in diesem Fall in der Bilanz eine sonstige Rückstellung.

Beleg buchen

Auf Basis der gemeldeten Arbeitsstunden und der Gefahrenklasse wird der Berufsgenossenschaftsbeitrag in Euro festgesetzt. Beispiel

Berufsgenossenschaftsbeiträge	1.354,00 EUR	
an Bank		1.354,00 EUR

Das richtige Konto

BGA (GHK)	IKR	SKR03	SKR04	Kontenbezeichnung (SKR04)
427	692	4380	6420	Beiträge
4041	642	4138	6120	Beiträge zur Berufsgenossenschaft
428	6921	4390	6430	Sonstige Abgaben

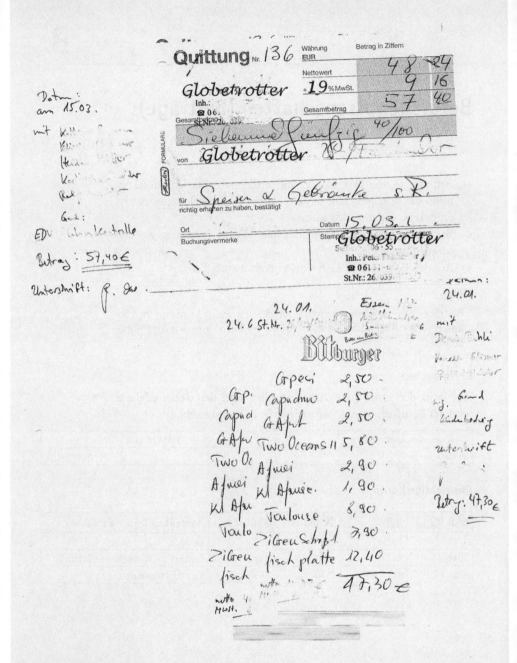

Quittung Nr. 136

Währung EUR
Betrag in Ziffern
48 24
Nettowert
+ 19% MwSt. 9 16
Gesamtbetrag 57 40

Globetrotter
Inh.:
☎ 06.

Datum:
am 15.03.

mit K...
K...
Heid... ...
Kar... ...
Ref... ...

Grad:

EDV ...kontrolle

Betrag: 57,40 €

Unterschrift: R. Das

von Globetrotter

für Speisen & Getränke s.R.
richtig erhalten zu haben, bestätigt

Ort
Buchungsvermerke

Datum 15.03.1
Stemp...

Globetrotter
Inh.: Pet... ...
☎ 0613...
St.Nr.: 26.039...

24.01.

24.01.
24.6 St.Nr. 2...

Bitburger

Crpeci 2,50
Crp. Capuchino 2,50
Capud G Apfel 2,50
G Apf Two Oceans 11 5,80
Two Oc A fuei 2,90
A fuei Kl A fuic. 1,90
Kl A fu Toulouse 8,90
Toulo Zigeu Schupf 7,30
Zigeu fisch platte 12,40
fisch __47,30 €__
netto
MWSt.

Essen ...
mit
Denis Bühli
...
...

...

unterschrift

Betrag: 47,30 €

Bewirtung von Mitarbeitern

- Sachleistungen des Arbeitgebers, die auch im gesellschaftlichen Verkehr üblicherweise ausgetauscht werden und zu keiner ins Gewicht fallenden Bereicherung der Arbeitnehmer führen, gehören als bloße Aufmerksamkeiten nicht zum Arbeitslohn.

- Als Aufmerksamkeiten gehören auch Getränke und Genussmittel, die der Arbeitgeber den Arbeitnehmern zum Verzehr im Betrieb unentgeltlich oder teilentgeltlich überlässt, nicht zum Arbeitslohn. Dasselbe gilt für Speisen, die der Arbeitgeber den Arbeitnehmern anlässlich und während eines außergewöhnlichen Arbeitseinsatzes überlässt und deren Wert 44 EUR nicht überschreitet.[10]

- Die Bewirtung eigener Arbeitnehmer durch den Arbeitgeber außerhalb von herkömmlichen Betriebsveranstaltungen führt in der Regel zu einem Zufluss von Arbeitslohn. Bei einem außergewöhnlichen Arbeitseinsatz kann ausnahmsweise der Belohnungscharakter verneint werden, wenn die unentgeltliche Überlassung des Essens für den Arbeitgeber von erheblicher Wichtigkeit ist.[11]

Beleg buchen

Die Arbeitsbesprechung zu den aktuellen organisatorischen Problemen mit dem Mahnwesen findet in der Gaststätte *Globetrotter* statt.

Beispiel

> **Achtung:**
> Der Inhaber der Gaststätte *Globetrotter* kann offensichtlich keine maschinelle Rechnung erstellen. Bei einer Bewirtung von Geschäftsfreunden wäre deshalb der Betriebsausgabenabzug gefährdet.

Freiwillige Soziale Aufwendung lohnsteuerfrei	57,40 EUR	
an Kasse		57,40 EUR

Das richtige Konto

BGA (GHK)	IKR	SKR03	SKR04	Kontenbezeichnung (SKR04)
405	6410	4140	6130	Freiw. soziale Aufwendung, LSt.-frei

---

[10] Vgl. R 73 Lohnsteuerrichtlinien.
[11] BFH, Urteil vom 04.08.1994 – VI R 61/92.

RESTAURANT DELPHI
GRIECHISCHE SPEZIALITÄTEN
mit Biergarten

Öffnungszeiten
11.30-14.30 Uhr, 18.00-0.30 Uhr
Samstag von 18.00-0.30 Uhr

RECHNUNG

* Rechnung 9
Tisch # 5

---

1 Kalbsnieren

17,50

3 Flensburger 0.33

7,80

2 Medoc 0.2

7,00

1 DIVERSES

13,50

1 DIVERSES

17,50

1 DIVERSES

8,50

---

9 Total 71,80
Netto MWST 19% 60,33
MWST 19% 11,44

BAR 71,80

Mon 14-11-2 23:52:17
#0062 L0001 Bediener 2

Vielen Dank
für Ihren Besuch

Tischreservierung erbeten.
Alle Speisen auch zum Mitnehmen.
Ab 15 € Lieferung frei Haus
Vielen Dank für Ihren Besuch!

Kein Rohcorg,
durchgehend
warme Küche

Angaben zum Nachweis der Höhe und der
betrieblichen Veranlassung von Bewirtungsaufwendungen
($ 4 Abs. 5 Ziff. 2 EStG)

Tag der Bewirtung	Ort der Bewirtung

Bewirtete Person(en)

Angaben
zum Nachweis der Höhe und
der betr. Veranlassung von
Bewirtungsaufwendungen
($ 4 Abs. 5 Ziff. 2 EStG)

Tag und Ort der Bewirtung:

Bewirtete Person(en):

Anlass der Bewirtung:

Höhe der Aufwendungen
x bei Bewirtung x 1
in Gaststätte
lt. umseitiger / beigefüg
Rechnung

71,80 €

Ort Datum Unterschrif
14.11.

Rechnungsempfänger:

****

Höhe der Aufwendungen

☐ Bei Bewirtung in Gaststätte*
lt. Umseitiger/beigefügter Rechnung

€

☐ in anderen Fällen*

€

*Zutreffendes bitte ankreuzen

Ort/Datum/Unterschrift

Bewirtungskosten

- Die angemessenen Aufwendungen für die Bewirtung von Geschäfts-
  freunden aus geschäftlichem Anlass sind nur dann abziehbar, wenn
  sie einzeln und getrennt von den sonstigen Betriebsausgaben zeitnah
  aufgezeichnet werden (§ 4 Abs. 7 EStG). Von den Bewirtungskosten
  sind 30 % nicht abzugsfähig. Nach einem Urteil des Bundesfinanz-
  hofs können Sie gleichwohl in voller Höhe Vorsteuer abziehen.[12]

- Hat die Bewirtung in einer Gaststätte stattgefunden, genügen
  Angaben zum Anlass und zu den Teilnehmern der Bewirtung. Es
  muss sich um eine maschinell erstellte Rechnung handeln, auf
  der Bewirtungsleistungen nach Art, Umfang, Entgelt und Tag
  der Bewirtung in der Rechnung gesondert bezeichnet werden. Die
  Angabe „Speisen und Getränke" reicht nicht aus. Die Rechnung
  muss den Namen der Gaststätte und des Gastgebers enthalten, das
  Nettoentgelt und die ausgewiesene Umsatzsteuer, die Rechnungsnummer und die Steuernummer des Gastwirts. Dies gilt nicht bei
  Kleinbetragsrechnungen bis 150 EUR (bis 2006: 100 EUR).

Achtung:

Als zeitnahe Erfassung wird der Zeitraum von 10 Tagen gesehen. Im
Urteil vom 19.08.1980 hat der Bundesfinanzhof eine monatliche Auf-
gliederung schon als nicht mehr ausreichend angesehen.

Beleg buchen

Bewirtung der Geschäftsfreunde im Restaurant *Delphi*.   Beispiel

Bewirtungskosten	42,33 EUR	
Nicht abzugsfähige Bewirtungskosten	18,00 EUR	
Vorsteuer	11,47 EUR	
an Kasse		71,80 EUR

Das richtige Konto

BGA (GHK)	IKR	SKR03	SKR04	Kontenbezeichnung (SKR04)
		4650	6640	Bewirtungskosten
2082	6868	4654	6644	Nicht abzugsfähige Bewirtungskosten

---

[12] BFH, Urteil vom 10.02.2005, Az. V R 76/03.

Buchführungsbüro Pro-Account

Steuerfachgehilfin Erika Sommer
62631 Oppenheim, Daimlerstr. 3 Postfach 1301
info@pro-account.de

Pro-Account 62631 Oppenheim Postfach 1301

Firma
Horst Starke
Wiesengasse 3
55586 Neustadt

Seite:	1 von 1
Kd.b.Lief.:	
Kundennr.:	12370
Bearbeiter:	
Bestellnr:	
Ust.Id.Nr.:	
ProjektNr.:	
Steuernr.:	
Lieferdatum:	05.10.20
Datum:	02.12.20

Rechnung Nr. 2200515

Vielen Dank für Ihren Auftrag !

Pos	Menge	Artikel-Nr.	Text	Einzelpreis	Rabatt	Gesamtpreis
1	2,00	1023	Kontierung lfd. Monatsbuchhaltung September, Oktober 20.	100,00		200,00
6	13,00	1055	Lohnabrechnung September 20. 13 AN	6,90		89,70
8	18,00	1055	Lohnabrechnung Oktober 20. 18 AN	6,90		124,20
7	5,00	1060	Einrichtung Lohnkonten	11,50		57,50

Gesamt Netto		471,40
zzgl. 19,00 % USt. auf	471,40	89,57
Gesamtbetrag		€ 560,97

Vielen Dank für Ihren Auftrag !

62

Buchführungskosten

- Die Kosten für die Buchführung durch selbstständige Buchhalter oder Steuerberater sind als Betriebsausgabe abziehbar.
- Buchführungskosten für den Monat Dezember bzw. das 4. Quartal gehören wirtschaftlich in das abgelaufene Jahr und sind als Verbindlichkeiten zu bilanzieren. Die Vorsteuer kann jedoch nicht im alten Jahr abgezogen werden, weil die Buchführungsarbeiten frühestens im Januar des Folgejahres ausgeführt und abgerechnet werden können.

Beleg buchen

Die Rechnung für die Finanz- und Lohnbuchführung September Beispiel und Oktober in Höhe von 560,97 EUR werden überwiesen:

Buchführungskosten	471,40 EUR	
Vorsteuer	89,57 EUR	
an Bank		560,97 EUR

Das richtige Konto

BGA (GHK)	IKR	SKR03	SKR04	Kontenbezeichnung (SKR04)
484	677	4950	6825	Rechts- und Beratungskosten
4845	6771	4957	6827	Abschluss- und Prüfungskosten
4846	6176	4955	6830	Buchführungskosten

Computer & Bürobedarf
Top in Preis und Leistung!

unsere Bestellhotline : 065
unsere Faxnummer : 06

Rechnung

Firma
Horst Starke
Wiesengasse 3
55586 Neustadt

	Seite	1
Rechnungsnummer	10	
Rechnungsdatum	18.05.20	
Kundennummer	100	

Sachbearbeiter	Susanne
Durchwahl	DW:-30 (FAX 8:)
Versandart	Standard
Versandtarif	Internet
USt-ID-Nr.	
Reklamationshotline	06
Fibu-Hotline	06
Zahlungsart	Bankeinzug
e-Mail	

Ihre Internetbestellung

Pos.	Artikel-Nr.	Artikelbezeichnung	Menge	Preis	Rab% 1 Rab% 2	Gesamt/EUR
		SAMMELBELEG				
		-> WA-Aufträge				
		Übernahme von Auftrag Nr. 24086759 / 18.05.20.				
1	1400471	Papier A4 80g weiß ECONOMY - 5.000 Blatt Packung,	1	14,90		14,60
		Testpreis: Gilt nur 1x je Kunde - Mehrmengen werden zu		PE : 5000	2,00	
		den aktuellen Staffelpreisen berechnet.				
		Bitte beachten: Bei diesem Papier kaufen wir für Sie immer günstigst zu einer				
		guten Qualität ein. Daher können die Sorten von Lieferung zu Lieferung				
		variieren.				
		- Qualitätspapier im Economy-Bereich mit ansprechender Weiße und ordentlicher				
		Stabilität				
		- mit guten Abbildungs- und Laufeigenschaften auf allen modernen Bürogeräten,				
		auf Hochleistungskopierern inkl. Sorter, Heftung und Falzung				
		- dank seiner universellen Eigenschaften immer dann eine gute Wahl, wenn				
		ökonomische Aspekte absolut im Vordergrund stehen				
2	1399905	Canon PIXMA IP 4200 Tinte schwarz (0620b001/CLI-8BK)	1	7,80		7,64
		ohne Umkarton..			2,00	
		Canon / PIXMA:MP 800-IP 4200-IP 5200-IP 6600-;				
		- Kapazität: bis zu 450 Seiten bei 5 Prozent Seitendeckung A4				

* Lieferdatum : 19.05.20

Warenwert	Fracht/Porto	MMZ	Nachnahme	Versicherung
72,68	2,49			
Nettoentgelt	MwSt 19%		Gesamt-MwSt	Rechnungsbetrag/EUR
75,17	14,28		14,28	89,45

Zahlungsbedingung
25.05.200 Netto / 89,45 EUR

Bankverbindung
Bankleitzahl
Kontonummer

Der Betrag wird innerhalb von 7 Tagen abgebucht. 2% Bankeinzugsrabatt sind bereits im Feld 'Rab% 2' berücksichtigt.

Gerichtsstand für beide Seiten ist r. Es gilt erweiterter Eigentumsvorbehalt. Steuernummer : 11 UST-ID : DE 8

zbank BLZ 5 Kto. 3 Eingetragen beim AG

Es gelten ausschl. unsere Ihnen bekannten Allgemeinen Verkauf- und Lieferbedingungen. Diese sind unter www. .de abrufbar.

Bürobedarf

Unter Bürobedarf versteht man alle Wirtschaftsgüter, die Verbrauchsmaterial darstellen und deren Anschaffungskosten weniger als 150 EUR/Stück betragen.
Dazu zählen z. B. Aufwendungen für

- allgemeines Papier und Briefpapier,
- Schreibgeräte und Minen,
- Mappen und Ordner,
- Mülleimer,
- Post-it-Blöcke,
- Radiergummis, Tesa, Klebestifte etc.

Diese Aufwendungen werden unter „Bürobedarf" gebucht.

Tipp:
Achten Sie darauf, dass die gekauften Büroartikel vollständig ausgezeichnet sind, damit sich der Steuersatz eindeutig bestimmen lässt.

Beleg buchen

Die Firma *Beta* liefert Druckertoner und Briefkuverts. Beispiel

Bürobedarf	75,17 EUR	
Vorsteuer	14,28 EUR	
an Bank		89,45 EUR

Das richtige Konto

BGA (GHK)	IKR	SKR03	SKR04	Kontenbezeichnung (SKR04)
481	6800	4930	6815	Bürobedarf

Tel. (04
Fax (04

Firma Elektro Zapp
Inh. Erwin Zapp
Daimlerstr. 3

46464 Neustadt

Ihre Bestell-Daten:

Auftr.-Nr. ▶ 08/15
vom ▶ 14/02/20

RECHNUNG

Seite 1

Bei Zahlung bitte angeben

| Kunden-Nr. ▶ | 123456 | Rechnungs-Nr. ▶ | 7894512 | Tag ▶ | 14/02/20 |

Wir lieferten Ihnen und berechnen wie folgt:

Best.-Nr.	Bezeichnung	Farbe	Anzahl	Preis per 100	Preis ges.
D-020	Drahtbindemaschine eco II	weiß	1		599,00
	12 Monate Garantie				
	Birkenbihl "27 Erfolge"	we/r	1	kostenlos	
			1	kostenlos	
	Das Rechnungsdatum entspricht dem Lieferdatum				
	*** Vielen Dank für Ihren Auftrag -				
	und empfehlen Sie uns bitte weiter! ***				

▶ Die gelieferte Ware bleibt bis zur vollständigen Bezahlung unser Eigentum.

▶ Zahlung innerhalb 8 Tagen abzüglich 2% Skonto
oder innerhalb 30 Tagen netto ohne Abzug.

▶ Unsere UST ID-NR. DE 116

Netto-Warenwert	599,00
Versandspesen einschl. Versicherung	0,00
netto EUR	599,00
zzgl. 19% Mwst.	113,81
gesamt EUR	712,81

-/. 2%
698,55

+an 753808

Büromaschinen

- Büromaschinen unter 150 EUR sind den „Werkzeugen und Kleingeräten" zuzuordnen.
- Büromaschinen wie Kopierer, Faxgeräte, Bindemaschine als selbstständig nutzungsfähige Geräte sind bei Anschaffungskosten unter 1.000 EUR als Geringwertige Wirtschaftsgüter (GWG) in einen Sammelposten einzustellen, ansonsten als „Sonstige Betriebs- und Geschäftsausstattung" zu aktivieren.
- Nicht selbstständig nutzungsfähige Bürogeräte, wie z. B. Drucker und Computermonitore, sind selbst bei Anschaffungskosten unter 1.000 EUR nicht als GWG zu behandeln. Sie sind über die betriebsgewöhnliche Nutzungsdauer von drei Jahren abzuschreiben.

Beleg buchen

Die Drahtbindemaschine kostet 599 EUR. Bei Zahlung innerhalb Beispiel von 8 Tagen kann jedoch 2 % Skonto abgezogen werden, also wird unmittelbar der skontierte Rechnungsbetrag von 698,55 EUR überwiesen.

GWG Sammelkosten	587,02 EUR	
Vorsteuer	111,53 EUR	
an Bank		698,55 EUR

Das richtige Konto

BGA (GHK)	IKR	SKR03	SKR04	Kontenbezeichnung (SKR04)
033	087	0490	0690	Sonstige Betriebs- und Geschäftsausstattung
037	089	0485	0675	GWG Sammelposten
472	603	4985	6845	Werkzeuge und Kleingeräte

FirmenService

Lieferadresse
Firma

Horst Starke
Wiesengasse 3

55586 Neustadt

Rechnungsanschrift
Firma

Horst Starke
Wiesengasse 3

55586 Neustadt

Rechnung Nr.   Datum 25.02.2
    Order Nr. 07   -1   Kunden Nr:
Katja Lenz (Firmenservice   Service Tel: 0

Ihre Lieferung 25.02.2

M	Anz.	Beschreibung	Art.Nr.	Preis	Gesamt
	2	10 -005 0		2.500,00	5.000,00
	1	E 60 SCHW	3486	4.520,00	4.520,00
	2	EF SCHW	74	190,00	320,00
	10	E. BU	848	200,00	2.000,00

Warenwert gesamt   11.900,00

Gesamtbetr.d. Rechnung   Waren u. Service total   11.900,00
MwSt.19%: EUR   1.900,00   Netto total   10.000,00

Mit Firmen Konto Nr: 11290   werden verrechnet   11.900,00

Liebe   -Kundin, lieber   Kunde,
hiermit bestätigen wir Ihre Bestellung.

Die Anlieferung erfolgt tagsüber ab 7.00 Uhr.

Ihr

68

Büromöbel

- Nach der amtlichen AfA-Tabelle beträgt die betriebsgewöhnliche Nutzungsdauer von Büromöbeln 13 Jahre.
- Selbstständig nutzungsfähige Büromöbel zwischen 150 EUR und 1.000 EUR Anschaffungskosten sind als Geringwertige Wirtschaftsgüter (GWG) in einen Sammelposten einzustellen.
- Etwas anderes gilt z. B. für Stahlregalteile, die Sie neu kombinieren könnten. Ausschlaggebend ist der Wert des zusammenhängenden Regals am Jahresende.

Beleg buchen

Bei den Büromöbeln sind neben den Schränken auch die Schreibtischkombinationen und Regalteile anzusetzen. Die Stühle und Beistelltische sind im GWG-Sammelposten zu erfassen.

Beispiel

GWG-Sammelposten	2.000,00 EUR	
Büroeinrichtung	8.000,00 EUR	
Vorsteuer	1.900,00 EUR	
an Bank		11.900,00 EUR

Das richtige Konto

BGA (GHK)	IKR	SKR03	SKR04	Kontenbezeichnung (SKR04)
0332	087	0420	0650	Büroeinrichtung
037	089	0485	0675	GWG-Sammelposten

LANDRATSAMT
Herrn, Frau, Firma

Horst Starke
Wiesengasse 3
55586 Neustadt

Schriftliche Verwarnung mit
Verwarnungsgeld/Anhörung

R Ü C K S E N D U N G
INNERHALB EINER WOCHE ERBETEN
AN:

Sehr geehrte Dame, sehr geehrter Herr,

Ihnen wird zur Last gelegt, am   , um   Uhr in

als Führer/in des PKW,
folgende Ordnungswidrigkeit(en) nach § 24 StVG begangen zu haben:

Sie überschritten die zulässige Höchstgeschwindigkeit innerhalb
geschlossener Ortschaften um   6 km/h.
Zulässige Geschwindigkeit: 30 km/h;
Festgestellte Geschwindigkeit (abzgl. Toleranz):   36 km/h.
§ 41 Abs. 2, § 49 StVO; § 24 StVG; 11.3.1 BKat

GESCHWINDIGKEITSMESSUNG/LICHTBILD

Hinweis: wenn Sie sich nicht äußern wollen, kann das Foto mit Ihrem im
Pass-/oder Personalausweisregister hinterlegten Foto verglichen werden.

Beweismittel: Foto
                 FILM:
Zeuge/
Anzeigeerstatter:

| Verwarnungsgeld   15,00 € |

Wurde die Zahlung für obiges Aktenzeichen bereits geleistet,
ist dieses Schreiben gegenstandslos.

Zahlbar innerhalb einer Woche nach Zugang.
Verspäteter oder unvollständiger Zahlungseingang
kann einen Bußgeldbescheid mit zusätzlichen
Verfahrenskosten zur Folge haben.

Mit freundlichen Grüßen

Hinweis:
Keine Eintragung in das Verkehrszentralregister.

bitte wenden ➡

Bußgelder

- Für Bußgelder besteht ein steuerliches Abzugsverbot (§ 4 Abs. 5 Satz 1 Nr. 8 Satz 1 EStG).

- Übernimmt ein Arbeitgeber die Zahlung von Verwarnungsgeldern (oder sogar Geldstrafen), die einem Arbeitnehmer aus unterschiedlichsten Gründen auferlegt werden, handelt es sich um Arbeitslohn. Dies gilt z. B. auch für Geschwindigkeitsübertretungen auf Weisung des Arbeitgebers durch angestellte Taxifahrer oder für das Überladen eines Lkw, das Überschreiten von Lenkzeiten etc.

- Die Übernahme von Verwarnungsgeldern durch den Arbeitgeber kann ausnahmsweise nicht zu einem Arbeitslohn führen, wenn sie im eigenbetrieblichen Interesse des Arbeitgebers liegt.[13] In diesem Sonderfall musste ein Paketzusteller Nachteile betroffener Fahrer ausgleichen, die in Städten ohne Ausnahmegenehmigungen für das Halten in Verbotszonen auslieferten.

Beleg buchen

Die Geschwindigkeitsüberschreitung Ihres Mitarbeiters von 6 km/h innerorts auf dem Weg zur Post kurz vor Schalterschluss wird mit 15 EUR geahndet. Im eigenen Interesse übernehmen Sie das Bußgeld, müssen aber die Geldbuße als zusätzlichen Sachbezug ansetzen.   *Beispiel*

Gehalt	15,00 EUR	
Nicht abzugsfähige Betriebsausgaben	15,00 EUR	
an Bank		15,00 EUR
an verrechnete Sachbezüge		15,00 EUR

Das richtige Konto

BGA (GHK)	IKR	SKR03	SKR04	Kontenbezeichnung
2082	6868	4645	6645	Nicht abzugsfähige Betriebsausgaben
40	62	4100	6000	Löhne und Gehälter
279	5190	8590	4940	Verrechnete sonstige Sachbezüge

---

[13] BFH, Urteil vom 07.07.2004, VI R 29/00.

Ges. für Computernetze und Systemlösungen mbH

Firma
Horst Starke
Wiesengasse 3

55586 Neustadt

Zentrale
D
eim
Tel.
Fax 06

B0
Im
69
Tel. 0
Fax 0

http://www.gr   e
e-Mail: info@gr

Geschäftsführer
Dipl-Informati

H
Ust ID-Nr. D

Bankverbindungen

Kto.   0

Volk
Kt

Rechnung   Nr. 2

Rechnungsdatum=Lieferdatum

Kunden-Nr.   Unser Zeichen   den 22.04
Wir danken für Ihre Bestellung und berechnen wie folgt :

Pos.	Menge	Bezeichnung	Einzel-Pr.	Gesamt EUR
1	1,00 Stk.	Siemens L /P-III-1GHz/20GB/256MB/CD-Rom/ Windows 2000 Liz., Restgarantie 6 Mon.	269,00	269,00
2	1,00 Stk.	AVM FRITZ!Card, 32 Bit PCI, passiv inkl. Kommunikationssoftware f. Windows	69,00	69,00
3	1,00 Std.	Installation von Windows 2000 sowie Einrichtung als HAP1 - pauschal	120,00	120,00
4	1,00 Stk.	Fahrtkostenpauschale bis 30 km Anfahrt	30,00	30,00

Betrag netto	EUR	488,00
MwSt 19,0%	EUR	92,72
Endbetrag	EUR	580,72

Zahlungsziel : 8 Tage rein netto
bis 30.04.2   EUR

*überw. 03.05.0
3e*

2 5. April 2001   6S   1,0

Computer (Anschaffungskosten)

- Zu den Anschaffungskosten von Computern gehören neben dem Anschaffungspreis auch die einzelnen zurechenbaren Anschaffungsnebenkosten und die nachträglichen Anschaffungskosten.
- Nachträgliche Anschaffungskosten entstehen im Rahmen von Umbauten oder Erweiterungen der Anlage. Dabei kann die Abgrenzung zu Erhaltungsaufwand und Instandsetzung schwierig sein. Als Indiz für nachträgliche Anschaffungskosten dient die Erweiterung der Anlage in zeitlicher Nähe zur Anschaffung, ohne dass ihre Wesensart verändert wird.
- Computerzubehör, wie z. B. Maus, Drucker, Tastatur, Monitor, Scanner, können nicht selbstständig genutzt werden. Daher kommt die Einordnung als geringwertiges Wirtschaftsgut – auch wenn die Anschaffungskosten des einzelnen Gegenstandes zwischen 150 EUR und 1.000 EUR (netto) liegen sollten – im Regelfall nicht infrage.

Tipp

Beim nachträglichen Austausch von Computerteilen und bei Aufrüstung bzw. Anpassung an den technischen Fortschritt handelt es sich um Reparatur- und Wartungsaufwand, den Sie als Betriebsausgabe direkt abziehen können.

Beleg buchen

Für einen gebrauchten Standard-PC betragen die Anschaffungskosten inklusive der Nebenkosten durch Installation und Lieferung 488 EUR.   *Beispiel*

GWG-Sammelposten	488,00 EUR	
Vorsteuer	92,72 EUR	
an Bank		580,72 EUR

Das richtige Konto

BGA (GHK)	IKR	SKR03	SKR04	Kontenbezeichnung (SKR04)
033	087	0490	0690	Sonstige Betriebs- und Geschäftsausstattung
037	089	0485	0675	GWG-Sammelposten
4831	6165	4806	6495	Wartungskosten für Hard- und Software

EXtrasoft GmbH

Firma Müller GmbH
zHd Geschäftsführer Friedrich Müller
Industriestraße 10

43598 Staade

Gebucht ▼

15.09.20

R E C H N U N G   Nummer : 33... :00...
                                                                    Seite : 1

Bezeichnung   Anzahl Einzelpreis   Gesamt

Bezeichnung	Anzahl	Einzelpreis	Gesamt
19" ACER TFT Display AL1511s geliefert mit nach	2	199,80	399,60

Leistung erbracht bzw. Lieferung erfolgte im Monat der Rechnungsstellung.
Zahlungsbedingungen:
Zahlbar ohne Abzug bis 29.09.20

Netto EUR	399,60
19 % Mwst	75,92
Gesamt EUR	475,52

Anschrift:	Internet:	Registergericht:	Bankverbindungen:
2	http://www. ...soft-gmbh.de	Amtsgericht	Sparkas...
D...	E-Mail:	HRB	
Telefon: ...	Info@...mbh.de		
Telefax: 0...	Ust.ID-...	Geschäftsführer:	
	DE 8...		Kont... Konto...

Computermonitore

- Büromaschinen unter 60 EUR sind den „Werkzeugen und Kleingeräten"zuzuordnen.
- Büromaschinen wie Kopierer, Faxgeräte, Bindemaschine als selbstständig nutzungsfähige Geräte zwischen 150 EUR und 1.000 EUR Anschaffungskosten sind als Geringwertige Wirtschaftsgüter (GWG) in einen Sammelposten einzustellen, ansonsten als „Sonstige Betriebs- und Geschäftsausstattung" zu aktivieren.
- Nicht selbstständig nutzungsfähige Bürogeräte, wie z. b. Drucker und Computermonitore, sind selbst bei Anschaffungskosten zwischen 150 EUR und 1.000 EUR nicht als GWG zu behandeln. Sie sind über die betriebsgewöhnliche Nutzungsdauer von drei Jahren abzuschreiben.

Tipp

Wenn Sie die Bildschirme älteren Computern im Anlagenverzeichnis zuordnen, lassen sie sich über den verkürzten Abschreibungszeitraum absetzen.

Beleg buchen

Die Flachbildschirme von Extrasoft kosten 399,60 EUR. Da sie nur   Beispiel
zusammen mit einem Computer, aber nicht selbstständig nutzungsfähig sind, stellen sie keine GWG dar. Die Monitore sind entweder einzeln zu aktivieren oder aber zusammen mit den Computern, an denen sie eingesetzt werden (Nutzungszusammenhang).

Sonstige Betriebs- und Geschäftsausstattung	399,60 EUR	
Vorsteuer	75,92 EUR	
an Bank		475,52 EUR

Das richtige Konto

BGA (GHK)	IKR	SKR03	SKR04	Kontenbezeichnung (SKR04)
033	087	0490	0690	Sonstige Betriebs- und Geschäftsausstattung
037	089	0485	0675	GWG-Sammelposten
472	603	4985	6845	Werkzeuge und Kleingeräte

Postfach 3
D - 8
.... na K

D - 8
Telefon 0
Telefax 08
e-mail info@ .... de
w w v .... 1 e

Firma
Horst Starke
Wiesengasse 3

55586 Neustadt

Rechnung RE-0

Ihre Kunden-Nr.: 6
Ihre Bestellung: fax
Ihr Bestelldatum: 06.04.20
Es betreut Sie: St   , **Durchwahl -44**

06.04.20
Rechnungsdatum=Lieferdatum

Pos	Art.-Nr.	Bezeichnung	Menge	EP	Gesamt
1		KalcStar 7.30	1	743,46 EUR	743,46 EUR
		Hersteller:			
		Originalartikelnr:			

Summe netto	743,46 EUR
+ Versand	12,00 EUR
Zwischensumme netto	755,46 EUR
+ Mwst.	143,54 EUR
Endbetrag	899,00 EUR

Zahlungsbedingung: Bankeinzug
wird abgebucht von

*** Achtung - Neue Versandkosten al _____   **Lieferung - Achtung! *****
   *** Stellen Sie jetzt um auf Bankeinzug! Versand erfolgt d   ***

Dokument-Nr.   ) Seite 1
Die Ware bleibt bis zur vollständigen Bezahlung unser Eigentum.

.... sellschaft   Geschäftsführer   USt.-Id-Nr.   .... sparkasse
                           Dipl.Ir   DE 1
.... HRE   Id.-Nr.   Kt.-Nr   Kt.-   Kt.-
                                                        BLZ 72   BLZ   BLZ   BLZ

Computerprogramme (Software)

- Computerprogramme sind immaterielle Wirtschaftsgüter. Die Anschaffungskosten sind über eine betriebsgewöhnliche Nutzungsdauer von drei Jahren[14] bis fünf Jahren[15] abzuschreiben.
- Computerprogramme unter 150 EUR Anschaffungskosten dürfen als so genannte Trivialsoftware wie Geringwertige Wirtschaftsgüter (GWG) sofort abgeschrieben werden.
- Software zwischen 150 EUR und 1.000 EUR wird regulär abgeschrieben. Denn die neuen Sammelposten für GWG sind nur für materielle Wirtschaftsgüter vorgeschrieben.
- Eine mit wirtschaftlicher Abnutzung begründete kürzere Nutzungsdauer kann nur dann zu Grunde gelegt werden, wenn das Wirtschaftsgut vor Ablauf der technischen Nutzbarkeit objektiv wirtschaftlich verbraucht ist.[16]

Beleg buchen

Das Artikelkalkulationsprogramm kostete brutto 899 EUR.   Beispiel

Software	755,46 EUR	
Vorsteuer	143,54 EUR	
an Bank		899,00 EUR

Das richtige Konto

BGA (GHK)	IKR	SKR03	SKR04	Kontenbezeichnung
14	23	27	135	Software
4831	6165	4806	6495	Wartungskosten Hard- und Software
492	651	4822	6200	Abschreibung immaterieller VG
4929	655	4826	6210	Außerplanmäßige Abschreibung immaterieller VG

---

[14] Schmidt/Weber-Grellet EStG § 5 Rdn. 270.

[15] Niedersächsisches Finanzgericht, Urteil vom 16.01.2003, AZ: 10 K 82/99.

[16] FG Münster, Urteil vom 18.02.2005, Az. 11 K 5218/03 E,U.

LEXWARE®

545

Lexware GmbH & Co. KG, Pf 112, D-79001 Freiburg

Firma
Horst Starke
Wiesengasse 3

55586 Neustadt

||||| ||| ||| ||||| ||||| ||| ||||| ||||| |||
✱ 1 2 0 0 0 3 3 8 2 ✱

Rechnungsnummer:	R20
Kundennummer:	
Rechnungsdatum:	12.01.0
Fälligkeitsdatum:	11.02.0
Lieferdatum:	12.01.0

Rechnung R200

Seite: 1

Artikel	Beschreibung	Menge		VK-Preis	Rabatt	Betrag
8871-020-0400	Lexware faktura plus	1	Stück	167,23 EUR		167,23 EUR
	Update Version 15.2					
	Versandkostenanteil	1		5,90 EUR		5,90 EUR

20514

Total		173,13 EUR
19%MWSt		32,89 EUR
Total	**inkl. MWSt**	206,02 EUR

Bitte nicht überweisen! Abbuchung über: Kto. _____, **BLZ** _____
Zahlungsbedingung   **30 Tage rein netto**

Bankverbindung   Sparkasse _____
                  BLZ _____
                  Konto _____

Unsere USt.-IdNr.   DE _____

Computerprogramme (Updates)

- Computerprogramme sind immaterielle Wirtschaftsgüter. Die Anschaffungskosten sind über eine betriebsgewöhnliche Nutzungsdauer von drei Jahren[17] bis fünf Jahren abzuschreiben.[18]
- Updates behandeln Sie in der Regel als Instandhaltungsaufwand, den Sie sofort als Betriebsausgabe absetzen können. Nur wenn die Updates in sich selbstständig lauffähige Programme sind, ohne Abhängigkeit zur Vorläuferversion, ist das Update zu aktivieren (sofern über 150 EUR) und die alte Version abzuschreiben.
- Beim Erwerb eines Updates einer Standard-Software kommt eine außerordentliche Abschreibung der alten Programmversion wegen technischer Abnutzung nicht in Betracht, weil dieses vor Aufspielen des Updates voll funktionsfähig war und jederzeit vom erworbenen Speichermedium wieder auf den PC installiert werden kann.[19]

Beleg buchen

Das Update 15.2 von Lexware Lohn und Gehalt kostet brutto 199 EUR. Auch die Versandkosten von 5,90 EUR werden den Wartungskosten für die Software zugeschlagen. Beispiel

Wartungskosten Hard- und Software	173,13 EUR	
Vorsteuer	32,89 EUR	
an Bank		206,02 EUR

Das richtige Konto

BGA (GHK)	IKR	SKR03	SKR04	Kontenbezeichnung
14	23	27	135	Software
4831	6165	4806	6495	Wartungskosten Hard- und Software
492	651	4822	6200	Abschreibung immaterieller VG
4929	655	4826	6210	Außerplanmäßige Abschreibung immaterieller VG

---

[17] Schmidt/Weber-Grellet EStG § 5 Rdn. 270.
[18] Niedersächsisches Finanzgericht, Urteil vom 16.01.2003, Az. 10 K 82/99.
[19] Niedersächsisches Finanzgericht, Urteil vom 16.01.2003, Az. 10 K 82/99.

Lebensversicherungs-Aktiengesellschaft
der ~~_____~~ -Leben)

Versicherungsnehmer:

~~_____~~ GMBH
Personalbüro

Versicherungsschein
Nr. 900/60

Versicherte Person

*09.1 ~~_____~~

Leistungsempfänger	
im Erlebensfall	S. Erkl. Direktv. v. 17.12.97
im Todesfall	S. Erkl. Direktv. v. 17.12.97
Tarif	A (Gemischte Versicherung)
Versicherungssumme	99.329 DM
Beginn/Ablauf der Versicherung	01.01.1998/01.01.2018 12 Uhr
Dauer der Beitragszahlung	20 Jahre
Tarifbeitrag jährlich	3.705,96 DM
Einlösungsbeitrag vom 01.01.1998 – 01.02.1998	324,27 DM
Folgebeitrag ab 01.02.1998 monatlich	324,27 DM

Der Beitrag wird jeweils zur Fälligkeit abgebucht.

Konto-Nr.

Sparkasse

Kontoauszug 6
Blatt 1

Datum	Erläuterungen		Betrag
Kontostand in EUR am 28.04.20 , Auszug Nr. 5			997,86+
02.05 Lastschrift	Wert: 02.05.20 ELV KASSE 2		30,40–
02.05 Lastschrift ~~____~~-LEBENSVERS. AG LEBENSVERSICHERUNG	Wert: 02.05.20 BEITRAG F. 900/604916-D-71		153,10–
02.05 Lastschrift	Wert: 02.05.20 T 481426998.7 05/06 136,21		165,24–
02.05 Zahlungseingang	Wert: 02.05.20 RE. NR. 2200544		23,78+

199 116 05/2006 04602

80

Direktversicherung

- Eine Direktversicherung ist eine Lebensversicherung auf das Leben eines Arbeitnehmers, die durch den Arbeitgeber abgeschlossen worden ist und bei der der Arbeitnehmer oder seine Hinterbliebenen hinsichtlich der Leistungen des Versicherers bezugsberechtigt sind.
- Die Prämien für eine derartige Direktversicherung, die seitens der Gesellschaft an eine Lebensversicherung gezahlt werden, sind bei der Gesellschaft Betriebsausgaben. Das gilt auch für Einmalbeiträge.
- Versicherungsnehmer ist somit der Arbeitgeber. Versicherte Person und Berechtigter ist der Arbeitnehmer.
- Bei Verträgen mit Kapitalauszahlung, die vor 2005 abgeschlossen wurden, ist eine Pauschalierung der Lohnsteuer möglich. Die Prämien von Neuverträgen ab 2005 sind regulär zu versteuern.

Achtung:
Bei Versicherungsverträgen mit lebenslangen Rentenzahlungen sind die Versicherungsbeiträge zum Teil steuerfrei (2009: bis 2.592 EUR). Bei Verträgen ab 2005 erhöht sich der maximal steuerfreie Betrag um weitere 1.800 EUR.

Beleg buchen

Die monatliche Direktversicherungsprämie eines Vertrages aus 1998 *Beispiel* wird abgebucht. Die Firma versteuert zu Gunsten ihres Arbeitnehmers die Prämien pauschal.

Aufwendungen für Altersversorgung	153,10 EUR	
Pauschale Lohnsteuer für Altersversorgung	30,62 EUR	
an Bank		183,72 EUR

Das richtige Konto

BGA (GHK)	IKR	SKR03	SKR04	Kontenbezeichnung (SKR04)
406	648	4160	6140	Aufwendungen für Altersversorgung
4064	6461	4167	6147	Pauschale Lohnsteuer für Versicherungen
4061	6481	4168	6148	Aufw. Altersversorg. Mituntern. § 15 EStG

Kaufmannsbank

Filiale ·

Horst Starke
Wiesengasse 3

55586 Neustadt

Ihr Ansprechpartner:
Alfred Neumann
Tel. 0815 3456-23

Neustadt, den 29.09.20

Auszahlung
Kontonummer
UNIVERSALDARLEHEN   über EUR 25.000,00

Wir bestätigen Ihnen die Auszahlung Ihres Darlehens zum 06.10.20

Auszahlung	25.000,00 EUR
- Bearbeitungsentgelt	250,00 EUR
= Auszahlung netto	24.750,00 EUR

Die Auszahlung erfolgt zu Gunsten Konto
Somit ist Ihr Darlehen voll ausgezahlt.

Danach ergibt sich folgender Stand Ihres Darlehens: *

* Saldo	25.000,00 EUR
* Bearbeitungsentgelt gezahlt	250,00 EUR
Laufzeit bis	30.09.20
Anzahl der Annuitätsraten	060
Zinssatz fest vereinbart bis / % p. a.	30.09.20 / 5,10
Zinsmethode	Deutsch 30 / 360

Zahlungen

Annuitätsrate	451,68 EUR	am 30.10.20	
Annuitätsrate	472,93 EUR	ab 30.11.20	monatlich
letzte Rate	472,75 EUR	am 30.09.20	

Die Raten werden zu Lasten Konto   gebucht.
Die am 30.09.20 fällige letzte Rate kann in der Höhe abweichend sein.
* geänderte Werte gegenüber dem letzten Buchungs-/Darlehensstand
Im Übrigen gelten die im Darlehensvertrag getroffenen Vereinbarungen.

Diese Mitteilung ist maschinell erstellt worden und ohne Unterschrift gültig.

Disagio

- Ein Disagio ist der Differenzbetrag zwischen dem ausbezahlten Betrag und dem Darlehensnennwert. Das Disagio stellt vorausbezahlte Darlehenskosten dar. Es ist als aktiver Rechnungsabgrenzungsposten in der Bilanz auszuweisen und auf die Darlehenslaufzeit zu verteilen.
- Seit 2006 müssen auch Einnahmen-Überschussrechner Disagios auf die Laufzeit der Darlehen verteilen, sofern sie über 5 Jahre laufen.

Beleg buchen

Die Kaufmannsbank schreibt am 06.10.2009 das zugesagte Darlehen Beispiel
über 25.000 EUR dem Girokonto gut, zieht jedoch eine Bearbeitungsgebühr von 250 EUR ab. Da das Darlehen über eine Laufzeit von 60 Monaten läuft, beträgt der monatliche Disagioanteil 4,17 EUR:

$$\frac{250 \text{ EUR}}{60 \text{ Monate}} = 4,17 \text{ EUR}$$

Bank	24.750,00 EUR	
Disagio	250,00 EUR	
an Darlehen		25.000,00 EUR

Für die verbleibenden 3 Monate 2009 wird zum Jahresende Disagio in Höhe von 3 × 4,17 EUR = 12,51 EUR aufgelöst.

| Zinsaufwendungen für langfristige Verbindlichkeiten | 12,51 EUR | |
| an Disagio | | 12,51 EUR |

Das richtige Konto

BGA (GHK)	IKR	SKR03	SKR04	Kontenbezeichnung (SKR04)
092	290	0986	1940	Disagio
212	7511	2120	7320	Zinsaufwendungen für langfristige Verbindlichkeiten

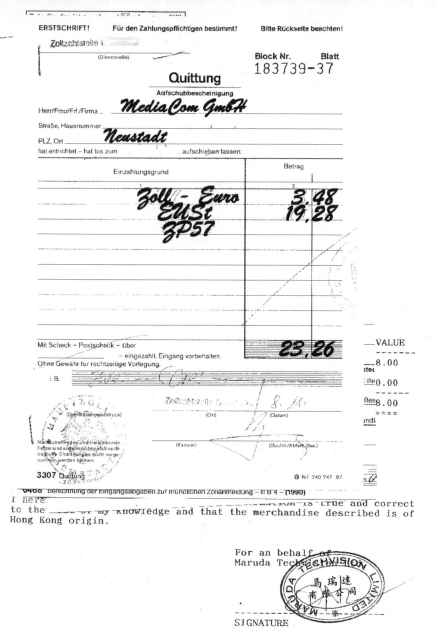

Zollzahlstelle
(Dienststelle)

Block Nr.   **Blatt**
183739-37

Quittung
Aufschubbescheinigung

Herr/Frau/Frl./Firma _MediaCom GmbH_

Straße, Hausnummer

PLZ, Ort _Neustadt_

hat entrichtet – hat bis zum ... aufschieben lassen:

Einzahlungsgrund	Betrag
Zoll - Euro	3,48
EUSt	19,28
3P57	

Mit Scheck – Postscheck – über   **23,26**
– eingezahlt. Eingang vorbehalten.
Ohne Gewähr für rechtzeitige Vorlegung.

i. B.

Zollzahlstelle   8. M.

(Dienststempelabdruck)   (Ort)   (Datum)

(Kassier)   (Buchh./Abfert.Bea.)

Nichtzutreffende und freibleibende
Felder sind so zu berichtigen/daß nachträgliche Eintragungen nicht vorge-
nommen werden können.

3307 Quittung

⊕ N·I 740 747 87

0400 Berechnung der Eingangsabgaben zur mündlichen Zollanmeldung – III B 4 – (1990)

VALUE
8.00
0.00
8.00

I here ... ...tion is true and correct
to the ... of my knowledge and that the merchandise described is of
Hong Kong origin.

For an behalf of
Maruda Technovision Limited

SIGNATURE

新界葵涌葵豐街33-39號華豐工業大廈第二期十樓E座
Unit E, 10/F, Block 2, Wah Fung Ind.Centre, 33-39 Kwai Fung Crescent,Kwai Chung, N.T.

Tel.: 24191159, 26159234
Fax : 26122964, 24207053

Einfuhrumsatzsteuer

- Die Einfuhrumsatzsteuer kann vom Unternehmer wie Vorsteuer abgezogen werden, wenn sie tatsächlich bezahlt wird und die Gegenstände für sein Unternehmen in das Inland eingeführt wurden.
- Bemessungsgrundlage ist das Entgelt für die gesamte Dienstleistung (Ware und Versandkosten).
- Soweit im Zollwert noch nicht enthalten, gehören zur Bemessungsgrundlage für die Einfuhrumsatzsteuer auch die Einfuhrabgaben (insbesondere Zölle), die Vermittlungskosten für die Lieferung und die Beförderungskosten bis zum ersten Bestimmungsort im Gemeinschaftsgebiet.
- Zum Abzug der Einfuhrumsatzsteuer ist in der Regel der Abnehmer berechtigt, wenn er im Zeitpunkt der Einfuhr bereits die Verfügungsmacht über den Gegenstand hatte.

Achtung:
Im Gegensatz zur Vorsteuer, die bereits bei Vorliegen einer ordnungsgemäßen Rechnung abziehbar ist, kann nur die tatsächlich gezahlte Einfuhrumsatzsteuer abgezogen werden.

Beleg buchen

Die Firma MediaCom GmbH lässt sich aus Taiwan mit der Post ein Warenmuster im Wert von 300 EUR liefern. Eine Proforma-Rechnung liegt der Lieferung bei und dient dem Zollamt als Bemessungsgrundlage für die Zollabgaben und die Einfuhrumsatzsteuer. Das Paket wird gegen Barzahlung der Steuer und Abgabe direkt beim Zollamt ausgelöst. *Beispiel*

Bezahlte Einfuhrumsatzsteuer	19,28 EUR	
Zollabgaben	3,98 EUR	
an Kasse		23,26 EUR

Das richtige Konto

BGA (GHK)	IKR	SKR03	SKR04	Kontenbezeichnung (SKR04)
143	2628	1433	1433	Bezahlte Einfuhrumsatzsteuer
3022	6171	3850	5840	Zölle und Einfuhrabgaben

Telefon 0XXXXXXXXX
Telefax 0XXXXXXXXX

Steuernummer	
0 XXXXXXXXX	◄ Bei allen Zuschriften und Einzahlungen vollständig angeben ! **Blatt 1**

```
┌ Finanzamt              ┐
       Postf. 1
   : 02.0  0.55 EUR
Herrn und Frau
Horst und Sabine Starke
Wiesengasse 3
55586 Neustadt

└                        ┘
```

Konten des Finanzamts   ***

Ausdruck lt. Kontostand v. 21.02. , 0.00 Uhr

Steuerart-(Abgabeart)	Zeitraum	Fälligkeitstag	Betrag €
Einkommensteuer	1.Vj. X	10.03. X	301 00
Kirchenst.ev	1.Vj. X	10.03. X	27 00
		Summe :	328 00

ZAHLUNGSHINWEIS

Sehr geehrte(r) Steuerzahler(in),

wir machen Sie schon jetzt darauf aufmerksam, daß die nebenstehenden Steuer-/ Abgabeforderungen in Kürze fällig werden.
Bitte zahlen Sie die betreffenden Beträge rechtzeitig auf eines der Konten der Finanzamts ein.

Sie erleichtern sich und uns die Arbeit, wenn Sie den vorbereiteten Zahlungsträger verwenden oder mit dem beigefügten Vordruck die Teilnahme am Einzugsermächtigungsverfahren erklären.

Diese Mitteilung ist gegenstandslos, wenn Sie zwischenzeitlich am Einzugsermächtigungsverfahren teilnehmen.

Mit freundlichen Grüßen
Ihr Finanzamt

Kasse 254d (ED) - Zahlungshinweis - 04.2005   **Bitte beachten Sie die Rückseite !**   Hier abtrennen !

Einkommensteuerzahlungen

- Die Einkommensteuer ist eine Personensteuer. Besteuert wird das Einkommen natürlicher Personen. Aus diesem Grund hat die Einkommensteuer des Einzelunternehmers oder eines Gesellschafters nichts mit dem betrieblichen Bereich zu tun. Daher darf es keine Gewinnauswirkung geben – weder beim Bilanzierer noch für Einnahmen-Überschuss-Rechner.
- Wenn Einkommensteuer (Vorauszahlungen, Nachzahlungen und auch Erstattungen) über das betriebliche Bankkonto abgebucht oder per Überweisung bezahlt wird, erfolgt die Buchung über ein gesondertes Privatkonto.

| Tipp:

Wenn Gesellschafter während des Jahres keine Entnahmen tätigen, wäre es unfair, sie mit der Steuer auf anteilig zugeordnete Gewinne (auf Papier) zu belasten. In diesem Fall sollte die Gesellschaft die persönlichen Einkommensteuerzahlungen der Gesellschafter übernehmen, soweit sie auf diese Gewinnanteile entfällt.

Beleg buchen

Die Einkommensteuervorauszahlungen des Gesellschafters B der Muster-GmbH & Co. KG werden als Privatentnahmen erfasst. **Beispiel**

Privatsteuern Gesellschafter B	328,00	
an Bank		328,00

Das richtige Konto

BGA (GHK)	IKR	SKR03	SKR04	Kontenbezeichnung (SKR04)
163	3022	1810	2150	Privatsteuern Einzelunternehmer
162	3022	1910	2550	Privatsteuern Teilhafter

ConEnergy GmbH

Hellers Restaurant
Siegfriedstraße 12

43527 Bergen

Ihr Kundenberater:	XXXXXXXXXXXXX
Telefon	062XXXX
Fax	062XXXX

Kundennummer	37XXXX
Rechnungsdatum	07.09.20
Sammelbesteller:	37XXXXX

Rechnung 20XXXXX

....

Lieferanschrift: Hellers Restaurant, Siegfriedstraße 12, 43527 Bergen

....

Wir berechnen Ihnen		Menge/Liter	Preis Euro p. 100 Liter		Gesamtpreis
			ohne MwSt.	inkl. MwSt.	Euro ohne MwSt.
Lieferschein 3	vom 07.09.20				
Heizöl		5.004	51,90		2.597,08
			Rechnungsbetrag		2.597,08
			Rechnungsbetrag inkl. MwSt.		3.090,52

Im Rechnungsbetrag enthalten sind 19 % MwSt. = 493,44 Euro   Zahlung gemäß besonderer Vereinbarung
Die umseitig abgedruckten Allgemeinen Geschäftsbedingungen gelten nur für
gewerbliche Abnehmer
Wir bedanken uns für Ihren Auftrag!

• Sitz der Gesellschaft   Handelsregister 9
... DE ...   Geschäftsführer   ...er
Konto ...
Kostenlos anrufen 0800

Energiekosten (Heizöl)

* Aufwand für Energiestoffe entsteht entweder in Handel, Verwaltung, Büro und Vertrieb oder als Materialeinsatz (Roh-, Hilfs- und Betriebsstoffe) in der Fertigung, in Werkstätten u. Ä.

Beleg buchen

In der Kfz-Werkstatt Schröder wird der 5.000-Liter-Heizöl-Tank zweimal jährlich gefüllt. Der zweimal jährliche Zugang wird auf einem Bestandskonto aufwandsneutral erfasst. Schröder ermittelt jeweils den monatlichen Verbrauch an Heizöl zur Beheizung der Werkstatt, des Lagers und des Büros (2/3) einerseits und seines Privathauses (1/3) andererseits und bucht den betrieblichen Teil als monatlichen Aufwand ein. Der monatliche betriebliche Anteil errechnet sich wie folgt: `Beispiel`

$$\frac{5.400 \text{ Liter (jährlicher Gesamtverbrauch)}}{12 \text{ Monate}} \times \frac{1}{3} = 150 \text{ EUR (privater Anteil)}$$

Der monatliche betriebliche Anteil beträgt 300 EUR.

Roh-, Hilfs- und Betriebsstoffe (Bestand)	2.597,08 EUR	
Vorsteuer	493,44 EUR	
an Bank		3.090,52 EUR

Monatlich wird sowohl der Heizölverbrauch von insgesamt 450 EUR als auch die Privatentnahme von 150 EUR gebucht.

Heizung	450,00 EUR	
Privatentnahme	150,00 EUR	
an Roh-, Hilfs- und Betriebsstoffe (Bestand)		450,00 EUR
an Unentgeltliche Wertabgaben		150,00 EUR
an Umsatzsteuer		28,50 EUR

Das richtige Konto

BGA (GHK)	IKR	SKR03	SKR04	Kontenbezeichnung (SKR04)
431	6933	4230	6320	Heizung
396	20	3970	1000	Roh-, Hilfs- und Betriebsstoffe
871	542	8910	4600	Unentgeltliche Wertabgaben
3016	605	3090	5190	Energiestoffe

451:

Firma

Firma
Horst Starke
Wiesengasse 3
55586 Neustadt

Rechnung   Rechnungs-/Lieferdatum: 06.04.2C   Bearbeiter: SPIM
Nr. 4518   Vielen Dank für Ihre Bestellung vom 06.04.20
Kunden-Nr. 0005

Stk.	Bestell-Nr.	Gr.	Titel	Lagerpl.	MwSt %	Einzelpreis	Gesamtpreis
1	49961204		C# - Universell programmieren von Anfang an	A 02 3	7	1.95	1.95
1	82661392		Das Nukebook	C 02 1	7	5.99	5.99
1	81582436		VHS-Kasetten auf DVD	K 04 3	7	1.95	1.95
1	89996447	A	Alexander der Große	N 07 1	7	2.95	2.95
1	82726153		Perl - easy	O 03 1	7	1.95	1.95
1	90849094		Auf der Suche im Internet	O 03 5	7	1.00	1.00
1	81550504		ASP 3.0/ASP+ - WebBook	P 03 4	7	1.95	1.95
1	92664257	A	Lao-tzu	Q 01 2	7	2.95	2.95
1	BEST_ID		281735				

	Gesamt	EUR	20.69
	abgebucht	EUR	20.69

Enthaltene Mwst/Netto: 7.00% = 1.35/19.33

Gesamtstückzahl	Gewicht	Versandart
8	3.640	Postpaket

Komm.   Kontrolle

Steuer-Nr. 222/5718/1380   Handelsregister: Amtsgericht Bonn   Bank: Kreissparkasse Köln
Geschäftsführer: Helmut Frey   HRB 9379 - Ust-IdNr. DE 214366298   Konto 0184004087 BLZ 37050299   Bitte wende

Fachliteratur

- Für Zeitschriften, Zeitungen und Bücher gibt es ein separates Konto „Zeitschriften, Bücher".
- Der Vermerk „Fachliteratur" auf dem Beleg anstatt einer Titelangabe reicht in der Regel nicht aus, den betrieblichen Zweck nachzuvollziehen.[20] Mit Ausnahme der Zeitung „Handelsblatt" werden die Aufwendungen für eine (überregionale) Tageszeitung nicht als Betriebsausgabe anerkannt.
- Generell gilt: Je enger der betriebliche Zusammenhang mit dem Inhalt der Zeitschrift ist, z. B. Computerfachzeitschrift für ein IT-Unternehmen, medizinische Forschungsreview für Ärzte, desto leichter kann man eine Betriebsausgabe (sofortiger Aufwand) geltend machen.
- Fachbücher und -zeitschriften sind in der Regel mit 7 % besteuert.

Tipp:

Werbefachzeitschriften unterliegen der regulären Umsatzsteuer und sind unter Werbekosten zu erfassen.

Beleg buchen

Der Versandbuchhändler *Terrashop* GmbH liefert mehrere Restpostenbücher an den Programmentwickler Silbermann. Damit dieser in den Genuss einer versandkostenfreien Lieferung kommt, sind auch einige private Bücher dabei. *Terrashop* bucht den Rechnungsbetrag vom Bankkonto ab.

Fachliteratur	12,00 EUR	
Privatentnahme	7,85 EUR	
Vorsteuer	0,84 EUR	
an Bank		20,69 EUR

Das richtige Konto

BGA (GHK)	IKR	SKR03	SKR04	Kontenbezeichnung (SKR04)
4815	681	4940	6820	Zeitschriften, Bücher

---

[20] BFH, Urteil vom 16.02.1990, VI R 144/86, BFH/NV 1990 S. 763.

Horst Starke
Wiesengasse 3
55586 Neustadt

Datum:	18.03.

Schulungskurs der _____ schule
in der Zeit vom 08.03.20__ bis 09.03.20__

Verwaltungskostenordnung vom(   )

Rechnung über Lehrgangsgebühren

Re.-Nr.:   11560503030

Für die Teilnahme an dem o. a. Lehrgang sind folgende Kosten zu berechen:	Anzahl	Satz €	Summe: €
Teilnehmer: Herr H			
Lehrgangsgebühren (70,00 €/Tag)	2	70,00	140,00
		Rechnungsbetrag	140,00

Den Rechnungsbetrag bitte ich bis zum **08.04.**   an   4960

      Empfänger: H   6
      Konto-Nr.:   9
      BLZ: 5   bank H

unter Angabe der o.a. Rechnungsnummer zu überweisen.

bez 6.4.

bei Rückfragen:

92

Fortbildungskosten

Definition

• Als Fortbildung bezeichnet das Bundesarbeitsgericht jede Maß-
nahme zur Erlangung von Fähigkeiten und Erfahrungen, die generell für einen Arbeitnehmer von Nutzen sind oder die darin
besteht, bereits vorhandene Kenntnisse zu verbessern oder durch
tatsächliche praktische Übungen zu vervollkommnen.

• Zu den abziehbaren Kosten gehören insbesondere die Lehrgangs-
kosten, Aufwendungen für Kurse, Repetitorien, Prüfungen, Kosten für die erforderlichen Fachbücher, Schreibmaterialien und andere Hilfsmittel. Fahrtkosten des Arbeitnehmers sind mit den
tatsächlichen Kosten bzw. 0,30 EUR je gefahrenen Kilometer abziehbar. Auch Verpflegungsmehraufwendungen können bei entsprechend langer Abwesenheit von der Wohnung des Arbeitnehmers mit den gesetzlichen Pauschbeträgen berücksichtigt
werden.[21]

Beleg buchen

Beispiel

Für eine berufliche Fortbildung beim staatlichen Forstamt an zwei
Tagen betragen die Seminargebühren 140 EUR (umsatzsteuerfrei).
Der Arbeitnehmer war jeweils mehr als 14 Stunden außer Haus und
fuhr die Strecke von 100 km mit seinem eigenen Wagen. Der Arbeitgeber überweist die Lehrgangsgebühr und ersetzt dem Arbeitnehmer
die Reisekosten von 2 × 12 EUR + 4 × 100 × 0,30 EUR = 144 EUR.

Fortbildungskosten	284,00 EUR	
an Bank (Forstamt)		140,00 EUR
an Bank (Arbeitnehmer)		144,00 EUR

Das richtige Konto

BGA (GHK)	IKR	SKR03	SKR04	Kontenbezeichnung (SKR04)
4855	6941	4945	6821	Fortbildungskosten

---

[21] § 4 Abs. 5 Satz 1 Nr. 5 EStG, 2007: 24/12/6 EUR bei Abwesenheit von
24 Std./14 Std. /8 Std.

Quittung

EINZAHLUNG V bank eG

Kto.-Inhaber	Unterschrift
Erwin Stein	*E. Stein*

Kto.-Nr.	Datum	PN-Nr./lfd. Nr.	Einz.	Betrag EUR
				2.000,00

Diese Quittung gilt nur mit dem Aufdruck der Kassenmaschine
und der Unterschrift des Kassierers oder mit Zeichnung
n der durch Aushang bekanntgegebenen Form.

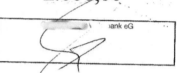

Geldtransit

Das Geldtransit-Konto ist ein Verrechnungskonto für Geld, das aus Definition der Kasse bzw. vom Bankkonto entnommen, aber noch nicht auf dem jeweiligen Empfängerkonto gutgeschrieben ist. In der Buchhaltung braucht man dieses Hilfskonto
1. zu Kontrollzwecken und
2. zur Vermeidung von doppelter Erfassung.

Mit diesem Konto gehen Sie sicher, dass das Geld im Transit von einem Konto auch beim anderen Konto ankommt.

- Wenn die Verrechnungsstelle „Geldtransit" nicht nachvollziehbar ausgeglichen wird, hakt es irgendwo. Eine Eintragung wurde vergessen, es liegen Additionsfehler oder Buchungsfehler vor oder es ist tatsächlich Geld abhanden gekommen.
- Ohne das Hilfskonto „Geldtransit" würden Sie ein und denselben Vorgang doppelt erfassen, zum einen auf dem Kassenkonto und ein zweites Mal beim Verbuchen der Bankbewegung.

Beleg buchen

Der Bankbeleg über 2.000 EUR dient als Auszahlungsbeleg für die Beispiel Kasse.

Geldtransit	2.000,00 EUR	
an Kasse		2.000,00 EUR

Bei der Eingangsbuchung des Kontoauszugs wird das Geldtransitkonto wieder glattgestellt.

Bank	2.000,00 EUR	
an Geldtransit		2.000,00 EUR

Das richtige Konto

BGA (GHK)	IKR	SKR03	SKR04	Kontenbezeichnung (SKR04)
159	2667	1360	1460	Geldtransit

**BEZIRKSDIREKTION
STUTTGART**

Stuttgart
AG Stuttgart (BLZ   )
Konto
Telefon: (07 11) 2
Telefax: (07 11) 2
Steuernummer: 2

Stuttgart, 03.12.0

GEMA · Bezirksdirektion Stuttgart

Herrn

	BITTE IMMER ANGEBEN

Ä N D E R U N G S M I T T E I L U N G zum Vertrag

Die Vergütungssätze haben sich geändert.
Die lt. Ziff.2 zu zahlende Pauschalrate beträgt ab 01.02.0 :

Pos.2.01 jährlich   R I 1.a bis 100qm je Raum   - GEÄNDERT! -
im o.g. Betrieb   GEMA WR   68,20
                                                   GVL   WR   17,73
                                                   VGW   WR   13,64

GEMA	GVL	VGW/ZWF	GSVT-NL	NETTO	7,0% UST	BRUTTO
68,20	17,73	13,64	19,91	79,66	5,58	85,24

Alle Beträge sind in EURO ausgewiesen.
    - K E I N E   Z A H L U N G S A U F F O R D E R U N G   -
Ein Fälligkeitshinweis bzw. Abbuchung vom Konto erfolgt zur Fälligkeit.

GEMA-Abgaben

- Gaststätten, Kinos und Videotheken müssen Urheberrechtsabgaben an die GEMA zahlen.
- GEMA-Abgaben fallen auch an, wenn Sie z. B. eine Betriebsfeier musikalisch unterlegen.
- Möglicher Vorsteuerabzug: die Abgaben unterliegen dem ermäßigten Umsatzsteuersatz.
- GEZ-Gebühren sind dagegen umsatzsteuerfrei.

Beleg buchen

Die GEMA setzt neue Beiträge für 2008 fest und bucht sie ab. Diese   Beispiel
Änderungsmitteilung berechtigt für sich alleine genommen nicht
zum Vorsteuerabzug trotz Ausweis der Vorsteuer, da wesentliche
Bestandteile einer Rechnung fehlen. Liegt ein Rahmenvertrag vor
mit den Grundangaben wie u. a. der hier fehlenden Steuernummer
der GEMA und Rechnungsnummer, ist die Vorsteuer abziehbar.

Beiträge	85,24 EUR	
an Bank		85,24 EUR

Das richtige Konto

BGA (GHK)	IKR	SKR03	SKR04	Kontenbezeichnung (SKR04)
427	692	4380	6420	Beiträge

Versand GmbH

Tel.: 097   Fax: 097

Internet: www.   n eMail:

RECHNUNG

Horst Starke
Wiesengasse 3
55586 Neustadt

geben Sie bei Zahlung im Verwendungszweck 1 ausschliesslich diese Ziffernfolge ein: 00004

en-Nr. 142	Bestellangaben 20-03-20	Bestellart Fax-Schein	Versandart DPD-Paketd. 8.66 kg	fällig bis 10-04-20	Rechnungsdatum 20-03-20	Rechnung Nr. 490 Seite: 1/1

sllt durch: Herrn

l Produktbezeichnung	*VPE Anzahl	*VPE Preis EUR	Betrag EUR
Sayung FAXoMAT 5.40	1	389.00	389.00

Beiliegend unser Aktionspräsent:

Voicerecorder   1

****

Warenwert netto	389.00
Versandspesen	10.00
Zwischensumme netto	399.00
MwSt. 19.0 %	75.81
Gesamtbetrag EUR	474.81

Verpackungseinheit

NGSDATUM = RECHNUNGSDATUM (siehe oben)
tten Sie, den oben stehenden Rechnungsbetrag
alb von 20 Tagen ohne Abzug zu begleichen.
nkäufe bei uns gelten grundsätzlich unsere ABG,
r Ihnen auf Wunsch gern schicken/faxen/mailen.

Bitte geben Sie bei Zahlung im Verwendungszweck 1
ausschliesslich diese Ziffernfolge ein:
00004

Sie Fragen haben oder telefonisch bestellen möchten: wir sind montags bis freitags zwischen
hr und 18 Uhr persönlich erreichbar. Danach nimmt der Anrufbeantworter Ihre Nachricht entgegen
erte Ware bleibt bis zur vollständigen Bezahlung der Rechnung in unserem Eigentum.
  Steuer-Nr. (laut § 14 UStG) lautet: 9   37. Der Gerichtsstand ist   n.

USt.-Ident-Nr.: DE8
Registergericht Sc   B 2 Geschäftsführer sind:
    Kto.   (BLZ   )

98

Geringwertige Wirtschaftsgüter

Bis Ende 2007 konnten bewegliche abnutzbare Vermögensgegenstände des Anlagevermögens bis zu Nettoanschaffungskosten von 410 EUR (GWGs) sofort im Jahr der Anschaffung abgeschrieben werden – unabhängig von ihrer tatsächlichen Nutzungsdauer.
Ab 2008 ist es mit der Wahlmöglichkeit vorbei.

- GWG mit Anschaffungskosten bis 150 EUR sind zwingend in voller Höhe als Betriebsausgaben abzusetzen.
- GWG zwischen 150 Euro 1.000 Euro sind in einen Sammelposten einzustellen, der über fünf Jahre mit jeweils einem Fünftel Gewinn mindernd aufzulösen ist. Scheidet ein Geringwertiges Wirtschaftsgut aus dem Betriebsvermögen aus, so vermindert sich der Sammelposten trotzdem nicht.
- Das Geringwertige Wirtschaftsgut muss selbstständig nutzbar sein und darf in keinem technischen Nutzungszusammenhang mit anderen Gegenständen stehen. So sind Drucker nur zusammen mit einer Computeranlage, aber nicht selbstständig nutzbar und werden zusammen mit ihr abgeschrieben.

Beleg buchen

Das neue Faxgerät kostet 399 EUR netto (zzgl. USt.) Der Rechnungsbetrag wird sofort überwiesen.

Beispiel

Geringwertige Wirtschaftsgüter	399,00 EUR	
Vorsteuer	75,81 EUR	
an Bank		474,81 EUR

Die Anschaffungskosten werden auf fünf Jahre verteilt.

| Abschreibungen auf den Sammelposten Geringwertige Wirtschaftsgüter | 79.20 EUR | |
| an Geringwertige Wirtschaftsgüter | | 79,20 EUR |

Das richtige Konto

BGA (GHK)	IKR	SKR03	SKR04	Kontenbezeichnung (SKR04)
037	089	0485	0675	GWG Sammelposten
4912	6549	4862	6264	Abschreibungen auf Sammelposten GWG

Handelsvertretungen
Großhandel

Neumann

Brillant-, Gold- und Silberschmuck

Erwin Scholz
Generalvertretung
Mittelstr. 10

56728 Brohl

Telefon
Autotelefon
Faxnumme

RECHNUNG   Nr.872   ,den 17. November 20

Rechnungsdatum gleich Lieferdatum

Stück	Nummer	Bezeichnung	Leg.	EZ-Preis	Ges-Preis in EUR
3	23.66275.6	Armband	925	65,00	195,00

Netto	195,00
zzgl. 19 % MwSt	37,05
Gesamt	232,05

Zahlungsbedingungen: 30 Tage 5 % Skonto

Bankverbindung   Konto N: (BLZ   )
Steuernumme

Geschenke an Geschäftsfreunde

Geschenke an Geschäftsfreunde können Sie nach wie vor steuerlich geltend machen, wenn Sie die folgenden Punkte beachten:

- Sie müssen die Empfänger von Geschenken nicht auflisten, wenn Art und geringer Wert des Geschenks (z. B. Taschenkalender, Kugelschreiber u. Ä.) vermuten lässt, dass die Freigrenze von 35 EUR bei dem einzelnen Empfänger im Wirtschaftsjahr nicht überschritten wird.
- Entscheidend für den Abzug als Betriebsausgabe ist, wann das Geschenk überreicht wurde.
- Die beschenkte Person darf nicht Arbeitnehmer des Steuerpflichtigen sein. Handelsvertreter oder andere Personen in ständiger Geschäftsbeziehung (z. B. durch Werkverträge als Subunternehmer) gelten nach dieser Vorschrift nicht als Arbeitnehmer.
- Die Obergrenze von 35 EUR ist kein Freibetrag, sondern eine Freigrenze: Übersteigt die Summe der Geschenkaufwendungen je Empfänger den Betrag von 35 EUR im Wirtschaftsjahr, entfällt jeglicher Abzug.

Tipp:

Aufwendungen für Geschenke gleicher Art können in einer Buchung zusammengefasst werden, wenn die Namen der Empfänger der Geschenke aufgelistet werden.

Beleg buchen

Geschenke, nicht abzugsfähig	195,00 EUR	
Vorsteuer	37,05 EUR	
an Bank		232,05 EUR

Das richtige Konto

BGA (GHK)	IKR	SKR03	SKR04	Kontenbezeichnung (SKR04)
442	6871	4630	6610	Geschenke, abzugsfähig
2081	6875	4635	6620	Geschenke, nicht abzugsfähig

GETRÄNKE Kleinert

GMBH & CO KG
XXXXXXXXX
XXXXXXXXX
TEL. 0XXXXXXXXX
UST.-ID-NR. DE 11XXXXXX
ST.-NR. 0XXXXXXXXX
XXXXXXX BANK
BLZ 5XXXXX
KTO.-NR. 7XXXXXXX

Horst Starke
Wiesengasse 10

55586 Neustadt

STAMM-NR.   00XXXXXXXX
DATUM   11.05.20
RECHNUNGS-NR.: 1 XXXXXXX
SEITE   001

```
TTE BEI ZAHLUNG ANGEBEN: STAMM-NR. 00XXXXXXX DATUM 11.05.20  RECHN.-NR.: 03XXXXXXX
==================================================================================
TIKEL-                                      PREIS  BRUTTO-   NETTO-   MW
. BEZEICHNUNG               EAN     MENGE    EUR  EUR-BETR  EUR-BETR ST


DATUM 11.05.20   LIEFERSCHEIN-NR.: 1 XXXXXXX
                 REF-LIEFERSCHEIN:
CHNUNGS-SUMME:   1 LIEFERUNG(EN) BIS 11.05.20  ,    1 LIEFERNACHWEIS(E) ANBEI
------------------------------------------------------------------------------

42 MEZZO MIX    24X0,50PETM 5449000101358   1   14,60           14,60  V
90 NESTEA LEM   NR  12X0,50 5000112545845   1    7,62            7,62  V
89 NESTEA PEAC  NR  12X0,50 5000112545869   1    7,62            7,62  V
88 NESTEA WALDFR NR 12X0,50 5000112545821   2    7,62           15,24  V
45 CHERRY COKE  12X0,50PETM 5449000026118   1    7,30            7,30  V
                           WARENWERT ------------------->       52,38  *

                        GEL. ZURÜCK  DIFF.
35 KPL. LGT PET 05/24ER KI   1    1-    0    5,10                0,00  V
36 KPL. LGT PET 05/12ER KI   1    1-    0    3,30                0,00  V
74 KUNSTSTOFFKASTEN 24/0,33  0    2-    2-   1,50                3,00- V
4/ LEERGUT NR-PFAND  3,00EU  4    0     4    3,00               12,00  V
                           LEERGUT ------------------->          9,00  *


                        ----------------------------------------------
                        NETTO-BETRAG, GESAMT (V)     EUR           61,38  *
                        ZZGL. MEHRWERTSTEUER 19 %    EUR           11,66  V
                        ----------------------------------------------
                        RECHNUNGSBETRAG              EUR           73,04  *
                        ======================

HLUNG ERFOLGT DURCH BANKEINZUG VON IHREM KONTO 1
```

ILIEFER- UND LEISTUNGSZEITPUNKT ENTSPRICHT DEM LIEFERSCHEINDATUM

Getränke (Personal)

- Getränke für das Personal sind Annehmlichkeiten am Arbeitsplatz, die steuerfrei bleiben.
- Zu den freiwilligen sozialen Aufwendungen gehören auch Snacks und kleine Geschenke u. Ä. sowie die Anschaffung und Überlassung von typischer Arbeitskleidung an Arbeitnehmer. Bleibt der Besitz beim Unternehmen, buchen Sie auf das Konto „(sonstiger) Betriebsbedarf".
- Der steuerfreie geldwerte Vorteil bei Betriebsveranstaltungen darf beim einzelnen Arbeitnehmer 2 Mal pro Jahr jeweils 110 EUR nicht übersteigen.

Tipp:

Bei so genannten „Arbeitsessen" außerhalb von herkömmlichen Betriebsveranstaltungen liegt Arbeitslohn vor, wenn es in einer Gaststätte am Sitz des Unternehmens mit der Geschäftsführung und leitenden Angestellten ca. zehn Mal jährlich durchgeführt wird.[22] Diese Vorteile sind bei einzelnen Teilnehmern nur dann steuerfrei, wenn sie von auswärtigen Niederlassungen angereist waren.

Beleg buchen

Der Getränkehändler liefert in den Pausenraum Getränke für die Mitarbeiter und zieht den Rechnungsbetrag vom Bankkonto ein. Beispiel

Freiwillige soziale Aufwendungen	61,38 EUR	
Vorsteuer	11,66 EUR	
an Bank		73,04 EUR

Das richtige Konto

BGA (GHK)	IKR	SKR03	SKR04	Kontenbezeichnung (SKR04)
405	6410	4140	6130	Freiwillige soziale Aufwendungen, lohnsteuerfrei

---

[22] BFH, Urteil vom 04.08.1994 VI-R-61/92, BStBl II 1995, 59.

DER GEMEINDEVORSTAND
DER GEMEINDE

Gemeindevorstand

Firma

Firma Elektro Zapp
Inh. Erwin Zapp
Daimlerstr. 3

46464 Neustadt

Gewerbesteuer - Veranlagungsbescheid
für 20

Sprechzeiten Rathaus:

Sachbearbeiter
Telefon
e-mail
Sachbearbeiterin
Telefon
e-mail
Amt:
Telefax

Wirtschaftsjahr: 01.01.2 -31.12.20

Abgaben-Nr.:	(bitte stets vollständig angeben)
Aktenzeichen:	

Messbescheid-Datum: 16.06.20

1. Festsetzung der Gewerbesteuer

Messbetrag	208,00 EUR
Hebesatz	310,00 %
Steuerbetrag	644,00 EUR
minus Vorauszahlung	0,00 EUR

Nachforderung fällig am 01.08.20	**644,00 EUR**

2. Stand Ihres Kontos berücksichtigt bis 28.06.20

Reste aus Vorjahr	0,00 EUR
Bisher angefordert im Kalenderjahr	0,00 EUR
Heutige Anforderung	644,00 EUR
Gesamtanforderung	644,00 EUR
Bisher bezahlt	0,00 EUR
Noch zu zahlen	**644,00 EUR**

3. Fälligkeiten in 20

01.08.20	644,00 EUR

Gebucht

Bitte nutzen Sie die Vorteile des Bankeinzugsverfahrens, erteilen Sie uns eine Abbuchungsermächtigung.

Bitte aufbewahren, dieser Bescheid gilt bis zur Erteilung eines neuen Bescheides, ggf. auch für die folgenden Jahre.
Der Bescheid ist maschinell erstellt und ohne Unterschrift gültig.
Erläuterungen und Rechtsbehelfsbelehrung siehe Rückseite.

Konten
der
Gemeindekonten

Gewerbesteuer

- Ab 2008 ist die Gewerbesteuer nicht mehr als Betriebsausgabe abziehbar (§ 4 Abs. 5b EStG).
- Gleichwohl sind Nachzahlungen und Erstattungen aus 2007 und früher ertragswirksam.
- Für eine über die Vorauszahlungen hinaus zu leistende Gewerbesteuerabschlusszahlung ist eine Rückstellung in der Bilanz zu bilden.

Beleg buchen

Ihre Gemeinde fordert Sie im Jahr 2009 auf, für das Jahr 2008 Gewerbesteuer in Höhe von 644 EUR an die Gemeinde als Abschlusszahlung zu entrichten. Die hierfür gebildete Rückstellung in Höhe von 700 EUR ist buchungstechnisch wie folgt zu behandeln: *Beispiel*

Gewerbesteuerrückstellung, § 4 Abs. 5b EStG	700,00 EUR	
an Bank		644,00 EUR
an Erträge aus der Auflösung von Gewerbesteuerrückstellungen, § 4 Abs. 5b EStG		56,00 EUR

Als laufende Vorauszahlung für das Jahr 2009 sind ebenfalls 644 EUR zu zahlen:

Gewerbesteuer	644,00 EUR	
an Bank		644,00 EUR

Das richtige Konto

BGA (GHK)	IKR	SKR03	SKR04	Kontenbezeichnung (SKR04)
421	770	4320	7610	Gewerbesteuer
0722	380	0957	3030	Gewerbesteuerrückstellung
722	380	956	3035	Gewerbesteuerrückstellung, § 4 Abs. 5b EStG
2216	776	2280	7640	Gewerbesteuernachzahlungen Vorjahre
225	7709	2282	7642	Gewerbesteuererstattungen Vorjahre
2216	776	2281	7641	Gewerbesteuernachzahlungen und -erstattungen für Vorjahre, § 4 Abs. 5b EStG
2435	5492	2284	7644	Erträge aus der Auflösung von Gewerbesteuerrückstellungen
2435	5492	2283	7643	Erträge aus der Auflösung von Gewerbesteuerrückstellungen, § 4 Abs. 5b EStG

Firma Elektro Zapp
Inh. Erwin Zapp
Daimlerstr. 3

46464 Neustadt

Zahlung der Rundfunkgebühren

Sehr geehrter Rundfunkteilnehmer,
Ihre Rundfunkgebühren sind am **15.12.0** fällig.
Bitte zahlen Sie den Gesamtbetrag von

EUR 51,09

umgehend mit dem anhängenden Zahlungsformular.

Mit freundlichen Grüßen
Gebühreneinzugszentrale

Gebühreneinzugszentrale, 50656 Köln, Telefon 01805 00 66 67 (0,12 €/Min)

Kontoauszug vom 09.12.0 Teilnehmer-Nr.	Anzahl Rundfunkgeräte Radio | Fernseher		Gutschrift (+)/Belastung (-) € | ct
Buchungs-datum	Kontostand am 10.09.0 in EUR			-51,09
09.0 12.0	Zahlungseingang in 09.20 Rundfunkgebühren für 11.20 - 01.20	1	1	+51,09 -51,09
				-51,09

Gebucht

GEZ-Gebühren

- Rundfunkgebühren sind für jedes Empfangsgerät zu zahlen.
- Zweitgeräte sind zwar grundsätzlich frei, jedoch sind für Radios in beruflichen Fahrzeugen und am Arbeitsplatz zusätzliche Gebühren zu zahlen.
- Im Gegensatz zu der GEMA-Abgabe sind die Rundfunkgebühren umsatzsteuerfrei.
- Die GEZ-Gebühren können Sie als „Sonstige betriebliche Aufwendungen" oder als „Sonstige Abgaben" erfassen.

Achtung:

Ab dem 01.01.2007 sind für die Computer eines Betriebs insgesamt eine Rundfunkgebühr zu entrichten, wenn nicht bereits für ein herkömmliches Gerät gezahlt wird (§ 5 Abs. 3 Rundfunkgebührenstaatvertrag).

Die Vereinigung der Rundfunkgebührenzahler (VRGZ) hat jedoch gegen diese Verordnung Verfassungsbeschwerde eingereicht. Auch die Handwerkskammern weisen darauf hin, dass in den Betrieben gearbeitet wird und über den Computer weder ferngesehen noch Radio gehört wird.

Beleg buchen

Die Radiogebühren für das Autoradio für drei Monate werden zur Mitte des Zeitraums eingezogen. Beispiel

Sonstige Abgaben	51,09 EUR	
an Bank		51,09 EUR

Das richtige Konto

BGA (GHK)	IKR	SKR03	SKR04	Kontenbezeichnung (SKR04)
473	693	4900	6300	Sonstige betriebliche Aufwendungen
427	692	4390	6430	Sonstige Abgaben

DER GEMEINDEVORSTAND
DER GEMEINDE

Gemeindevorstand

Firma Elektro Zapp
Inh. Erwin Zapp
Daimlerstr. 3

46464 Neustadt

Sprechzeiten Rathaus:
montags bis freitags von 8.00 bis 12.00 Uhr
u. mittwochs von 13.00 bis 18.00 Uhr
Außenstelle
dienstags von 15.00 bis 18.00 Uhr

Sachbearbeiter
Telefon
e-mail
Sachbearbeiterin
Telefon
e-mail
Amt:
Telefax

Grundbesitzabgaben-Bescheid 20

Die Gemeindevertretung hat in ihrer Sitzung vom 01.10.20 die Erhöhung der Hebesätze für Grundsteuer A von 220% auf 270% sowie für Grundsteuer B von 265% auf 280% beschlossen.

für: Fl. 5 Flst.

Abgaben-Nr.: 100
(bitte stets vollständig angeben)

, den 26.01.20   Blatt: 1

Art	Berechnungsgrundlage/ Aktenzeichen VZ= Vorauszahlung	Bemessung	Ein- heit	Hebe- und Gebührensatz	Zeitraum von- bis/ Jahr MM- MM/ JJJJ	Abgabenbetrag	Gutschrift/ Nachforderung
202	Grundsteuer B	11,63 EUR		280,00 %	01 - 12 / 200	32,56 EUR	32,56 EUR

Offene Forderungen und Fälligkeiten 20

Datum	Betrag in EUR
01.03.20	8,14
15.05.20	8,14
15.08.20	8,14
15.11.20	8,14

Kontoauszug 20

Insgesamt Gutschrift/Nachforderung	32,56 EUR
Bisherige Festsetzung	0,00 EUR
Reste aus Vorjahren	0,00 EUR
Insgesamt zu zahlen	32,56 EUR
Zahlungen bis 14.01.20	0,00 EUR
Noch zu zahlen	32,56 EUR

(siehe nebenstehende Fälligkeiten)

Bitte nutzen Sie die Vorteile des Bankeinzugsverfahrens - erteilen Sie uns eine Einzugsermächtigung.

Bitte aufbewahren, dieser Bescheid gilt bis zur Erteilung eines neuen Bescheides, ggf. auch für die folgenden Jahre.
Der Bescheid ist maschinell erstellt und ohne Unterschrift gültig.
Erläuterungen und Rechtsbehelfsbelehrung siehe Rückseite.

Gebucht

Konten
der
Gemeindekonten

USt-IdNr.
DE
Rechnungsnr.:

ORTSTEILE:

Grundsteuer

- Grundsteuer wird von der Gemeinde auf Grundbesitz erhoben.
- Zum Grundbesitz gehören Grund und Boden, Gebäude, Außenanlagen, Erbbaurechte, Wohnungseigentum, Gebäude auf fremdem Grund und Boden, land- und forstwirtschaftliche Betriebe sowie betriebliche Grundstücke.
- Falls der Zahlungszeitraum nicht mit dem Wirtschaftsjahr übereinstimmt, ist in der Bilanz ein aktiver Rechnungsabgrenzungsposten zu bilden, in der die Beträge ausgewiesen werden, die nicht auf das Wirtschaftsjahr entfallen.

Beleg buchen

Die Gemeinde erhebt für das Betriebsgelände eine geringe Grundsteuer. *Beispiel*

Grundsteuer	32,56 EUR	
an Bank		32,56 EUR

Das richtige Konto

BGA (GHK)	IKR	SKR03	SKR04	Kontenbezeichnung (SKR04)
423	702	2375	7680	Grundsteuer

Gerichtskasse
platz
tadt
Tel: 06
Fax: 06
Landesbank   BLZ: Kto.:

Datum: **29. April 20**

KOSTENBERECHNUNG

Gerichtskasse

RZB
Nr. **187**

IT Consult GmbH
Geschäftsführer
Horst Starke
Wiesengasse 3

55586 Neustadt

Ihr Zeichen: nicht bekannt

Aktenzeichen: 4 HRB   Amtsgericht
Bez.d.Sache: Handelsregistersache

Text laut Kostenordnung (KostO §§)	Wert	Anteil
137 Ziff. 5, Kosten der öffentlichen Bekanntmachung	0,00	55,38
137 Ziff. 5, Kosten der öffentlichen Bekanntmachung	0,00	78,81
137 Ziff. 5, Kosten der öffentlichen Bekanntmachung	0,00	66,35
79 Abs. 1, Eintragung in das Handelsregister	1500,00	18,00

Summe	218,54
abzüglich Vorschüsse und Erledigungen	300,00
abzüglich Verrechnungsbetrag	0,00
Verbleibender Überschuss in EUR	81,46

Sehr geehrte Dame, sehr geehrter Herr!

|X| Der oben genannte Überschuss ist an Sie zurückzuzahlen und wird Ihnen
    überwiesen.
    Der oben genannte Überschuss wurde in Höhe von _____ EUR auf die
|_| fällige Kostenschuld zu Kassenzeichen _____ verrechnet.
    Nach Verrechnung sind noch zu zahlen: _____ EUR
|_| Der Restbetrag in Höhe von _____ EUR wird ihnen überwiesen.

Mit freundlichen Grüßen
    GERICHTSKASSE

Gründungskosten (Handelsregister)

- Das Konto „Sonstige betriebliche Aufwendungen" verwenden Sie
  für die Verbuchung von Aufwand, den Sie sonst nicht zuordnen
  können, z. B. Safemiete, GEZ-Zahlungen u. a. Hingegen bezeichnet „Sonstiger Betriebsbedarf" den Verbrauch von Gegenständen.
- Einmalige Aufwendungen, wie z. B. Gründungskosten, können
  auf „Sonstige Aufwendungen, unregelmäßig" kontiert werden.
- Als sonstiger Betriebsbedarf gilt auch die typische Berufskleidung, wie z. B. schwarzer Anzug oder Frack des Kellners oder der
  Büromantel des Architekten.

Beleg buchen

Der Kostenvorschuss für die Handelsregistereintragung ist bereits als Beispiel
„Sonstige, unregelmäßige Aufwendungen" erfasst worden. Der ein-
gehende Überschuss von 81,46 EUR wird als Kostenerstattung im
Haben gebucht.

Bank	81,46 EUR	
an Sonstige Aufwendungen, unregelmäßig		81,46 EUR

Das richtige Konto

BGA (GHK)	IKR	SKR03	SKR04	Kontenbezeichnung (SKR04)
473	693	4900	6300	Sonstige betriebliche Aufwendungen
4739	6992	2309	6969	Sonstige Aufwendungen, unregelmäßig
4725	6074	4980	6850	Sonstiger Betriebsbedarf

HANDWERKSKAMMER RHEIN-MAIN

Handwerkskammer Rhein-Main · Postfach 10 07 41 · 64207 Darmstadt
Vertraulich - nur für Geschäftsleitung

Firma Elektro Zapp
Inh. Erwin Zapp
Daimlerstr. 3

46464 Neustadt

Beitragsbescheid 2 0

Handwerkskammer Rhein-Main
Hauptverwaltung Darmstadt
Hindenburgstraße 1
64295 Darmstadt
Telefon: (0 61 51) 30 07 - 0
Telefax: (0 61 51) 30 07 - 289

Bankkonto nur für Beitragszahlungen:
Konto 111165, Volksbank Darmstadt eG, BLZ 508 900 00

Betriebsnummer	Datum
1415534	14.02.20
Bitte bei Zahlung/Schriftverkehr angeben	

Blatt 1 von 2

Beitrags-jahr		Gesamtbetrag EUR	bereits vorausgel. EUR	Gesamtbetrag bzw.Abweichung EUR
20	siehe Blatt 2	422,00	0,00	422,00

Hinweis
Dieser Beitragsbescheid ergeht wegen der Möglichkeit der Nachvoranlagung. Das in Abhängigkeit vom Gewerbeertrag gestaffelten Grundbeitrages und des Zusatzbeitrages gem. § 7 der Beitragsordnung der Handwerkskammer Rhein-Main vorläufig. Liegt der Gewerbeertrag 2001 nicht vor, wird zunächst auf den letzten vorliegenden Gewerbeertrag zurückgegriffen.

Beitragsfestsetzung 20

1. Grundbeitrag

Gewerbeertrag 200 -umgerechnet in EURO-		Natürliche Personen und Personengesellschaften	Juristische Personen und Personengesellschaften mit Beteiligung einer juristischen Person
	- 18.500	133,00 EUR	307,00 EUR
18.501	- 21.500	159,00 EUR	359,00 EUR
21.501	- 24.500	174,00 EUR	389,00 EUR
24.501	- 27.500	189,00 EUR	419,00 EUR
27.501	- 38.000	204,00 EUR	449,00 EUR
38.001	- 49.000	219,00 EUR	479,00 EUR
49.001	- 61.500	234,00 EUR	509,00 EUR
über	61.500	249,00 EUR	539,00 EUR

2. Zusatzbeitrag

Der Zusatzbeitrag beträgt 0,9% des Gewerbeertrages oder des Gewinns aus Gewerbebetrieb 20   Er ist auf volle EURO-Beträge aufzurunden.

Bei der Berechnung des Zusatzbeitrages wird bei natürlichen Personen und Personengesellschaften (ohne Beteiligung einer juristischen Person) ein Freibetrag von EUR 12.600,00, der bei Teilungen mit Industrie- und Handelskammern anteilig in Ansatz gebracht wird, abgezogen.

Vollständiger Beitragsbeschluß und weitere Hinweise auf der Rückseite!

Summe der Voranlagung einschl. Vorjahre	422,00
abzüglich davon bereits bezahlt	
noch offener Beitrag	
noch offene Mehrabführen früherer Voranlagungen	

Zu zahlender Gesamtbetrag	**EUR**
Wir bitten Sie, den Beitrag innerhalb von 14 Tagen mit beigefügtem Überweisungsträger zu überweisen oder uns die Einzugsermächtigung ausgefüllt zurückzusenden.	422,00

Guthaben	**EUR**
Guthaben werden bei der nächsten Beitragsrechnung berücksichtigt.	

Nicht überweisen	**EUR**
Betrag wird gemäß der uns vorliegenden Einzugsermächtigung vom unten angegebenen Konto abgebucht. BLZ: Konto:	

Rechtsmittelbelehrung

Gegen diesen Bescheid können Sie binnen eines Monat nach Zustellung Widerspruch bei der Handwerkskammer erheben. Der Widerspruch ist schriftlich oder zur Niederschrift bei der Handwerkskammer einzulegen. Er hat gemäß § 80 Abs. 2 Nr. 1 der Verwaltungsgerichtsordnung keine di Zahlung aufschiebende Wirkung. Zahlungen sind unat hängig davon zu leisten.

HANDWERKSKAMMER RHEIN-MAIN

Handwerkskammer (Beiträge)

Beiträge an Berufsverbände sind abziehbare Betriebsausgaben, wenn die Mitgliedschaft in dem Verband beruflich veranlasst ist (z. B. IHK, Handwerkskammer). Voraussetzung für die Abzugsfähigkeit von Beiträgen als Betriebsausgaben ist, dass diese einen betrieblichen Bezug aufweisen. Nicht abzugsfähig sind:

- Beiträge und Spenden an Sportvereine, sonstige Vereine und Organisationen
- Spenden und Beiträge an Parteien
- Beiträge zur Handwerkskammer stehen gleich: Kammerbeiträge z. B. zur Rechtsanwaltskammer oder zur Steuerberaterkammer
- Beiträge zur Berufsgenossenschaft

Aus den Beiträgen ist kein Vorsteuerabzug möglich.

Tipp:

Handwerksbeiträge werden gewöhnlich für das laufende Kalenderjahr fällig. Anderenfalls sind jedoch die Beiträge abzugrenzen.

Beleg buchen

Auf Basis des Gewerbeertrags des Vorjahres wird der Beitrag für die Handwerkskammer Rhein Main auf 422 EUR festgesetzt. Beispiel

Beiträge	422,00 EUR	
an Bank		422,00 EUR

Das richtige Konto

BGA (GHK)	IKR	SKR03	SKR04	Kontenbezeichnung (SKR04)
427	692	4380	6420	Beiträge
4041	642	4138	6120	Beiträge zur Berufsgenossenschaft
428	6921	4390	6430	Sonstige Abgaben

SÄHMANN

CD – TV – HIFI – VIDEO – PC – ELEKTRO

STR. · TEL. (/ FAX

Horst Starke
Wiesengasse 3
55586 Neustadt

, den 30.10.20

Rechnung 10

Bei Zahlung bitte angeben   Telefon: 0

Sie erhielten von uns

Pos.	Menge	Beschreibung	Preis	Gesamtpreis EUR
1	1	3310	99,00	99,00
		Mit 1Jahr Garantie		

Zahlbar rein netto   99,00 EUR

Im Betrag sind 19% MwSt.= 16,81 EUR enthalten.

Zahlbar rein netto

Liefertermin: 30.10.20   von __.00 bis __.00 Uhr

Ware ordnungsgemäß erhalten: Betrag dankend erhalten:

_____   _____

Die gelieferte Ware bleibt bis zur vollständigen Bezahlung unser
Eigentum.

Handyvertrag

- Die verbilligte Überlassung eines Handys beim Abschluss eines Mobilfunkvertrages führt zu Einnahmen beim Leistungsempfänger in Höhe vom Wert des Handys (ohne Vertragsbindung) abzüglich der Zuzahlung. Diese Einnahmen sind grundsätzlich über die Vertragslaufzeit passiv abzugrenzen.

- Ein passiver Rechnungsabgrenzungsposten braucht allerdings dann nicht gebildet werden, wenn der Wert des Handys (ohne Vertragsbindung) unter 150 EUR bleibt (GWG).[23]

Beleg buchen

Das übernommene Handy wird ohne Vertragsbindung zum Netto-Preis von 563,19 EUR verkauft. Beim Abschluss eines Vertrages über zwei Jahre beträgt die Zuzahlung brutto 99 EUR. Die Zahlung erfolgt über EC-Karte. *Beispiel*

Geringwertige Wiirtschaftsgüter, Sammelposten	563,19 EUR	
Vorsteuer	16,81 EUR	
an Bank		99,00 EUR
an Passive Rechnungsabgrenzung		480,00 EUR

Für die Monate Oktober bis Dezember 2007 sind drei von 24 Monaten ertragswirksam einzubuchen.

Passive Rechnungsabgrenzung	60,00 EUR	
an Sonstige betriebliche Erträge		60,00 EUR

Das richtige Konto

BGA (GHK)	IKR	SKR03	SKR04	Kontenbezeichnung (SKR04)
033	087	0490	0690	Sonstige Betriebs- und Geschäftsausstattung
037	089	0485	0675	GWG, Sammelposten
093	49	0990	3900	Passive Rechnungsabgrenzung
27	54	8600	4830	Sonstige betriebliche Erträge

---

[23] BMF-Schreiben vom 20.06.2005 – IV B 2-S 2134-17/05.

Inhaberin:

HOTEL UND RESTAURANT

Ein Haus in zentraler Lage mit
komfortablen Zimmern,
Gesellschaftsräumen,
Hofterrasse,
eigenen Parkplätzen und
Garagen.

Steuer-Nr. 11 0

RECHNUNG

Übernachtungskosten ohne Frühstück

GEBUCHT

Zimmer Nr.	:11
Firma	:
Gastname	: Herr
Anreise	: 26.02.20
Abreise	:27.02.20
Nächte	: 1
Personen	: 1
Zimmerart	: Einbettzimmer

9066601 2180

Rechnung netto	:	42,01 €
zuz..19% MwSt.	:	7,99 €
Rechnung brutto	:	50,00 €

A U F   W I E D E R S E H E N · G O O D   B Y E !

Name/Nom:	Zimmer/Room/Chambre:	Datum/Date:	Unterschirft/Signature:

Bankverbindung: N_____ r Bank eG · BLZ _____ · Ko___
_____ · BLZ _____ · Konto-Nr.

Hotelkosten

- Der Unternehmer kann Übernachtungskosten auf Geschäftsreisen als Betriebsausgaben geltend machen.
- Bei Übernachtungen des Arbeitnehmers muss die Rechnung ebenfalls auf den Arbeitgeber als Leistungsempfänger ausgestellt sein. Der Arbeitnehmer kann jedoch die Hotelrechnung zuerst selbst bezahlen und sich vom Arbeitgeber die Aufwendungen lohnsteuerfrei erstatten lassen.
- In Kleinbetragsrechnungen mit einem Gesamtbetrag bis zu höchstens 150 EUR muss der Leistungsempfänger nicht benannt werden. Wenn jedoch der Arbeitnehmer als Leistungsempfänger bezeichnet ist, ist der Vorsteuerabzug nicht mehr möglich.
- Bei Übernachtung mit Frühstück ist von den Betriebsausgaben ein Frühstücksanteil von 20 % der Kosten abzuziehen.

Tipp:

Nach § 7 Abs. 1 Bundesreisekostengesetz ist ein pauschales Übernachtungsgeld von 20 EUR steuerfrei vom Arbeitgeber erstattungsfähig, wenn keine höheren Übernachtungskosten nachgewiesen werden können.

Beleg buchen

Die Übernachtung ohne Frühstück (siehe Beleg) ihres mitreisenden Arbeitnehmers, Herrn Huber, kostet der Unternehmerin, Frau Meier, 50 EUR brutto. Sie zahlt bar aus eigener Tasche. Beispiel

Übernachtungskosten Arbeitnehmer	42,01 EUR	
Vorsteuer	7,99 EUR	
an Privateinlage		50,00 EUR

Das richtige Konto

BGA (GHK)	IKR	SKR03	SKR04	Kontenbezeichnung (SKR04)
4452	6855	4666	6660	Reisekosten AN Übernachtungsaufwand
4462	6857	4676	6680	Reisekosten UN Übernachtungsaufwand

Moskwa Inkasso und Auskunftei

Firma Elektro Zapp
Inh. Erwin Zapp
Daimlerstr. 3

46464 Neustadt

Aktenzeichen bitte
immer angeben:

Ihr Bearbeiter:
Herr
Tel.:
von 9-12 und 14-16 Uhr

13.11.20

Auftraggeber-Nr.:   Rechnung-Nr.:

Hinweis: Die Adresse hat sich verändert.
Geburtsdatum:

Kd.-Nr.:   /   Ihre Re-Nr.:
Endabrechnungsgrund: Vollzahlung

Übergebene Forderung in EUR gegen den Schuldner:
Hauptsache: 363.00
Hauptsache-Zinsen: 2.75
Ihre Mahnauslagen: 5.00

Summe: 370.75

                  ENDABRECHNUNG in EUR

Überschuß aus Schuldnerzahlung gesamt: 373.75
Vom Schuldner direkt an Sie bezahlt: 0.00
Ihre Kosten: 0.00
Davon Auslagen ohne Umst: 0.00
19.00% Umst. auf vom Schuldner erstattete Kosten *) und
19.00% Umst. auf Ihre Kosten   0.00   -5.37
40.00% EP mit Kostenrisiko aus   373.75   -149.50
19.00% Umsatzsteuer hierauf   -28.41

Gutschrift: 190.47
Mit Ihnen bereits abgerechnet: 0.00

Aktueller Endsaldo an Sie auszuzahlen: 190.47

Ihre Umsatzsteuer: 33.78

*) Gemäß BFH-Urteil (Beschl. v. 6.3.1990 - VII E 9/89) trägt bei
vorsteuerabzugsberechtigten Auftraggebern dieser die Umsatzsteuer
auf vom Schuldner erstattete Kosten.

Mit freundlichen Grüßen

Telefon:
Telefax:
E-Mail:
WWW:

Als Ink
Gescha.
Sitz der Gese.

Steuernummer:

118

Inkassoabrechnung

- Von den eingezogenen Forderungen ziehen Inkassobüros ihre Kosten ab.
- Die auf die Kosten entfallende Umsatzsteuer trägt der Auftraggeber. Er kann sie als Vorsteuer geltend machen.
- Zahlt Ihr säumiger Schuldner nur einen Teil einer bereits versteuerten Forderung, lässt sich der uneinbringliche Teil ausbuchen.

Tipp:

Bei Ratenzahlung der Schuldner oder separatem Gebührenausweis der Inkassobüros kann es auf den Abrechnungen recht unübersichtlich werden. Beachten Sie, dass nicht nur die eingehenden Zahlungen, sondern auch die ausgewiesene Vorsteuer und die Inkassokosten umsatzsteuerpflichtige Erlöse darstellen.

Beleg buchen

Der Schuldner zahlt die noch nicht versteuerte Forderung und sämtliche Inkassokosten an das Inkassobüro in voller Höhe. Nach Abzug der Kosten überweist das Inkassobüro den Betrag von 190,47 EUR. *Beispiel*

Bank	190,47 EUR	
Nebenkosten des Geldverkehrs	149,50 EUR	
Vorsteuer	33,78 EUR	
an Verkaufserlöse		373,75 EUR

Das richtige Konto

BGA (GHK)	IKR	SKR03	SKR04	Kontenbezeichnung (SKR04)
486	675	4970	6855	Nebenkosten des Geldverkehrs

■ Telefon 06
■ Telefax 06
e-mail f   @t-online

OHG * I   trasse 40 *

Firma
Horst Starke
Wiesengasse 3
55586 Neustadt

RECHNUNG

Bei Zahlung bitte angeben:

Kunden-Nr.	Rechnungs-Nr.	Datum	Seite
10	21	29.07.20	1

Ihre Auftrags-Nr.: Herr O

Ihr Ansprechpartner	Telefon 06:	Telefax 06:	E-Mail f @t-online.de

Pos.	Artikel-Nr. / Bezeichnung	Menge	Einh.	Einzelpreis	Art.Gr.	Gesamtpreis
1 0	Lieferschein 15 vom 26.07.20 O60 WDK6(32MTR WAND+DECKENK.M.O. 60X 60 WEISS	32	Meter	9,25	45,00 % 00071	162,80

Gebucht

Warenwert €	Mwst-%	Mwst €	Endbetrag €
162,80	19,00	30,93	193,73

Zahlungsbedingung :

8.08.20	2,00 %	3,87	189,86
28.08.20	netto Kasse		193,73

Steuernr.: 3

Bankverbindung:

Sitz der Gesellschaft: Mannheim
Amtsgericht   HRE
Gerichtsstand   n

Umsatzsteuer-ID-Nummer
2

Instandhaltungskosten

Instandhaltungskosten sind Kosten, die infolge von Abnutzung, Definition
Alterung und Witterung zur Erhaltung des bestimmungsgemäßen
Gebrauchs von baulichen Anlagen aufgewendet werden müssen.

- Wenn eine Deckenbeleuchtung mit dem Gebäude verbunden und
damit zu einem Teil des Hauses wird, kann sie nicht mehr als
selbstständige „bewegliche" Sache betrachtet werden.[24]
- Mietereinbauten und Mieterumbauten sind dagegen in der Bilanz des Mieters zu aktivieren, wenn es sich um (gegenüber dem
Gebäude) selbstständige Wirtschaftsgüter handelt, für die der
Mieter Herstellungskosten aufgewendet hat. Die Höhe der Ab-
setzung für Abnutzung (AfA) wird nach den für Gebäude geltenden Grundsätzen bestimmt, also maximal 50 Jahre.[25]

> **Tipp**
>
> Die große Gefahr für Mietereinbauten bei unbefristeten Mietverträgen
> liegt in der Qualifizierung als unselbstständiger Gebäudebestandteil mit
> einem Abschreibungszeitraum von 50 Jahren! Sie können dies verhin-
> dern, indem Sie mit dem Vermieter Restwertvergütungen für den Aus-
> zug in 5 Jahren, 10 Jahren, 20 Jahren usw. vereinbaren.

Beleg buchen

Der Mieter ersetzt mit eigenem Personal nach fünf Jahren die Decken- Beispiel
beleuchtung durch neue Lichtleisten. Eine Totalrenovierung oder
Umbau der Mieträume findet nicht statt. Bei den hier vorliegenden
geringen Materialwerten handelt es sich um Instandhaltungskosten.

Instandhaltung betrieblicher Räume	162,80 EUR	
Vorsteuer	30,93 EUR	
an Bank		193,73 EUR

Das richtige Konto

BGA (GHK)	IKR	SKR03	SKR04	Kontenbezeichnung (SKR04)
0249	080	0450	0680	Einbauten in fremde Grundstücke
4711	6933	4260	6335	Instandhaltung betrieblicher Räume

---

[24] BFH, Urteil vom 17.05.1968 – VI R 227/67.
[25] BFH, Urteil vom 15.10.1996 – VIII R 44/94.

Firma
Horst Starke
Wiesengasse 3

55586 Neustadt

Kundenservice Center
Postfach

Telefon: 01805
Telefax: 0800
E-Mail: Kundenservice@ de

Sehr geehrte Damen und Herren,

wir bedanken uns für Ihr Vertrauen und die Nutzung unserer Leistungen. Wir erlauben uns, die von Ihnen genutzten Leistungen nachfolgend zu berechnen:

Ihre Rechnung vom April 20

Kabelanschluss	12,50 €
Kabel Internet	25,78 €
Telefonie	19,23 €
Nettobetrag	**57,51 €**
MwSt. 19%	10,93 €
Gesamtbetrag	**68,44 €**

Hinweise zur Zahlung dieser Rechnung finden Sie auf der Rückseite.

Mit freundlichen Grüßen

Ihr

Zahlen Sie immer noch Monat für Monat Grundgebühr für Ihren Telefonanschluss? Mit können Sie das ändern! Mit einem K **9,90 Euro*** können Sie nicht nur einfach und flatrate-günstig mit 64 Kbit surfen, sondern erhalten einen **Telefonanschluss ohne zusätzliche Grundgebühr**, mit dem Sie auch noch bei den Gesprächen sparen können. Und es geht noch weiter! Wenn Sie bis 30.04.20 **Internet** Kunde werden, erhalten Sie ein **schnurloses Telefon** geschenkt**. Informieren Sie sich jetzt über die Kabel Internet Verfügbarkeit in Ihrem Wohnort unter **www. de** oder unter der Hotline **01805-** (0,12 Euro/ Min). (*Preis pro Monat. Mindestvertragslaufzeit 12 Monate; **Aktion befristet bis 30.04.20)

Internetgebühr

- Bei einem betrieblichen Internetanschluss können Sie die Kosten als Betriebsausgaben ansetzen und ggf. die Vorsteuer abziehen.
- Bei privater Mitnutzung durch Arbeitnehmer bleibt der Betriebsausgabenabzug bestehen (Steuerbefreiung für die Nutzung von Telekommunikationsgeräten § 3 Nr. 45 EStG).
- Bei privater Mitnutzung durch den Unternehmer sollten Sie die privat veranlassten Kosten mit einem pauschalen Abschlag berücksichtigen.[26]
- Vorsteuerabzug ist nur aus Originalrechnungen möglich. Eine elektronische Rechnung im PDF-Format gilt für sich genommen nicht als Original, da sie beliebig oft ausgedruckt und bearbeitet (gefälscht?) werden kann. Für einen Vorsteuerabzug sind nach § 14 Abs. 3 UStG die Echtheit der Herkunft und die Unversehrtheit des Inhalts zu gewährleisten, in der Regel mit qualifizierter elektronischer Signatur.

Achtung:
Achten Sie bei elektronischen Rechnungen auf eine qualifizierte Signierung, sonst ist der Vorsteuerabzug gefährdet.

Beleg buchen

Der Kabelbetreiber bucht die monatliche Grundgebühr für Kabel, Internet und Telefon ab.

Beispiel

Internetgebühren	57,51 EUR	
Vorsteuer	10,93 EUR	
an Bank		68,44 EUR

Das richtige Konto

BGA (GHK)	IKR	SKR03	SKR04	Kontenbezeichnung
4822	6822	4925	6810	Internetkosten
4821	6821	4920	6805	Telefon

---

[26] BMF, 06.05.2002, IV A 6 – S 2144 – 19/02.

WIRTSCHAFTSDATENBANKEN

GmbH · Postfach

Firma

Horst Starke
Wiesengasse 3

55586 Neustadt

Versandanschrift

Kunden-Nr.		
Bitte unbedingt angeben!		

Abrechnungszeitraum: AUGUST
Userid WB025.
Seite 1

Ihre Bestellzeichen WB025383
Ihre Bestellung vom 30.10. FREISCHALTUNG)

Wir haben Ihre Rechnungsdaten in unserer Datenverarbeitungsanlage gespeichert
(§ 28 Abs. 1 BDSG), die Datenschutzbestimmungen werden beachtet.

RECHNUNG INTERNET
50011 / 190

Düsseldorf, den 01.09.

Art -Nr.	DBID	Artikel-Bezeichnung	Menge	Einheit	Preis DEM	Betrag DEM
		SESSION	1			0.00
		DATENBANK-SUCHEN	13			26.00
		DATENBANK-DOKUMENTE	4			9.60
		NEWS-BREAK PROFILE	0			0.00
		NEWS-BREAK DOKUMENTE	0			0.00
		GRAFIK/TABELLE	0			0.00

```
*** DER RECHNUNGSBETRAG WIRD VON IHREM KONTO
*** KONTONUMMER:              BLZ:
*** INSTITUT   :
*** WIE VEREINBART PER LASTSCHRIFT ABGEBUCHT.
```

Steuerl. Entgelt	MwSt. Satz	MwSt.	Rechnungsbetrag I
29,92 EUR	19%	5,68 EUR	35,60 EUR

Zahlbar spätestens 14 Tage nach Rechnungsverteilung ohne Abzug.

GmbH
Telefon 0
Telefax 02   90
Telex
AG
Bankkonten in Düsseldorf

VAT/DE 119

Internetkosten (Datenbankrecherche)

- Der Zugriff auf Datenbanken und Dokumente, die Nutzung von Online-Programmen und Recherchedienste im Internet können kostenpflichtig sein.
- In der Regel können diese Dienste unter „Internetkosten" erfasst werden.
- Bei erheblichen oder regelmäßigen Ausgaben sind die Kosten sachlich zuzuordnen, z. B. den Personalkosten, Werbekosten, Rechtsberatungskosten, Buchhaltungskosten etc.

Achtung:
Prüfen Sie, aus welchem Land Ihr Internetdienstleister tätig ist. Als inländischer Leistungsempfänger eines ausländischen Unternehmers schulden Sie die Umsatzsteuer nach § 13b UStG. Auf der Rechnung muss ein entsprechender Hinweis erfolgen.

Beleg buchen

Die *Danes* GmbH holt bei einem Datenbanksystem Registerauskünf- Beispiel
te über konkurrierende Firmen ein.

Internetkosten	29,92 EUR	
Vorsteuer	5,68 EUR	
an Bank		35,60 EUR

Das richtige Konto

BGA (GHK)	IKR	SKR03	SKR04	Kontenbezeichnung
4822	6822	4925	6810	Internetkosten

Transport Gmbh

Kaution

KFZ Nummer: <u>MG - WS 508</u> **Sprinter** <u>5 2 0 , -</u> €

von Thorsten Frings, M G

25.09.07
Wir werden den Betrag wie vereinbart am .ten des Monats einziehen.

erh. am 29.09.

Kautionen

In der Buchhaltung wird unterschieden, ob es sich um erhaltene oder geleistete Sicherheitsleistungen handelt.

- Erhaltene Kautionen sind bei den „Sonstigen Verbindlichkeiten" auszuweisen.
- Geleistete Kautionen werden bei den „Sonstigen Vermögensgegenständen" ausgewiesen. Kautionen für langfristige Verträge, die auf unbestimmte Zeit abgeschlossen sind, werden bei den „Sonstigen Ausleihungen" im Anlagevermögen ausgewiesen.

Tipp:

Auch bei innergemeinschaftlichen Lieferungen von Neufahrzeugen ist eine Kaution in Höhe der Umsatzsteuer üblich. Sie wird dem Abnehmer erst erstattet, wenn er die Zulassung oder die Besteuerung im anderen EU-Staat nachweist.

Beleg buchen

Die Mietkaution für den Lkw beträgt 520 EUR und wird vom Bank-konto des Mieters eingezogen   Beispiel

Geleistete Kautionen	520,00 EUR	
an Bank		520,00 EUR

Das richtige Konto

BGA (GHK)	IKR	SKR03	SKR04	Kontenbezeichnung (SKR04)
117	266	1525	1350	Geleistete Kautionen
172	4863	1732	3550	Erhaltene Kautionen
046	16	0540	0930	Sonstige Ausleihungen

ielefon (
Telefax 06

03.04.20

✳✳✳

Finanzamt   201
          Postf.

| 04. | 0.55 EUR |

Bescheid

über

Kraftfahrzeugsteuer   ✳✳✳

Der Bescheid ist nach § 12 Abs. 2 Nr. 3 Kraftfahrzeugsteuergesetz geändert.

Festsetzung	€
Die Steuer wird für das Fahrzeug mit dem amtlichen Kennzeichen festgesetzt: für die Zeit vom 16.07.20 bis 27.03.20 auf	336,00

Abrechnung (Stichtag 29.03.20)	€	€
Steuer für die Zeit vom 16.07.20 bis 27.03.20 . . davon bereits getilgt	336,00 481,00	
verbleiben	-145,00	-145,00
Summe		-145,00

Das Guthaben von 145,00 € wird erstattet auf das Konto

Grundlagen der Festsetzung

Fahrzeugart . . . . Personenkraftwagen
Erstzulassungsdatum 03.01.1989
Hubraum . . . . 2975 cm³, entspricht 30 angefangene 100 cm³
Kraftstoffart/Energiequelle 0002 Diesel
Emissionsklasse . . . . . . 0425 SCHADSTOFFARM EURO 2
Steuersatz . . . . 16,05 € je angefangene 100 cm³ nach § 9 Abs. 1
                           Nr. 2 Buchst. b KraftStG

Angaben zur Kraftstoffart/Energiequelle und zur Emissionsklasse ergeben sich aus der seit
dem 01.10.2005 anzuwendenden Richtlinie 1999/37/EG. Hierdurch hat sich die Steuer nicht
geändert.

S t e u e r b e r e c h n u n g

	€ gerundet
vom 16.07.20 bis 27.03.20 : 16,05 € x 30 angefangene 100 cm³ x 255 Tage : 365 Tage	336,00

Sonstige Erläuterungen

Die Steuerpflicht endete am 28.03.20 .

Wenn Sie bei einer Wiederzulassung dieses Fahrzeugs oder der Zulassung eines anderen
Fahrzeugs wieder am Lastschrifteinzugsverfahren teilnehmen wollen, müssen Sie die Teilnahme erneut schriftlich erklären.

Das Finanzamt (Finanzkasse) hat folgende Konten:
Konto-Nr.: Kreditinstitut: BLZ:

✳✳✳   ✳✳✳

Kraftfahrzeugsteuer

- Für die Kfz-Steuer ist ein eigenes Konto nicht unter „Fahrzeugkosten", sondern unter „Sonstige Steuern" vorgesehen.
- Diese Steuer gehört zu den Betriebssteuern, wenn die Fahrzeuge für betriebliche Zwecke genutzt werden.
- Falls der Zahlungszeitraum nicht mit dem Wirtschaftsjahr übereinstimmt, ist in der Bilanz ein aktiver Rechnungsabgrenzungsposten zu bilden und dort die nicht auf das Wirtschaftsjahr entfallenden Beträge auszuweisen.
- Erstattungen sind gegen diesen Abgrenzungsposten oder ggf. beim Aufwandskonto im Haben zu buchen.

Beleg buchen

Im Abgrenzungsposten für Kfz-Steuer in der Bilanz zum 31.12.20XX waren 240 EUR eingestellt (6 Monate von 480 EUR). Nach der Abmeldung des Pkws zum 27.03.des Folgejahres beträgt die Erstattung 145 EUR.

Beispiel

Bank	145,00 EUR	
Kfz-Steuer	95,00 EUR	
an Aktive Rechnungsabgrenzungsposten		240,00 EUR

Das richtige Konto

BGA (GHK)	IKR	SKR03	SKR04	Kontenbezeichnung (SKR04)
422	703	4510	7685	Kfz-Steuer
091	29	0980	1900	Aktive Rechnungsabgrenzungsposten

Futura Versicherung

Futura Versicherung AG, 61407 Oberursel

Firma
Elektro Zapp
60234 Frankfurt

Futura Versicherung AG
Hauptstelle
61407 Oberursel

Telefon: 06171 / ......
Telefax: 06171 / ......

Oberursel, 22.06.

Kraftfahrtversicherung Nr. A0111000222   F- YZ 888   Pkw-Kombi

Hersteller	Ty-Nr.	KW	Fahrzeug-Ident-Nr.	Vers.Beginn	jährl. km-Leistung	Zahlungsweise
Opel	531	100	16001600	01.03.20	30.000	jährlich

Beitragserstattung wegen Fahrzeugabmeldung

Haftpflichtversicherung					
Personenschäden	Sachschäden	Vermögensschäden	Regio.-/Typklasse	Beitragsklasse	Beitrag
6,5 Mio. €/Person	unbegrenzt	unbegrenzt	N5/16	35%	95,40 €
Vollkaskoversicherung			Regio.-/Typklasse	Beitragsklasse	Beitrag
650 € Selbstbeteiligung und 300 € Teilkasko-Selbstbeteiligung			N3/29	40%	142,80 €
Beitragserstattung :	für den Zeitraum 01.03.20 bis 16.06.20			gesamt	238,20 €

Den Erstattungsbetrag werden wir auf Ihr Kto A-Bank Frankfurt, BLZ 54036000, Nr. 10057890 überweisen.

Kraftfahrzeugversicherung

- Für Kfz-Versicherungen ist ein eigenes Konto unter den Fahrzeugkosten vorgesehen.
- Versicherungsentschädigungen für Unfallschäden sind auf einem gesonderten Konto zu erfassen.
- Eine Erstattung von Versicherungsbeiträgen sollte nicht als zusätzlicher Ertrag, sondern als Teilstorno der ursprünglichen Aufwandszahlung verstanden werden.

Tipp:

Beachten Sie, dass Sie Versicherungszahlungen, die auch für das Folgejahr geleistet werden, zum Jahresende aktiv abgrenzen müssen. Beispiel: Sie zahlen am 28.10.09 Kraftfahrzeugversicherung für den betrieblichen Fuhrpark für die Zeit vom 01.10.09 bis 30.09.10 in Höhe von 10.000 EUR. Lediglich in Höhe von 2.500 EUR (drei von zwölf Monate) gehört dies zum Aufwand 2009. Deshalb müssen Sie in der Bilanz zum 31.12.09 in dieser Höhe einen aktiven Rechnungsabgrenzungsposten in Höhe von 7.500 EUR bilden.

Beleg buchen

Sie melden einen Firmenwagen ab und teilen der Versicherungsgesellschaft mit, dass Sie keine Verrechnung mit künftigen Prämienzahlungen wünschen. Daraufhin wird die überzahlte Prämie von 238,20 EUR überwiesen.

Beispiel

Bank	238,20 EUR	
an Versicherungen		238,20 EUR

Das richtige Konto

BGA (GHK)	IKR	SKR03	SKR04	Kontenbezeichnung
4261	691	4520	6520	Kfz-Versicherungen
267	5431	2742	4970	Versicherungsentschädigungen
91	29	980	1900	Aktive Rechnungsabgrenzung

Firma
Horst Starke
Wiesengasse 3
55586 Neustadt

Umsatzaufstellung vom 03.03.	bis 28.04.		Seite: 1

MasterCard   5486

Ihr Verfügungsrahmen: **2.500 EUR**

Buchungsdatum	Belegdatum	Umsatzinformationen	Betrag in Euro
		SALDO VORMONAT	0,00+
15.03.	15.03.	Deutsche Bahn AG Berlin	59,50-
03.04.	03.04.	MASTERCARD JAHRESGEBUEHR	18,00-

NEUER SALDO 77,50-

UMSATZSUMME SEIT:04.20 0,00

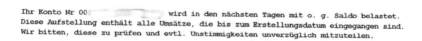

Ihr Konto Nr 00   wird in den nächsten Tagen mit o. g. Saldo belastet.
Diese Aufstellung enthält alle Umsätze, die bis zum Erstellungsdatum eingegangen sind.
Wir bitten, diese zu prüfen und evtl. Unstimmigkeiten unverzüglich mitzuteilen.

U45674

132

Kreditkartenabrechnung

- Die Sammelabbuchung der monatlichen Kreditkartenabrechnung ist in Einzelbuchungen aufzusplitten. Für die Zahlungen über Kreditkarte können Sie auch ein separates Verrechnungskonto verwenden.

- Nutzen Sie als Firmeninhaber die Kreditkarte, um damit betriebliche Vorgänge zu bezahlen, buchen Sie die Kreditkartengebühr auf das Konto „Nebenkosten des Geldverkehrs".

Beleg buchen

Auf der Kreditkartenabrechnung März finden sich neben der Jahresgebühr noch die Kosten für die Bahnfahrkarte (Beleg siehe dort).   Beispiel

Reisekosten Unternehmer Fahrtkosten	50,00 EUR	
Vorsteuer	9,50 EUR	
Nebenkosten des Geldverkehrs	18,00 EUR	
an Kreditkartenabrechnung		77,50 EUR

Bei Abbuchung vom Bankkonto wird das Konto „Kreditkartenabrechnung" ausgeglichen.

Kreditkartenabrechnung	77,50 EUR	
an Bank		77,50 EUR

Das richtige Konto

BGA (GHK)	IKR	SKR03	SKR04	Kontenbezeichnung (SKR04)
174	4890	1730	3610	Kreditkartenabrechnung
486	675	4970	6855	Nebenkosten des Geldverkehrs

Personal·Leasing
®

Hauptverwaltung/Sitz der Gesellschaft
GmbH

Telefon: (+49)
Fax: (+49)
e-mail: info@

Geschäftsführerin
HRB. NR.:
Registergericht
UST.-IDNR.: DE
St.-Nr.:
.inanzamt

Unsere Geschäftsstellen in Deutschland, Österreich,
England und Tschechischen Republik finden Sie auf de
Rückseite.

GmbH

			Datum	: 28.08
Rechnung			Rechnungs-Nr	:
			Kunden-Nr.	:
			Seite	: 1

Leistung	Woche	Stunden	EUR/Std	Gesamt EUR
Normalstunden	33	40,00	20,80	832,00
Normalstunden	34	40,00	20,80	832,00

BZA

BPV

BUNDESVERBAND
PERSONAL-
VERMITTLUNG E.V.

REG. NR. 54588

EcoNet

PERSONAL·LEASING

		EUR	1.664,00
Nettobetrag:			
19 % MwSt:		EUR	316,16
Gesamtbetrag:		EUR	1.980,16

*** Zahlbar sofort ohne Abzug ***
Bitte geben Sie bei Ihrer Zahlung Kunden- und
Rechnungsnummer an.

Unsere Bankverbindungen:

BLZ	Kto.	IBAN D.	L	BLZ	Kto.	IBAN DE

Leiharbeit (Arbeitnehmerüberlassung)

- Man unterscheidet zwischen Fremdleistungen als „Aufwand für bezogene Leistungen und Fremdarbeiten von freien Mitarbeitern und Leiharbeiter in Produktion/Verwaltung oder im Vertrieb andererseits, die statt eigenem Personal herangezogen werden.
- Zwar kommt es zwischen Entleiher und Leiharbeitnehmer zu keinem rechtlichen Arbeitsverhältnis. Der Entleiher kann jedoch den Leiharbeitnehmer für die vertraglich festgelegten Arbeiten einteilen und ihn auch versetzen und muss Ihn über seine Aufgaben und Verantwortung sowie über die Art seiner Tätigkeit und ihre Einordnung in den Arbeitsablauf informieren.
- Umgekehrt ist der Leiharbeitnehmer verpflichtet, Krankheit und andere persönliche Verhinderungen auch dem Entleiher anzuzeigen. Verursacht er bei Ausübung seiner Tätigkeit schuldhaft einen Schaden, ist er dem Entleiher zum Schadensersatz verpflichtet.

Achtung:

Für den Unternehmer können sich Haftungsrisiken ergeben, wenn die Leiharbeitsfirma die Lohnsteuer und Sozialversicherungsbeiträge für den Leiharbeitnehmer nicht abführt.

Beleg buchen

Um den dringlichen Installationsauftrag abwickeln zu können, greift Elektro Zapp für 14 Tage auf einen Leiharbeitservice zurück. _Beispiel_

Fremdarbeiten	1.664,00 EUR	
Vorsteuer	316,16 EUR	
an Bank		1.980,16 EUR

Das richtige Konto

BGA (GHK)	IKR	SKR03	SKR04	Kontenbezeichnung (SKR04)
4731	610	4909	6303	Fremdarbeiten (freier Mitarbeiter)
465	610	4780	6780	Fremdarbeiten (Vertrieb)
37	610	3100	5900	Fremdleistungen

Schweißtechnik
Technische Gase
Sauerstoff für Technik u. Medizin
Propangas - Carbid
Schweistechn. Geräte und Zubehör
Gasgeräte für Camping u. Freizeit

3mbH

Rechnung

Rechnungsnr:

Datum: 22.09.

Kundennr.: **Auftragsnr.:** **Versandadresse:** Eig.
Bestellnr.:

Lieferschein	Bezeichnung	Art.-Nr.	Menge	Preis	Rabatt	Gesamt
2836 17.09	Füllung Argon 300 bar	99999	1 Stück	80,00 €		80,00 €
						0,00 €

	80,00 €
Nebenkosten	

Steuernummer FA		**MwSt. 19 %**	15,20 €
Umsatzsteuer-Id-Nr.: DE		**Rechnungsbetrag**	**95,20 €**

Lieferscheindatum entspricht Lieferdatum.
Die Ware bleibt bis zur vollständigen Bezahlung unser Eigentum. Zahlbar innerhalb 10 Tagen abzügl. 2 % Skonto, oder 30 Tage netto.
Propan/Treibgas zahlbar sofort nach Rechnungserhalt ohne Abzug.

Handelsregister   · HRB-Nr   · Geschäftsführer: Steuer-Nr.   · UST.-IDNR. DE
Medien   Banken
Telefon   Volksbank
Telefax
E-MAIL   @   ..COM

136

Materialeinkauf (Roh-, Hilfs- und Betriebsstoffe)

- Zu den Anschaffungsnebenkosten beim Material- und Wareneinkauf zählen auch innerbetriebliche Kosten für den Transport mit eigenen Arbeitskräften und Fahrzeugen bis zum Lagereingang. Als Einzelkosten gelten hier Lohnkosten, Sozialabgaben und Kraftstoffverbrauch, während damit verbundene Gemeinkosten wie Hilfslöhne und Abschreibungen sowie innerbetriebliche Beförderungskosten und Kosten der Lagerung bis Lagerausgang nicht berücksichtigt werden.
- Der Materialeinkauf kann in der vereinfachten Buchhaltung sofort als aufwandswirksamer Materialeinsatz/-verbrauch erfasst werden.
- Bei der Materialverbrauchsermittlung durch Umbuchung ist zuerst der Einkauf von Materialien als aufwandsneutrale Bestandserhöhung einzusteuern. Zusätzlich wird gegen Monatsende als Materialaufwand der tatsächliche Verbrauch verbucht.

Beleg buchen

Der Einkauf von Schweißgas wird auf dem Materialeinkaufskonto erfasst. Das Buchhaltungssystem behandelt den Einkauf aufwandsneutral. Zum Monatsende wird mithilfe einer separaten Lagerbuchführung der gesamte Materialverbrauch mit 5.000,- EUR ermittelt. *Beispiel*

Materialeinkauf (aufwandsneutral)	80,00 EUR	
Vorsteuer	15,20 EUR	
an Bank		95,20 EUR

Aufwendungen Roh-, Hilfs- und Betriebsstoffe	5.000,00 EUR	
an Verrechnete Stoffkosten		5.000,00 EUR

Das richtige Konto

BGA (GHK)	IKR	SKR03	SKR04	Kontenbezeichnung (SKR04)
301	60	4000	5000	Aufwendungen Roh-, Hilfs- und Betriebsstoffe
3015	600	3000	5100	Einkauf Roh-, Hilfs- und Betriebsstoffe
3022	6171	3990	5860	Verrechnete Stoffkosten

Fahrzeug-Mietkaufvertrag
- Antrag des Mieters -

MV-Nr.: 245361 11.05.
Lieferdatum 11.05.

Mieter

Firma/Name	Horst Starke		
Branche	IT-Berater		
Straße, Nr.	Wiesengasse 3	Telefon	XXXXXXXXXXX
PLZ/Ort	55586 Neustadt	Telefax	XXXXXXXXXXX

Lieferant

Firma/Name	EASY Leasing AG	Steuernummer	DE 098XXXXXX
Straße, Nr.	Opelstr. 5	Telefon	XXXXXXXXXXX
PLZ/Ort	64530 Eschersbach	Telefax	XXXXXXXXXXX

Fahrzeug

Anzahl 1 XXXXXXXXXXXXXXXXXXXXXXXXXXXXXX KOMBI, 5 Türen, 132 KW

fabrikneu ja ☐   nein ☒

☐ Lieferumfang und Ausstattung gemäß beiliegender Anlage "Spezifizierung des Fahrzeuges"

Soweit nachfolgend keine abweichende Angabe erfolgt, wird als Standort des Fahrzeuges die oben genannte Anschrift des Mieters vereinbart.

Konditionen
Anpassung gem. nachfolgender Ziffer 4 möglich

			%	EUR
Laufzeit	36	Monate		
Berechnungsgrundlage			100	16.380,00
Miete monatlich			3,1665	518,68
Differenzabsicherung monatlich				3,00
einmalige Sonderzahlung	fällig mit erster Miete		0,0000	0,00
letzte erhöhte Miete				
gesetzl. USt.	auf die Gesamtmietforderung u. Differenzabsicherung (mit der ersten Miete sofort und in voller Höhe zu zahlen)			3.568,34

Bankeinzug

Der Mieter ermächtigt den Vermieter, die Mieten und alle sonstigen nach dem Vertrag geschuldeten Zahlungen von folgendem Konto im Lastschriftverfahren einzuziehen:

BLZ XXXXXXXXXXXXXXXX   Kto.-N XXXXXXXXXXXXXXXX

Bank XXXXXXXXXXXXXXXXXXXXXXXXXXXXXXXXXXX

Diese Einzugsermächtigung erstreckt sich auch auf einen Forderungseinzug durch einen Dritten, an den der Leasinggeber die Forderungen zu Refinanzierungszwecken abtritt oder durch einen von diesem beauftragten Dritten.

Der Mieter beantragt bei der ⌐EASING AG - im folgenden Vermieter genannt - **zu den vorstehenden und nachfolgenden Bedingungen den Abschluss eines Mietkaufvertrages** über das o.g. Mietobjekt. Er hält sich an seinen Antrag bis 1 Monat nach dessen Eingang beim Vermieter gebunden

11.05.
_____ , **den** _____
Ort, Datum   (Stempel und Unterschrift des Mieters)

⌐EASING AG	Hauptverwaltung	Regionalverwaltung	Regionalverwaltung	Vorstand	Aufsichtsratsvorsitzender

138

M

Mietkauf (Kaufleasing)

- Bei Leasinggegenständen können sich in Grenzfällen Zuordnungsprobleme ergeben. In den meisten Verträgen ist gewollt, dass der Leasingnehmer kein Eigentümer wird, so dass er als Aufwand nicht die AfA, sondern die Leasingraten und die anteilige Sonderzahlung berücksichtigen kann.
- Erfolgt die Zuordnung zum Leasingnehmer, handelt es sich um Kaufleasing.
- Bei „Mietverträgen", die im Ergebnis Mietkaufverträge sind, wird dem Mieter vertraglich das Recht eingeräumt, den gemieteten Gegenstand unter Anrechnung der gezahlten Miete auf den Kaufpreis zu erwerben.
- Auf die Bezeichnung in den Verträgen kommt es nicht an. Allerdings ist kein Vorsteuerabzug aus dem gesamten Kaufpreis möglich, wenn sie nur bei den einzelnen Raten ausgewiesen ist.

Beleg buchen

Die Leasinggesellschaft schließt einen Mietkaufvertrag ab. Auf den Kaufpreis von 16.380 EUR und einem Finanzierungsanteil von 2.400,48 EUR werden 3.568,34 Umsatzsteuer fällig, die im Vertrag ausgewiesen sind. Die Umsatzsteuer wird zusammen mit der ersten Rate von 518,68 EUR überwiesen. *Beispiel*

Pkw	16.380,00 EUR	
Vorsteuer	3.568,34 EUR	
Aktive Rechnungsabgrenzung	2.400,48 EUR	
Kaufleasing	521,68 EUR	
an Bank		4.090,02 EUR
Darlehen		18.780,75 EUR

Das richtige Konto

BGA (GHK)	IKR	SKR03	SKR04	Kontenbezeichnung (SKR04)
4918	671	4815	6250	Kaufleasing
034	0841	0320	0520	Pkw
91	29	980	1900	Aktive Rechnungsabgrenzung

Energie-Vertriebsgesellschaft mbH

Firma Elektro Zapp
Inh. Erwin Zapp
Daimlerstr. 3

46464 Neustadt

Servicenummer	(08 00)
Montag - Freitag	07:00 - 19:00 Uhr
Telefax	
E-Mail	info@
Bankverbindung	
	BLZ
	Konto
Datum	

Bitte bei Zahlungen und Rückfragen Vertragskonto-nummer angeben:

Kundennummer	
Vertragskontonummer	
Rechnungsnummer	

Ihre   Jahresrechnung

Sehr geehrter Herr Zapp,

als unser Kunde erhalten Sie sicher und zuverlässig Energie. Gerne sind wir der kompetente Energieversorger in Ihrer Nähe. Mit Abschluss des Abrechnungszeitraums informieren wir Sie nun über Ihre exakten Verbrauchs- und Abrechnungsdaten. Vielen Dank für Ihr Vertrauen.

Mit freundlichen Grüßen

Ihre   Energie-Vertriebsgesellschaft mbH

Zeitraum 01.01.20   -31.12.20

Abrechnung Strom EUR	Nettobetrag	Umsatzsteuer	Bruttobetrag
Ihr Verbrauch kostet	1.100,00	209,00	1.309,00
bereits gezahlt haben Sie	1.000,00	190,00	1.190,00
noch zu zahlen	100,00	19,00	119,00
Abrechnungsbetrag			119,00 EUR

Noch zu zahlen sind **119,00 EUR**

Den Betrag werden wir mit der nächsten, fälligen Forderung erheben.

Hier finden Sie uns:

Unsere Internetadresse.
www.

Energie-Vertriebsgesellschaft mbH
Sitz der Gesellschaft:
Registergericht   HRB Nr.
Steuernummer:

Vorsitzender des Aufsichtsrats:

Geschäftsführer:

1/3

140

Mietnebenkosten (Strom, Gas, Wasser)

- Aufwand für Strom, Gas und Wasser entsteht entweder (wie im folgenden Beispiel) in Handel, Verwaltung, Büro und Vertrieb oder als Materialeinsatz (Roh-, Hilfs- und Betriebsstoff) in der Fertigung, in Werkstätten u. Ä.
- Für Gas, Strom und Wasser werden in der Regel während des Jahres Abschlagszahlungen geleistet und meist vom Versorger per Lastschrift eingezogen.
- In einer Jahresendabrechnung wird der tatsächliche Verbrauch des abgelaufenen Jahres den Abschlagszahlungen gegenübergestellt. Daraus ergibt sich eine Rückerstattung, die Sie entsprechend unter „Forderungen", bzw. eine Nachzahlung, die Sie unter „Verbindlichkeiten/Rückstellungen" bilanzieren.

Beleg buchen

Als der Jahresabschluss aufgestellt wird, liegt die Nachzahlungsrechnung für 2008 vor Zum Jahresende wird die Verbindlichkeit erfasst ... Beispiel

Strom, Gas, Wasser	100,00 EUR	
Vorsteuer	19,00 EUR	
an Sonstige Verbindlichkeiten		119,00 EUR

... und bei Zahlung in 2009 aufgelöst.

| Sonstige Verbindlichkeiten | 119,00 EUR | |
| an Bank | | 119,00 EUR |

Das richtige Konto

BGA (GHK)	IKR	SKR03	SKR04	Kontenbezeichnung (SKR04)
432	6933	4240	6325˙	Gas, Strom, Wasser
3016	605	3090	5190	Energiestoffe (Fertigung)
101	24	1410	1210	Forderungen aus Lieferungen und Leistungen
171	44	1610	3310	Verbindlichkeiten aus Lieferungen und Leistungen
0724	39	0970	3070	Sonstige Rückstellungen

```
                        R E C H N U N G
                                          RECHNUNGSNR.BITTE ANGEBEN:     24
   Eurocar                                        Rechnungsdatum:    09.02.
                                                  Erstellungsdatum:  09.02.
   ‌ AUTOVERMIETUNG GMBH                          Mietvertragsnummer:    10


                                          NEUES KUNDENKONTO:           28

                                                    Contract:         43

Tel:0         Fax:0
Handelsregister. HRB4
USt.-Id-Nummer: DE81


Kunden-Referenz: -

Fahrer
              Tatsaechlich      Berechnet
Anmietung     09.02.2    10:41  09.02.20   10:41            24H OPEN      *RY*
Rueckgabe     09.02.20   16:23  09.02.20   16:23            24H OPEN      *RY*
Fahrzeug      :                              Telefoneinheiten:        0
Kennzeichen                     CDIKASTEN    Gefahrene Kilometer:    31

Berechnung:                       Anzahl    Einheit  Preis/Einh EUR   Betrag EUR
Tarif/Produkt:L        -TAG INKL. 100 KM
Grundpreis                        1         Tage à          42.02          42.02
im Grundpreis enthaltene Km       100       Km                              7.98
Mehrwertsteuer 19.00 % auf  42.02
                                            Rechnungsbetrag:              50.00


Zu zahlen bis          : 23.02.20          Faelliger Betrag:EUR         50.00

--------------------------------------------------------------------------------


Reservierungs Nr.: 157



------------------------(Hier abtrennen)---------------------------------------
Rechnungsdatum      : 09.02
NEUES KUNDENKONTO   :                      Zu zahlen bis        : 23.02.20
RECHNUNGSNR.BITTE ANGEBEN:
Mietvertragsnummer  :                      Faelliger Betrag: EUR         50.0
             Zahlung mit RECHNUNGSNUMMER an:         AUTOVERMIETUNG GMBH



Bank/BLZ/Kontonummer:
        BANK AG
```

142

Mietwagen

- Bei Nutzung eines Mietwagens sind die Aufwendungen in der nachgewiesenen Höhe abzugsfähig.
- Auch wenn der Wagen vom Arbeitnehmer angemietet wird, muss die Rechnung ebenfalls auf den Arbeitgeber als Leistungsempfänger ausgestellt sein. In Kleinbetragsrechnungen mit einem Gesamtbetrag bis zu höchstens 150 EUR (bis 2006: 100 EUR) muss der Leistungsempfänger nicht benannt werden. Wenn jedoch der Arbeitnehmer als Leistungsempfänger bezeichnet ist, ist der Vorsteuerabzug nicht mehr möglich.
- Im Gegensatz zu dem Taxenverkehr ist der Verkehr mit Mietwagen nicht steuerermäßigt. Der Mietwagenverkehr unterscheidet sich im Wesentlichen vom Taxenverkehr dadurch, dass nur Beförderungsaufträge ausgeführt werden dürfen, die am Betriebssitz oder in der Wohnung des Unternehmers eingegangen sind (§ 49 Abs. 4 PBefG).

Beleg buchen

Die Leihwagenpauschale beträgt brutto 50 EUR und wird vom Unternehmer mit Kreditkarte gezahlt. Beispiel

Fremdfahrzeuge	42,02 EUR	
Vorsteuer	7,98 EUR	
an Kreditkartenabrechnung		50,00 EUR

Das richtige Konto

BGA (GHK)	IKR	SKR03	SKR04	Kontenbezeichnung (SKR04)
4130	6885	4595	6595	Fremdfahrzeuge
4716	6884	4570	6560	Leasingwagen
174	4890	1730	3610	Kreditkartenabrechnung

143

	EUR

§ 3 – Miete und Nebenkosten

● 1. ☒ Die **Netto-Kaltmiete** (ausschließlich Betriebskosten, Heizung und Warmwasser) beträgt

● ☐ Die **Brutto-Kaltmiete** (einschließlich Betriebskosten, ausschließlich Heizung und Warmwasser) beträgt — **1500,–**

● 2. Neben der Miete sind monatlich zu entrichten für:

Betriebskostenvorschuss gemäß Abs. 3 _____ zzt.

Heizkostenvorschuss gemäß § 5 _____ zzt. — **240,–**

Zusatz: Ab Januar 2007 sind 19% MWSt = 330,60 EUR + **16** % Mehrwertsteuer zzt. — **278,40**

somit monatlich insges. 2.070,60 EUR zu zahlen **monatlich insgesamt** zzt. — **2018,40**

3. Die **Betriebskosten** gemäß Betriebskostenverordnung in der jeweils geltenden Fassung, ermittelt aufgrund der letzten

● Berechnung des Vermieters vom _____

● ☐ sind in der gem. Abs. 1 vereinbarten Brutto-Kaltmiete ausschließlich Heizung und Warmwasser anteilig **enthalten**.

● ☒ sind in der gem. Abs. 1 vereinbarten Netto-Kaltmiete **nicht enthalten**.

Hierbei handelt es sich insbesondere um:
- die laufenden öffentlichen Lasten des Grundstücks, insbesondere Grundsteuer
- die Kosten der Wasserversorgung
- die Kosten der Entwässerung
- die Kosten des Betriebs des Personen- oder Lastenaufzugs
- die Kosten der Straßenreinigung und Müllbeseitigung
- die Kosten der Gebäudereinigung und Ungezieferbekämpfung
- die Kosten der Gartenpflege
- die Kosten der Beleuchtung
- die Kosten der Schornsteinreinigung
- die Kosten der Sach- und Haftpflichtversicherung
- die Kosten für den Hauswart
- die Kosten des Betriebs der Gemeinschafts-Antennenanlage oder der mit einem Breitbandkabelnetz verbundenen privaten Verteilanlage
- die Kosten des Betriebs der Einrichtungen für die Wäschepflege
- sonstige Betriebskosten
- Umlageausfallwagnis

Der Mieter ist verpflichtet, seinen entsprechenden Anteil an den Betriebskosten zu übernehmen. Erhöhungen bzw. Ermäßigungen dieser Betriebskosten werden vom Vermieter auf die Mieter umgelegt.

4. Auf Verlangen des Vermieters hat der Mieter neben der Miete Mehrwertsteuer zu zahlen. In diesem Fall ist der Vermieter verpflichtet, dem Mieter die erforderlichen Vorsteuerbelege zu erteilen.

● 5. a) ☐ Der Mieter hat zur Kenntnis genommen, dass der Vermieter zur **Umsatzsteuer** optiert hat und bestätigt, dass er mit seiner Tätigkeit, wie in § 1 Abs. 1 beschrieben, umsatzsteuerpflichtige Umsätze erzielt.

● b) ☐ Der Mieter verpflichtet sich, den Vermieter über den etwaigen späteren Wegfall umsatzsteuerpflichtiger Umsätze unverzüglich zu informieren.

● c) ☐ In diesem Fall verpflichten sich Vermieter und Mieter, die Miethöhe neu zu verhandeln.

● d) ☐ Der Mieter ist dem Vermieter zum Schadensersatz verpflichtet, falls dem Vermieter der Vorsteuerabzug aufgrund des Sachverhaltes gemäß 5. b) versagt wird.

● 6. Die **Schönheitsreparaturen** und den Ersatz von Glasscheiben übernimmt der ☐ Mieter ☐ Vermieter.

Der Verpflichtete hat die Schönheitsreparaturen regelmäßig und fachgerecht vorzunehmen.

● 7. **Kleine Instandsetzungen** sind während der Dauer der Mietzeit vom ☐ Mieter ☐ Vermieter auf dessen Kosten auszuführen, soweit die Schäden nicht von anderen Vertragspartner zu vertreten sind. Die kleinen Instandsetzungen umfassen das Beheben kleinerer Schäden sowie die Wartung an Leitungen und Anlagen für Wasser, Elektrizität, Gas und Heizung, an sanitären Einrichtungen, an Verschlüssen von Fenstern und Türen, an Rollläden, Jalousien und Markisen. – Kleinere Schäden sind Schäden, deren Behebung insgesamt nicht mehr als 5 v. H. der Jahresnettokaltmiete ausmachen.

§ 4 – Zahlung der Miete und der Nebenkosten

1. Die Miete und Nebenkosten sind monatlich im Voraus, spätestens am dritten Werktag des Monats kostenfrei an den Vermieter zu zahlen.

☒ Die Miete und Nebenkosten sind auf das Konto Nr. **2...** _____ bei

_____ *bank Mainz* _____ (BLZ **50...**)

einzuzahlen. Für die Rechtzeitigkeit der Zahlung kommt es nicht auf die Absendung, sondern auf die Ankunft des Geldes an.

● ☐ Miete und Nebenkosten werden im Lastschrift-Einzugsverfahren von einem vom Mieter zu benennenden Konto abgebucht. Der Mieter verpflichtet sich, dem Vermieter eine Einzugsermächtigung zu erteilen. Bei Kontenänderung verpflichtet sich der Mieter jeweils eine neue Einzugsermächtigung zu erteilen.

2. Die Heiz- und Betriebskosten gem. § 3 werden in Form monatlicher Abschlagszahlungen erhoben und sind jährlich nach dem Stichtag

● vom _____ jeden Jahres für die Heizkosten und nach dem Stichtag vom _____ jeden Jahres für die Betriebskosten mit dem Mieter abzurechnen. Der Ausgleich der Nachzahlung bzw. der Gutschrift hat zu dem auf die Abrechnung folgenden Mietzahlungstermin zu erfolgen.

● 3. Bei verspäteter Zahlung kann der Vermieter Mahnkosten in Höhe von EUR _____ je Mahnung, unbeschadet von Verzugszinsen, erheben. Bei Mahnkosten und Verzugszinsen handelt es sich um pauschalierten Schadensersatz. Der Mieter kann nachweisen, dass ein niedrigerer Schaden entstanden ist.

§ 5 – Sammelheizung und Warmwasserversorgung

1. Der Vermieter ist verpflichtet, die Sammelheizung, soweit es die Außentemperaturen erfordern, mindestens aber in der Zeit vom 1. Oktober bis 30. April, in Betrieb zu halten. Die Warmwasserversorgung hat ständig zu erfolgen.

● Ein Anspruch des Mieters auf Versorgung mit Sammelheizung und Warmwasser besteht für Sonnabende – Sonntage – gesetzliche Feiertage – nicht.

2. Der Mieter ist verpflichtet, die anteiligen Betriebs- und Wartungskosten zu bezahlen.

3. Die Betriebs- und Wartungskosten werden vom Vermieter entsprechend den gesetzlichen Abrechnungsmaßstäben umgelegt. Werden Wärmezähler und/oder Warmwasserkostenverteiler verwandt, so wird ein fester Anteil der Kosten nach dem Verbrauch aufgeteilt,

● nämlich _____ v. H.*)

Auf den Umlegungsbetrag für die Betriebs- und Wartungskosten sind monatlich Vorauszahlungen zu leisten, deren Höhe der Vermieter jeweils angemessen festsetzt und über die Heizperiode abzurechnen sind.

---

*) mindestens 50 v. H., höchstens 70 v. H. (§ 7 Heizkosten-VO. vom 20.01. 1989).

144

Mietzahlungen

- Werden Gebäude oder Räume aus betrieblichem Anlass angemietet, sind die Aufwendungen für die Miete abziehbar.
- Bei Vermietungen kann im Mietvertrag auf die Umsatzsteuerfreiheit der Vermietung verzichtet werden, sofern es sich nicht um Wohnraum handelt (Option nach § 9 UStG). Dabei gilt der Mietvertrag als Rechnung im Sinne von § 14 UStG.
- Als Rechnung ist auch ein Vertrag anzusehen, der die in § 14 Abs. 4 UStG geforderten Angaben enthält. Im Vertrag fehlende Angaben müssen in anderen Unterlagen enthalten sein, auf die im Vertrag hinzuweisen ist. So muss in Mietverträgen, die ab 01.01.2004 geschlossen werden, die Steuernummer des Vermieters enthalten und mit einer eindeutigen Vertragsnummer versehen sein. Altverträge brauchen jedoch nicht angepasst zu werden.[27]

Beleg buchen

Der monatliche Mietzins beträgt laut Mietvertrag 1.500 EUR und 240 EUR „zzgl. 16 % MwSt. 278,40 EUR". Wegen der Erhöhung des USt.-Satzes zum 01.01.2007 wird der Vertrag rechtzeitig angepasst.   Beispiel

Miete	1.740,00 EUR	
Vorsteuer	330,60 EUR	
an Bank		2.070,60 EUR

Der Vermieter verbucht die Mieteinnahmen.

Bank	2.070,60 EUR	
an Mieterträge		1.740,00 EUR
an Umsatzsteuer		330,60 EUR

Das richtige Konto

BGA (GHK)	IKR	SKR03	SKR04	Kontenbezeichnung (SKR04)
411	670	4210	6310	Miete
80	510	8200	4200	Mieterlöse

---

[27] BMF, 29.01.2004, IV B 7 – S 7280 – 19/04 Nr. 40 und 43.

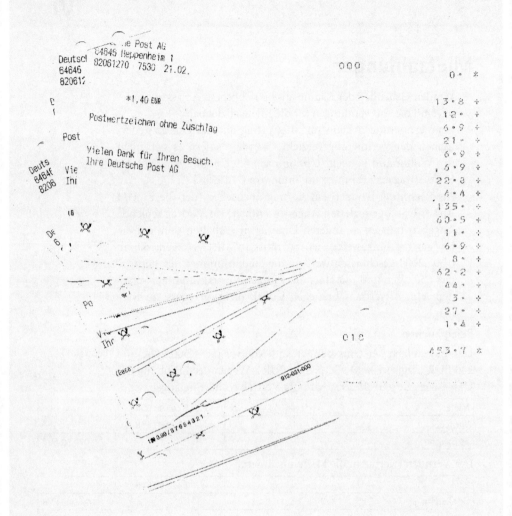

Portokosten

Auf Paketsendungen sind Versandhandelsunternehmen als Absender genannt. Folglich liegen unmittelbare Rechtsbeziehungen zwischen ihnen und der Deutschen Post AG vor. Selbst eine „unfreie" Versendung oder eine Versendung „per Nachnahme" führt nicht zu Rechtsbeziehungen zwischen dem Empfänger des Pakets und der Post AG. Die von Versandhandelsunternehmen weiter berechneten Portokosten sind deshalb keine durchlaufenden Posten. Dagegen versenden Werbeagenturen und Lettershops (Agenturen) Briefe, Prospekte u. Ä. für ihre Auftraggeber. Ist der Auftraggeber auf der Sendung als Absender genannt, so handelt es sich bei den Portokosten um durchlaufende Posten, soweit die Agentur die Portokosten ausgelegt hat.[28]

- Auch über das Ende des Briefmonopols zum 31.12.2007 hinaus bleiben die Freimarken der Post umsatzsteuerfrei.
- Bei vielen Einzelbelegen bietet sich eine „Portokasse" an: Zunächst werden Portokosten aus eigener Tasche ausgelegt und monatlich die gesammelten Belege addiert und in einer Summe erstattet.

Beleg buchen

Die gesammelten Einzelbelege Juni addieren sich zu 453,70 EUR. Sie werden bar erstattet.   Beispiel

Porto	453,70 EUR	
an Kasse		453,70 EUR

Das richtige Konto

BGA (GHK)	IKR	SKR03	SKR04	Kontenbezeichnung (SKR04)
4820	6821	4910	6800	Porto
1595	2663	1590	1370	Durchlaufende Posten

---

[28] OFD Hannover, 26.07.2000, S 7200 – 280 – StO 352/S 7200 – 424 – StH 531.

AUTO Becker

Firma Elektro Zapp
Inh. Erwin Zapp
Daimlerstr. 3

46464 Neustadt

VORFUEHR- / GESCHAEFTSFAHRZEUG
RECHNUNG

RECHNUNGS-NR

RECHNUNGSDATUM
17.01.20
DEBITORENKONTO

FAHRZEUG-IDENT-NR   AUFTRAGSNUMMER
WDB
LIEFERDATUM   KENNZ-NL: LAGERNUMMER
                     KM-STAND:

BESTELLUNG:
ERSTZULASS:

WIR LIEFERTEN IHNEN EINEN GEBRAUCHTEN   EUR

                                               39.900,00
INCLUSIVE SONDERAUSSTATTUNG   7.581,00
19,00% UMSATZSTEUER

GESAMTBETRAG   EUR   47.481,00   *

GEBUCHT

BLZ :   KONTO :

UST-IDNR.:   STEUERNUMMER
                                          16   00

148

Pkw-Anschaffung

- Zu den Anschaffungskosten zählen der Netto-Kaufpreis des Pkws und darüber hinaus sämtliche Aufwendungen, um es betriebsüblich nutzen zu können. Nebenkosten, wie Überführungskosten, Nummernschilder usw., gehören ebenso dazu wie Extras (z. B. Partikelfilter) und nachträgliche Anschaffungskosten, sofern sie dem Pkw einzeln zugerechnet werden können und mit Einbau ihre körperliche und wirtschaftliche Eigenart endgültig verloren haben.

- Bei der Inzahlungnahme handelt es sich üblicherweise um einen Tausch mit Wertausgleich in bar. Beim Betriebsvermögen von Kaufleuten unter sich sind beide Teile dieses Geschäfts umsatzsteuerpflichtig (Ausnahme: Differenzbesteuerung nach § 25a UStG). Am sichersten fahren beide Unternehmer bei zwei getrennten Rechnungen über den Verkauf des Neuwagens und den Verkauf des Altfahrzeugs.

Beleg buchen

Mit einem Scheck wurde am 01.06. der neue Kombi (Tageszulassung) zum Preis von brutto 39.900 EUR gekauft.
Beispiel

Pkw	39.900,00 EUR	
Vorsteuer	7.581,00 EUR	
an Bank		47.481,00 EUR

Das richtige Konto

BGA (GHK)	IKR	SKR03	SKR04	Kontenbezeichnung
034	0841	0320	0520	Pkw

cards4mobil

GmbH

Firma Elektro Zapp
Inh. Erwin Zapp
Daimlerstr. 3

46464 Neustadt

Abrechnung Nr.

Datum:	12.03.2
Kundennummer:	
VP-Nummer:	
Abrechnungszeitraum:	06.03.2 bis 12.03.2
Zahlungsbedingungen:	Gesamtbetrag sofort fällig
Ihre Steuernummer:	1
Bei Rückfragen:	Fon: 0700 /
	Fax:
	fico@ de

Seite 1/1

Sehr geehrter Vertriebspartner,

in der abgelaufenen Periode wurden auf Ihrem Vertriebskonto folgende abrechnungswirksame Bewegungen registriert:

Pos.	Stück	Bezeichnung	Ust.	Einzelbetrag	Betrag
1	4	D1 Xtra-Cash 15 EUR (EL)	keine	15,0000	60,0000
2	4	D1 Xtra-Cash 15 EUR Provision (EL)	19,00 %	-0,7800	-3,1200
3	7	D2 CallNow 15 EUR	keine	15,0000	105,0000
4	7	D2 CallNow 15 EUR Provision	19,00 %	-0,6600	-4,6200
5	2	O2 Loop Cash 15 EUR	keine	15,0000	30,0000
6	2	O2 Loop Cash 15 EUR Provision	19,00 %	-0,8400	-1,6800
Summe Positionen					**185,58 €**
		Umsatzsteuer	keine	195,00 €	0,00 €
		Umsatzsteuer auf Gutschrift	19,00%	-9,42 €	1,79 €
Endbetrag					**183,79 €**

Zahlungsart: Abbuchung

Geschäftsführer
HRB
USt-IdNt. De

Hotline:
Fax
Info
www

150

Provisionen

- Die vermittelten Umsätze im Namen und auf Rechnung eines anderen Unternehmers sind steuerfrei, die Provisionen für die Agenturtätigkeit (Verkaufskommission) jedoch in der Regel steuerpflichtig.
- Wird ein Händler in die Abgabe einer Telefonkarte eingeschaltet, so erbringt er keine eigene Telekommunikationsleistung an den Kunden. Die Differenz zwischen dem gezahlten und dem erhaltenen Betrag ist eine Vermittlungsprovision.[29]

Beleg buchen

Der Kioskbetreiber verkauft Guthabencodes für Handykarten. Beispiel

Kasse	195,00 EUR	
an Agenturwarenabrechnung		195,00 EUR

Die Handyvertriebsfirma übermittelt wöchentlich die eingenommenen Gelder und bucht nach Abzug der Provisionen und Umsatzsteuer ab.

Agenturwarenabrechnung	195,00 EUR	
an Bank		183,80 EUR
an Provisionen		9,42 EUR
an USt.		1,78 EUR

Das richtige Konto

BGA (GHK)	IKR	SKR03	SKR04	Kontenbezeichnung (SKR04)
1597	2664	1521	1375	Agenturwarenabrechnung
872	5411	8510	4560	Provisionserlöse

---

[29] BMF-Schreiben vom 03.12.2001 – IV B 7 – S 7100 – 292/01.

REINIGUNG
NACH HAUSFRAUENART

für Büro - Geschäft - Privat

rasse 25

asse 25

Firma
Horst Starke
Wiesengasse 3
55586 Neustadt

Telefon (0
Fax (0
Email @t-online.de

Rechnung

Rechnungs.Nr. RE-0
Kunden.Nr : 1
Datum : 01.11.20
Kunde seit : 20

Menge	Erbrachte Leistungen	USt. %	EP	GP
9,75	Sonderstunden a`30,- Euro	19	30,00	292,50
	Teppichreinigung			
1,00	One Step Fleckenentferner 0,5 Liter	19	6,20	6,20
1,00	Entschäumer 1,0 Liter	19	8,74	8,74
8,00	Sapur Teppichshampo	19	7,20	57,60
1,00	Rechnungsdatum gleich Lierferdatum		0,00	0,00

Währung	Summe Netto	Mwst		Gesamtsumme
EURO	365,04	69,36		434,40
		- Anzahlung	EURO	0,00
		Zahlbetrag	EURO	434,40

Netto innerhalb von 8 Tagen (bis zum 09.11.20): 434,40 EURO

07.11.

Sparkasse
(BLZ 5 Kto.-Nr.

Bank eG
(BLZ) Kto.-Nr.

Steuernummer.
Gerichtsstand:

Reinigungskosten

- Kosten für die Gebäudereinigung können entweder für eigenes Personal oder für eine Reinigungsfirma anfallen.
- Die für Juli 2006 geplante Erweiterung der Steuerschuldnerschaft des Leistungsempfängers auf bestimmte Gebäudereinigungen wurde aufgrund mangelnder Praktikabilität abgelehnt. Gebäudereinigungsfirmen fallen also auch weiterhin nicht unter die Regelung des § 13b UStG.

Beleg buchen

In der Mannheimer Filiale übernimmt eine Reinigungsfirma die Beispiel
Reinigung des Teppichbodens.

Reinigungskosten	365,04 EUR	
Vorsteuer	69,36 EUR	
an Bank		434,40 EUR

Das richtige Konto

BGA (GHK)	IKR	SKR03	SKR04	Kontenbezeichnung (SKR04)
4731	6933	4280	6345	Sonstige Raumkosten
4732	6933	2350	6350	Sonst. Grundstücksaufwendungen
4711	6933	4250	6330	Reinigung
403	624	4190	6030	Aushilfslöhne

Reisekostenabrechnung 20..

Name und Adresse des Abrechnenden:	Erwin Lindemann		
	Wiesenstraße 4 44688 Gelsenkirchen		Kostenstelle:

Beginn der Reise: Oktober _____ um _____ Uhr; **Ende:** _____ um _____ Uhr

Anlass/Zielort der Dienst-/Geschäftsreise: _____

☒ Inlandsreise ☐ Auslandsreise ☐ Zusammenstellung besuchte Länder siehe Auslandsreisekostenabrechnung

Reisemittel: ☐ Dienstwagen ☒ Privat-Pkw ☐ Bahn ☐ Flugzeug

				Brutto-ausgaben	USt-(Vorsteuer)	Netto-aufwand
Fahrtkosten						
Bahnfahrkarten/Fahrausweise lt. Anlage		EUR	_____	0,00	_____	0,00
Flugkarten lt. Anlage		EUR	_____	0,00	_____	0,00
Autokosten (Kraftstoff/Öl usw.) lt. Anlage		EUR	_____	0,00	_____	0,00
Kilometersatz bei Privat-/Arbeitnehmer-Kfz						
Zuschlag für _____ Mitfahrer _____ km X 0,02 EUR/km						
2806 km x 0,30 *lt. Aufstellung* EUR = EUR			841,80	841,80		841,80
Aufwendungen für Unterbringung						
nach beigefügten Belegen ☐ ohne Frühstück		EUR	_____			
☐ Kürzung Frühstück um 4,50 EUR/Tag bzw. 20 % bei Auslandsübernachtung		./. EUR	_____			
oder Pauschbeträge _____ Tage x _____ EUR = EUR			0,00	0,00		0,00
Pauschbeträge für Verpflegungsmehraufwand						
_____ Tage (mindestens 24 Std.) zu 24 EUR = EUR			0,00			
_____ Tage (mindestens 14 Std.) zu 12 EUR = EUR			0,00			
_____ Tage (mindestens 8 Std.) zu 6 EUR = EUR			0,00			
Summe EUR			0,00	0,00		0,00
Reisenebenkosten lt. Formular „ Reisenebenkostenabrechnung"						
_____		EUR	0,00	0,00		0,00
Verrechnung mit geldwertem Vorteil aus Arbeitnehmerbewirtung						
lt. Untenstehender Aufstellung		./. EUR	0,00	0,00		0,00
Abrechnung erstellt:		Summe		841,80	0,00	841,80

11.11.20 *Erwin Lindemann*

Datum Unterschrift Reisender ./. Vorschüsse _____ Buchungsvermerke:

15.11.20 *Garemed* Restzahlung/Überzahlung 841,80

Datum Unterschrift Vorgesetzter

Nachrichtlich: **Geldwerter Vorteil aus Arbeitnehmerbewirtung:**

Ich habe vom Arbeitgeber unentgeltlich erhalten:

_____ x Frühstück à 1, EUR insgesamt EUR 0,00

_____ x Mittagessen _____ x Abendessen je 2, EUR insgesamt EUR 0,00 EUR 0,00

☐ Verrechnung mit Reisekosten ☐ Versteuerung als laufender Arbeitslohn

Erstellt von Haufe Mediengruppe, Hindenburgstraße 64, 79102 Freiburg

Reisekosten

- Auch Fahrtkosten mit dem Privatwagen können Sie abrechnen.
- Die Fahrtkosten aus beruflichen Dienstreisen (Arbeitnehmer) bzw. Geschäftsreisen (Unternehmer) können Sie mit 0,30 EUR pro Kilometer steuerfrei erstatten.
- Aus diesem Kilometergeld kann keine Vorsteuer abgezogen werden.[30]

> **Tipp:**
>
> Im Gegensatz zu den strengen Anforderungen an ein Fahrtenbuch für den Nachweis der beruflichen und privaten Fahrten können die Fahrtkosten mit dem privaten Pkw auch geschätzt werden.

Beleg buchen

Der Einzelunternehmer rechnet monatlich die geschäftlichen Fahr- Beispiel
ten mit seinem Privatwagen ab und überweist das Kilometergeld für Oktober auf sein Privatkonto.

Reisekosten Unternehmer	841,80 EUR	
an Bank		841,80 EUR

Das richtige Konto

BGA (GHK)	IKR	SKR03	SKR04	Kontenbezeichnung (SKR04)
4461	6856	4668	6668	Kilometergelderstattung AN
4463	6854	4673	6673	Unternehmer Fahrtkosten

[30] BFH V R 4/03 07.07.2005.

Kundenservice
Beratung/Verkauf

Deutschland GmbH

☎ 0800-
📠 0800-
@ www.____.___de

Modernste Geräte nutzen und dabei Kosten senken. Mit einer Hilti Flottenmanagement-Partnerschaft wird auch Ihr Unternehmen profitieren.
Ihr ___)Verkaufsberater informiert Sie gerne über die vielen Vorteile eines ___, Flottenmanagement-Vertrages.

EINGANG

2 0 OKT

>eutschland GmbH

DV 10 0,55

Warenempfänger:
....)eutschland GmbH
Fa .

Auftragsbestätigung und Servicerechnung

Seite: 1(2)

Kunden-Nr.:	Rechnungs-Datum: 16.10.	Erfasser:
Auftrags-Nr.:	Auftrags-Datum: 15.10I	Auftrag erteilt: Herr
Lieferschein-Nr.:	Lieferdatum (UStG): 16.10I	Lieferung an:
Bestellzeichen:		

Gerätetyp:	Pendelhubstichsäge WI	Servicevereinb.: Keine Kosten
Geräte-Nr.:	7	Kunden Inv. Nr.:
Reparaturzentrum:	Reparatur Cente.	Paket Nr.:

Artikel-Nr.	Bezeichnung	Menge	Einh.	Preis-einh.	Einzelpreis in €	Gesamtpreis in €	Nettopreis in €
372011	Hochspannungs-/Isolationsprüfung nach VDE 0701-01 / BGV A3	1	ST				
	Summe Materialkosten						0,00
	Summe Lohnkosten / Service						47,65

Total Positionen	EUR	47,65
- Kulanz	EUR	-29,65
Versandkosten	EUR	9,90
Summe vor MWST	EUR	27,90
MWST 19 %	EUR	5,30
Gesamtbetrag	EUR	33,20

Geschäftsführer:	Sitz der Gesellschaft			Amtsgericht
Postanschrift	Telefon	Fax	ÜSt.-IdNr.: DE	
Bankverbindung	BLZ Kto..		BIC	IBAN

Reparatur und Wartung

Eine defekte Säge wird überprüft und neu isoliert. Beispiel

Beleg buchen

Reparaturkosten Betriebs- und Geschäftsausstattung	27,90 EUR	
Vorsteuer	5,30 EUR	
an Bank		33,20 EUR

Das richtige Konto

BGA (GHK)	IKR	SKR03	SKR04	Kontenbezeichnung (SKR04)
4710	668	4809	6450	Reparaturen und Instandhaltungen von Bauten
4711	6061	4800	6460	Reparatur/Instandh. Anlagen u. Maschinen
4713	6062	4805	6470	Reparatur/Instandh. Betriebs- u. Gesch.
4712	6063	4809	6485	Reparaturen und Instandhaltungen andere Anlagen
4716	6064	4809	6490	Sonst. Reparaturen und Instandhaltungen
4717	6066	4806	6495	Wartungskosten für Hard- und Software
4714	6881	4540	6540	Kfz-Reparaturen

Ihr Service für den Kunden

Horst Starke
Wiesengasse 3
55586 Neustadt

FON 05
FAX 05

Rechnung 11

Bearbeiter:		Kunden-Nr.: 3				Datum: 01.11.

Pos	Artikel	Menge	E-Preis EUR	G-Preis EUR	USt EUR
1	Grundgebühr PlusBüro November(=Leistungszeitraum)	1	149,00	149,00	19,00%
2	Sekretariatsarbeiten (Einzelkostennachweis siehe Anlage)	1	158,76	158,76	19,00%
3	externe Gesprächsvermittlung Grundgebühr	1	35,00	35,00	19,00%
	Gesamtbetrag			342,76	
	zuzüglich MwSt 19 % aus 342,76 = 65,13			65,13	
	Endbetrag			407,89	

Der Betrag wird von Ihrem Konto abgebucht

Büro ist eine eingetragene Marke
Bankverbindung
Internet: http://www   de - eMail: info
Steuernummer

Sekretariatsdienst

Man unterscheidet zwischen

- Fremdleistungen als „Aufwand für bezogene Leistungen" für Erzeugnisse und andere Leistungserstellung (z. B. von Subunternehmern oder externen Dienstleistern) einerseits und
- Fremdarbeiten von freien Mitarbeitern und Leiharbeitern in Produktion/Verwaltung oder im Vertrieb andererseits, die für betriebsinterne Zwecke statt eigenem Personal herangezogen werden.

Achtung:
Achten Sie auf die aktuelle Gesetzeslage zum Thema „Scheinselbstständigkeit und arbeitnehmerähnliche Beschäftigungen"! So vermeiden Sie mögliche Nachzahlungen an Sozialversicherungsbeiträgen für den vermeintlich „freien" Mitarbeiter.

Beleg buchen

Der externe Sekretariatsservice *Plusbüro* übernimmt anfallende Büroarbeiten gegen eine monatliche Grundgebühr und Einzelabrechnungen der erbrachten Leistungen. *Beispiel*

Fremdleistungen	342,76 EUR	
Vorsteuer	65,13 EUR	
an Bank		407,89 EUR

Das richtige Konto

BGA (GHK)	IKR	SKR03	SKR04	Kontenbezeichnung (SKR04)
4731	610	4909	6303	Fremdarbeiten (freier Mitarbeiter)
465	610	4780	6780	Fremdarbeiten (Vertrieb)
37	610	3100	5900	Fremdleistungen

EXtrasoft GmbH

EXtrasoft _____ Di___

Firma
Horst Starke
Wiesengasse 3

55586 Neustadt

R E C H N U N G   Nummer : 33__ /20___

Seite : 1

Bezeichnung	Anzahl	Einzelpreis	Gesamt
Hot-Line-Service 1. Quartal 20			
Service Hotline : +49 (0)6			
bzw. Mobil : 01			
Premium-Service (1. Inst.) für	1	95,70	95,70
Premium-Service (2. Inst.) für	1	39,60	39,60
Premium-Service (3. Inst.) für	1	39,60	39,60
Premium-Service (4. Inst.) für	1	39,60	39,60
Premium-Service (5. Inst.) für	1	39,60	39,60
Premium-Service (6. Inst.) für	1	39,60	39,60
Premium-Service (7. Inst.) für	1	39,60	39,60
Premium-Service (8. Inst.) für	1	39,60	39,60

Zahlungsbedingungen:
Zahlbar ohne Abzug bis 01.03.20

	Netto EUR	372,90
	1 9 % Mwst	70,85
	Gesamt EUR	443,75

Die Ware bleibt bis zur restlosen Bezahlung Eigentum des Lieferanten. Es gilt der erweiterte Eigentumsvorbehalt.

Anschrift:
I
D
T
T

Internet:
http://www____ .de
E-Mail:
Info@____ .de
Ust ID-Nr.
DE

Registergericht:
Amtsgericht Bad Kreuznach
HRB

Geschäftsführer:

Bankverbindungen:
Postbank   Sparkasse

Softwaremiete/Softwareleasing

Wenn Sie Computerprogramme mieten anstatt zu kaufen, schont dies die Liquidität. Gleichzeitig sorgt eine regelmäßige Softwarepflege dafür, dass Ihre Programme aktuell bleiben. Dies ist besonders wichtig bei Steuer- und Rechtssoftware, die sich häufig ändert, und auch bei komplexer, störanfälliger Software.

- Aufwendungen für die Miete und Wartung von Hardware und Software sind sofort abzugsfähige Betriebsausgaben. Dies gilt auch für Software, die auf einem fremden Server läuft, z. B. Datenbankserver, Terminalserver in einem Rechenzentrum.

- Anschaffungskosten entstehen nur dann, wenn über die laufenden Kosten eines Servicevertrags hinaus einmalig die Grundversion erworben wird.

- Aufwendungen für einen Server, auf dem ein Internetauftritt präsentiert und zugänglich gemacht wird, können unter „Mieten für Einrichtungen" erfasst werden.

Beleg buchen

Für Lizenz, Wartung und Hotline-Service in Störfällen sind im ersten Quartal beim Einsatz von 8 Kassensystemen 372,90 EUR zu zahlen.   Beispiel

Wartungskosten Software	372,90 EUR	
Vorsteuer	70,85 EUR	
an Bank		443,75 EUR

Das richtige Konto

BGA (GHK)	IKR	SKR03	SKR04	Kontenbezeichnung (SKR04)
14	23	27	135	Software
4831	6165	4806	6495	Wartungskosten Hard- und Software
4117	6705	4960	6835	Mieten für Einrichtungen

Absender	**Rechnung**

Absender

3TAUBSAUGERSERVICE
Gerd Schneider
K34
68563 Mannheim

Nr. **21**

Datum **12. 3.**

Liefer-datum **12. 3.**

Steuer-Nr. ⌒1⌒(

Empfänger

Erwin Lindemann

Kellereigasse 3

68342 Mannheim

1 P	Staubbeutel Tigu	10,—
1 P	Staubbeutel thesald	8,—
1 P	Bürden rollen	12,—

Betrag erhalten

Rechnungs-Betrag netto	**25,21**
+ 19 % MwSt. = MwSt.-Betrag	**4,79**
= Rechnungs-Endbetrag gesamt	**30,—€**

Die gelieferte Ware bleibt bis zur vollständigen Bezahlung Eigentum des Lieferanten.

162

Sonstige Raumkosten (Teppichbodenreinigung)

- „Sonstige Raumkosten" bezeichnen den Aufwand, den Sie anderweitig nicht zuordnen können.
- Sämtliche Aufwendungen außerhalb der geschlossenen Räume bucht man auf „Sonstige Grundstückskosten".

Beleg buchen

Für die Teppichbodenreinigung der Mannheimer Filialen werden   Beispiel
Staubsaugerbeutel angeschafft und bar bezahlt.

Sonstige Raumkosten oder Reinigung	25,21 EUR	
Vorsteuer	4,79 EUR	
an Kasse		30,00 EUR

Das richtige Konto

BGA (GHK)	IKR	SKR03	SKR04	Kontenbezeichnung (SKR04)
4731	6933	4280	6345	Sonstige Raumkosten
4732	6933	2350	6350	Sonstige Grundstücksaufwendungen
4711	6933	4250	6330	Reinigung

2 4
Bewachung

Bewachung GmbH

Firma
Horst Starke
Wiesengasse 3

55586 Neustadt

R E C H N U N G
Bei Zahlung bitte immer angeben !
Nummer : **000005**
Kunde : **D 82**
Datum : **31.07.20**

Steuer Nr. : 3ℤ
Fakturierung : F
Telefon : 0
E-Mail : p line.de

Ihre Bestellnr.:
ID-Nr. :
Objekt : "div. Objekte"

Für die Überwachung Ihrer Alarmanlage berechnen wir Ihnen:

Pos.	Artikelnummer	Menge	Einzelpreis	Gesamtpreis S
	Abrechnungsmonat: Juli 20			
1	DE 100 301 Alarmaufschaltung	1 Mon	20,00	20,00 1
2	308 Bereitschaft Alarmverfolger	1	6,50	6,50 1
3	DE 100 301 Alarmaufschaltung und Bereitschaft Alarmverfolger	1 Mon	25,00	25,00 1
4	DE 100 301 Alarmaufschaltung und Bereitschaft Alarmverfolger	1 Mon	25,00	25,00 1

Gebucht

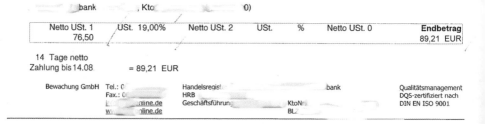

bank , Kto 0)

Netto USt. 1	USt. 19,00%	Netto USt. 2	USt.	%	Netto USt. 0	**Endbetrag**
76,50						89,21 EUR

14 Tage netto
Zahlung bis 14.08. = 89,21 EUR

Bewachung GmbH Tel.: 0
Fax.: 0
l nline.de
w nline.de

Handelsregist
HRB
Geschäftsführun
KtoNr
BL

bank

Qualitätsmanagement
DQS-zertifiziert nach
DIN EN ISO 9001

Sonstige Raumkosten
(Bewachungsservice)

- „Sonstige Raumkosten" bezeichnen den Aufwand, den Sie anderweitig nicht zuordnen können.
- Sämtliche Aufwendungen außerhalb der geschlossenen Räume bucht man auf „Sonstige Grundstückskosten".
- Die Kosten für freie Mitarbeiter, z. B. Hausmeisterservice, lassen sich auf dem Konto „Fremdleistungen/Fremdarbeiten" erfassen.

Beleg buchen

Die Südwestbewachung zieht die monatliche Rechnung für Alarm- aufschaltung und Bereitschaft für das gesamte Firmengelände ein. Beispiel

Sonstige Grundstücksaufwendungen	76,50 EUR	
Vorsteuer	14,54 EUR	
an Bank		89,21 EUR

Das richtige Konto

BGA (GHK)	IKR	SKR03	SKR04	Kontenbezeichnung (SKR04)
4731	6933	4280	6345	Sonstige Raumkosten
4732	6933	2350	6350	Sonst. Grundstücksaufwendungen
453	615	4909	6303	Fremdleistungen/Fremdarbeiten

Dokumentation / Archiv Beitragsnachweise

Arbeitgeber		
Betriebs- / Beitragskonto-Nr. des Arbeitgebers		63
Krankenkasse AOK	Rechtskreis	West
Zeitraum	von 01.02.20 bis	28.02.20
Enthält Beiträge aus Wertguthaben, das abgelaufenen Kalenderjahren zuzuordnen ist		nein
Korrektur-Beitragsnachweis für abgelaufene Kalenderjahre		nein
Verarbeitungskennzeichen		

Beiträge zur Krankenversicherung - allgemeiner Beitrag	1000	139,06
Beiträge zur Krankenversicherung - erhöhter Beitrag	2000	
Beiträge zur Krankenversicherung - ermäßigter Beitrag	3000	
Beiträge zur Krankenversicherung für geringfügig Beschäftigte	6000	
Beiträge zur Rentenversicherung der Arbeiter - voller Beitrag	0100	182,00
Beiträge zur Rentenversicherung der Angestellten - voller Beitrag	0200	
Beiträge zur Rentenversicherung der Arbeiter - halber Beitrag	0300	
Beiträge zur Rentenversicherung der Angestellten - halber Beitrag	0400	
Beiträge zur Rentenversicherung der Arbeiter für geringfügig Beschäftigte	0500	
Beiträge zur Rentenversicherung der Angestellten für geringfügig Beschäftigte	0600	
Beiträge zur Arbeitsförderung - voller Beitrag	0010	60,67
Beiträge zur Arbeitsförderung - halber Beitrag	0020	
Beiträge zur sozialen Pflegeversicherung	0001	18,20
Umlage nach dem Lohnfortzahlungsgesetz (LFZG) für Krankheitsaufwendungen	U1	20,53
Umlage nach dem Lohnfortzahlungsgesetz (LFZG) für Mutterschaftsaufwendungen	U2	1,87
Gesamtsumme		**422,33**
Beiträge zur Krankenversicherung für freiwillig Krankenversicherte		
Beiträge zur Pflegeversicherung für freiwillig Krankenversicherte		
abzüglich Erstattung gemäß § 10 LFZG		
zu zahlender Betrag / Guthaben		**422,33**

Sendeangaben

Annahmestelle / Rechenzentrum	AO
Betriebsnummer der Annahmestelle	
Dateifolgenummer	
Sendedatum	17.02.20 5:06:40

Sozialversicherungsabgaben

Sozialversicherungsabgaben bezeichnen die gesetzlichen Pflichtabgaben, soweit sie der Arbeitgeber trägt, nicht jedoch freiwillige oder tarifliche Zuschüsse.   Definition

Beleg buchen

Bei Nettolohnverbuchung sind folgende Buchungen durchzuführen: Beispiel

Gesetzliche Sozialaufwendungen	422,33 EUR	
an Bank		422,33 EUR

In der Bruttolohnliste sind die annähernd hälftigen Arbeitnehmer- und Arbeitgeberbeiträge aufgegliedert. Allerdings trägt der Arbeitgeber die Umlagen von 22,40 EUR alleine und der Arbeitnehmer muss auf seinen Krankenkassenbeitrag einen Aufschlag von 0,9 % (8,40 EUR) zahlen:

Lohn und Gehalt	204,16 EUR	
Gesetzliche Sozialaufwendungen	218,16 EUR	
an Verbindlichkeiten soziale Sicherheit		422,33 EUR

Bei Abbuchung ist zu buchen:

Verbindlichkeiten soziale Sicherheit	422,33 EUR	
an Bank		422,33 EUR

Das richtige Konto

BGA (GHK)	IKR	SKR03	SKR04	Kontenbezeichnung (SKR04)
192	484	1742	3740	Verbindlichkeiten soziale Sicherheit
1921	4841	1759	3759	Voraussichtliche Beitragsschuld gegenüber den Sozialversicherungsträgern
404	640	4130	6110	Gesetzliche Sozialaufwendungen

+ Rotes Kreuz
Körperschaft des öffentlichen Rechts

Kreisverband

Tel.: 0

Zuwendungsbestätigung

Art der Zuwendung: **Mitgliedsbeitrag**

Mitgl.-Nr.: **0501000**

Erwin Neumann, Kellereigasse 3, 65789 Neustadt
Name und Anschrift des Zuwendenden

200,00 EUR	ZWEI NULL NULL	200
Betrag/Wert in Ziffern	Betrag/Wert der Zuwendung in Worten	Jahr der Zuwendung

Es handelt sich nicht um den Verzicht auf Erstattung von Aufwendungen oder Leistungen.

Bestätigung über Zuwendungen im Sinne des § 10 b des Einkommensteuergesetzes an inländische juristische Personen des öffentlichen Rechts oder inländische öffentliche Dienststellen.

Es wird bestätigt, dass die Zuwendung nur zur Förderung der satzungsgemäßen Zwecke des BRK (Förderung der freien Wohlfahrtspflege) im Sinne der Anlage-1 zu § 48 EStDV Abschnitt A Nr. 6 verwendet wird.

Die Zuwendung wird von uns unmittelbar für den angegebenen Zweck verwendet.

Diese Zuwendungsbestätigung berechtigt nicht zum Spendenabzug im Rahmen des erhöhten Vomhundertsatzes nach § 10b Abs. 1 Satz 2 EStG / § 9 Abs. 1 Nr. 2 Satz 2 KStG oder zum Spendenrücktrag bzw. -vortrag nach § 10b Abs. 1 Satz 3 EStG / § 9 Abs. 1 Nr. 2 Satz 3 KStG. Entsprechendes gilt auch für den Spendenabzug bei der Gewerbesteuer (§ 9 Nr. 5 GewStG).

HINWEIS: Wer vorsätzlich oder grob fahrlässig eine unrichtige Zuwendungsbestätigung erstellt oder wer veranlasst, dass Zuwendungen nicht zu den in der Zuwendungsbestätigung angegebenen steuerbegünstigten Zwecken verwendet werden, haftet für die Steuer, die dem Fiskus durch einen etwaigen Abzug der Zuwendungen beim Zuwendenden entgeht (§ 10b Absatz 4 EStG, § 9 Absatz 3 KStG, § 9 Nr. 5 GewStG). Diese Bestätigung wird nicht als Nachweis für die steuerliche Berücksichtigung der Zuwendung anerkannt, wenn das Datum des Freistellungsbescheides länger als fünf Jahre bzw. das Datum der vorläufigen Bescheinigung länger als drei Jahre seit Ausstellung der Bestätigung zurück liegt (BMF v. 15.12.1994 BStBl I S.884).

18.02.20

Ort, Datum

Dieser Beleg wurde maschinell erstellt
und trägt daher keine Unterschrift

168

Spenden

- Spenden sind freiwillige unentgeltliche Leistungen und in der Regel nicht als Betriebsausgabe abziehbar. Einzelunternehmer und (Personen-)Gesellschafter können sie gleichwohl wie Privatspenden als Sonderausgabe ansetzen.
- Betriebliche Spenden mindern aber zusätzlich den Gewerbeertrag und damit die zu zahlende Gewerbesteuer.
- Davon zu unterscheiden ist das Sponsoring. Aufwendungen eines Sponsors sind Betriebsausgaben, wenn sie zur Erhöhung seines unternehmerischen Ansehens beitragen können.[31]

Achtung:

Sachspenden sind steuerlich unerheblich, da dem Abzug als Sonderausgabe ein umsatzsteuerpflichtiger Erlös durch „Unentgeltliche Wertabgabe" in gleicher Höhe entgegensteht.

Beleg buchen

Die Inhaberin des Kinderladens *Zauberburg* kann ihren Mitglieds- Beispiel
beitrag von 200 EUR beim Roten Kreuz als Spende abziehen.

Privatspende	200,00 EUR	
an Bank		200,00 EUR

Das richtige Konto

BGA (GHK)	IKR	SKR03	SKR04	Kontenbezeichnung (SKR04)
165	3026	1840	2250	Privatspenden
1651	3027	1940	2250	Privatspenden Teilhafter
2073	6869	2381	6391	Spenden für wissenschaftliche/kulturelle Zwecke
2074	6869	2382	6392	Spenden für mildtätige Zwecke
2075	6869	2383	6393	Spenden für kirchliche/religiöse/gemeinnützige Zwecke
2076	6869	2384	6394	Spenden an politische Parteien

---

[31] BFH, Urteil vom 03.02.1993, I R 37/91, BStBl 1993 II S. 441, 445.

Dipl.-Kfm. Heinz Wilhelm

Steuerberater/vereidigter Buchprüfer

Dipl.-Kfm. Heinz Wilhelm, Benzstr. 25, 54347 Klewe

Firma
Horst Starke
Wiesengasse 3
55586 Neustadt

Rechnung   Nr.:   6   Datum: 11.05.20

Das Leistungsdatum entspricht dem Rechnungsdatum, sofern nicht anders angegeben.
Für folgende in Ihrem Auftrag ausgeführte Leistungen erlaube ich mir gemäß Steuerberater-
gebührenverordnung (StBGebV) zu berechnen:

Angelegenheit	Zeit-raum	StBGebV §(Abs.)Nr.	Gegenstandswert	Satz	Tab.	Betra
Erkl. zur gesonderten Feststellung der Einkünfte	20	24(I)Nr.2	7.820,--	2/10	A	82,40 EU
Gewerbesteuererklärung	20	24(1)Nr.5a	8.539,--	1,75/10	A	78,58 EU
Umsatzsteuererklärung	20	24(1)Nr.8	86.749,--	1/10	A	127,70 EU

Summe Nettobeträge	288,68 EUR
Umsatzsteuerbetrag 19 %	54,85 EUR
Rechnungsbetrag	343,53 EUR

Bitte begleichen Sie den Rechnungsbetrag durch Überweisung auf das unten angegebene Konto
Nach § 7 der StBGebV ist die Vergütung zur Zahlung fällig.

Mit freundlichen Grüßen

Wilhelm, StB/vBP

Steuerberatungskosten

- Steuerberatungskosten in Höhe von bis zu 520 EUR pro Jahr wurden in der Vergangenheit ohne Prüfung als Betriebsausgabe anerkannt. Da aber der Abzug der Beratung als Sonderausgabe ab 2006 nicht mehr zulässig ist, wurde die genaue Zuordnung zu den Betriebsausgaben und Werbungskosten erforderlich.

Tipp:

Für Jahresabschlussarbeiten sind in der Bilanz Rückstellungen zu bilden, bis eine Rechnung vorliegt. Aus einer ordnungsgemäßen Rechnung können Sie Vorsteuer abziehen.

Beleg buchen

Für die Kosten der Jahressteuererklärungen sind zum Jahresabschluss 31.12.2008 350 EUR zurückgestellt. Bei Zahlung der vorliegenden Rechnung kann Vorsteuer abgezogen werden. *Beispiel*

Sonstige Rückstellungen	350,00 EUR	
Vorsteuer	54,85 EUR	
an Bank		343,53 EUR
an Erträge aus der Auflösung von Sonstigen Rückstellungen		61,32 EUR

In der Bilanz zum 31.12.2009 werden für Abschlusskosten 400 EUR eingestellt.

Abschluss- und Prüfungskosten 2009	400,00 EUR	
an Sonstige Rückstellungen		400,00 EUR

Das richtige Konto

BGA (GHK)	IKR	SKR03	SKR04	Kontenbezeichnung (SKR04)
484	677	4950	6825	Rechts- und Beratungskosten
4845	6771	4957	6827	Abschluss- und Prüfungskosten
4846	6176	4955	6830	Buchführungskosten
276	5481	2735	4930	Erträge aus der Auflösung von Rückstellungen

SB-Tankcenter Peter Schmitt

Kraftstoffe ☆ Waschstation ☆Service ☆eparaturen ☆eifen

```
Firma
Elektro Zapp
60234   Frankfurt
```

Monatsabrechnung :   Juni   30.06.20

Kartennummer:	2361	Kennzeichen:	F - YZ 888

Datum	Kraftstoff	Abgabe / Liter	€ / Liter	Gesamt €
02.06.	Super bleifrei	56,82	1,075	61,08 €
05.06.	Super bleifrei	51,14	1,075	54,98 €
09.06.	Super bleifrei	50,93	1,075	54,75 €
14.06.	Super bleifrei	57,70	1,089	62,84 €
20.06.	Super bleifrei	55,01	1,089	59,91 €
23.06.	Super bleifrei	54,68	1,089	59,55 €
29.06.	Super bleifrei	55,54	1,089	60,48 €
	Zwischensumme	381,82		413,58 €

Kartennummer:	2374	Kennzeichen:	F - XZ 888

Datum	Kraftstoff	Abgabe / Liter	€ / Liter	Gesamt €
01.06.	Diesel	58,36	1,039	60,64 €
03.06.	Diesel	64,41	1,039	66,92 €
08.06.	Diesel	59,82	1,039	62,15 €
12.06.	Diesel	62,87	1,039	65,32 €
16.06.	Diesel	69,08	1,048	72,40 €
19.06.	Diesel	59,51	1,048	62,37 €
21.06.	Diesel	64,70	1,048	67,81 €
25.06.	Diesel	63,12	1,048	66,15 €
28.06.	Diesel	68,58	1,048	71,87 €
30.06.	Diesel	61,33	1,048	64,27 €
	Zwischensumme	631,78		659,90 €

Summe Abrechnung	netto	1.073,47 €
19 % Mehrwertsteuer		203,96 €
	brutto	1.277,43 €

Bankeinzug:
A-Bank Frankfurt, Bankleitzahl 540 360 00, Konto-Nummer 10 057 890

Tankquittung

- Unter den laufenden Kfz-Kosten sind u. a. Benzin, Diesel oder Öl zu erfassen.
- Insbesondere wegen dem Handel mit Tankquittungen bei Ebay und anderen Online-Marktplätzen wurde zum 01.01.2008 nach § 379 Abs. 1 Satz 1 Nr. 2 AO auch der Verkauf von Belegen unter Strafe gestellt (Geldstrafe bis zu 5.000 EUR).

Achtung:

Wenn in der Buchführung des Steuerpflichtigen Tankquittungen von Tagen erfasst sind, an denen der Pkw gemäß den Angaben im Fahrtenbuch nicht bewegt worden ist, entspricht das Fahrtenbuch wegen Nichtaufzeichnung aller Fahrten nicht den formellen Voraussetzungen.[32]

Beleg buchen

Der SB-Tankcenter Peter Schmitt stellt seine Monatsrechnung Juni 2009 und zieht sie vom Bankkonto ein. Beispiel

Laufende Kfz-Kosten	1.073,47 EUR	
Vorsteuer	203,96 EUR	
an Bank		1.277,43 EUR

Das richtige Konto

BGA (GHK)	IKR	SKR03	SKR04	Kontenbezeichnung (SKR04)
434	6881	4530	6530	Laufende Kfz-Betriebskosten

---

[32] FG Münster, Urteil vom 18.02.2005, Az. 11 K 5218/03 E,U.

Taxi Schmitz

☐ Fahrauftrag

☒ Quittung über EUR _1 8_

(in diesem Betrag sind _7_ % MwSt. enthalten)

für eine ☐ Stadt- ☐ Kranken- ☐ Besorgungsfahrt

Firma Hr. Fr. Frl.

von: *Erlach*

nach. *Balingen*

Betrag dankend erhalten

Taxi - Nr.	Datum	Unterschrift
5	5. 7. 20	*Elbonaj*

174

Taxiquittung

- Bahnfahrkarten gelten auch dann als Rechnungen, wenn sie keine Steuernummer, Rechnungsnummer, Nettoerlöse und den Leistungsempfänger enthalten. Anstelle des Steuersatzes kann die Tarifentfernung angegeben sein (§ 34 UStDV).
- Denn bei einer Fahrtstrecke unter 50 km beträgt der Vorsteuerabzug ermäßigt 7 %, darüber 19 %.
- Im Gegensatz zu dem Taxenverkehr ist der Verkehr mit Mietwagen nicht steuerermäßigt.[33] Der Mietwagenverkehr unterscheidet sich im Wesentlichen vom Taxenverkehr dadurch, dass nur Beförderungsaufträge ausgeführt werden dürfen, die am Betriebssitz oder in der Wohnung des Unternehmers eingegangen sind (§ 49 Abs. 4 PBefG).

Beleg buchen

Die Taxifahrt zu einem Geschäftstermin kostet 18 EUR und wird nach Vorlage dieses Belegs bar erstattet. *Beispiel*

Reisekosten	15,13 EUR	
Vorsteuer	2,87 EUR	
an Kasse		18,00 EUR

Das richtige Konto

BGA (GHK)	IKR	SKR03	SKR04	Kontenbezeichnung (SKR04)
4450	6850	4663	6663	Reisekosten Arbeitnehmer Fahrtkosten
4460	6851	4673	6673	Reisekosten Unternehmer Fahrtkosten

---

[33] BFH vom 30.10.1969, V R 99/69, BStBl II 1970, 78, BVerfG vom 11.2.1992, 1 BvL 29/87, BVerfGE 85, 238 und Abschn. 173 Abs. 9 UStR.

TELCOM
Ihre Rechnung

ostrach

| 01. | 0,55 EUR |

Firma Elektro Zapp
Inh. Erwin Zapp
Daimlerstr. 3

46464 Neustadt

Kundennummer 127
Rechnungsnummer 931
Buchungskonto 472

Haben Sie noch Fragen zu Ihrer Rechnung? Sie erreichen Ihren Kundenservice kostenfrei unter:

Telefon freecall 080
Telefax freecall 0800

Ihre Rechnung für Januar 20

Die Leistungen im Überblick (Summen)		Beträge (Euro)
Monatliche Beträge		34,98
Verbindungen		4,45
Beträge anderer Anbieter		2,46
Sonstige Leistungen des Konzerns		5,98
Summe der oben angeführten Beträge		**47,87**
Umsatzsteuer 19% auf ...	47,87 Euro	9,10

Rechnungsbetrag 56,97

Der Rechnungsbetrag wird nicht vor dem 7. Tag nach Zugang der Rechnung von Ihrem Konto abgebucht.

Ihre Rechnung im Detail und weitere Hinweise finden Sie auf der Rückseite und den folgenden Seiten.

Vielen Dank!

AG. Postfach
Kto.Nr.
IBAN DE SWIFT
8 USt-IdNr.: DE Inkass

Fortsetzung auf der Rückseite 014723

Telefon- und Telefaxkosten

- Von den Finanzbehörden wird grundsätzlich angenommen, dass das Telefon, wenn kein extra privater Anschluss zur Verfügung steht, vom Unternehmer auch zu privaten Telefonaten genutzt wird. Bei Einzelaufzeichnungen der Gespräche können Sie den privaten Anteil an den Gesamtkosten aus Telefonanlage, Grundgebühr und Gesprächsgebühren ermitteln. Alternativ lässt sich der Privatanteil auch mit 240 EUR (zzgl. 19 % USt.) pro Jahr (20 EUR pro Monat) ansetzen.

- Mit dem Ansatz des Privatanteils für Telefonkosten wird der Einzelunternehmer schlechter gestellt als der GmbH-Gesellschafter-Geschäftsführer bzw. der Arbeitnehmer, die ihre privaten Internet-, Mobilfunk- und Telefoneinrichtungen ohne Ansatz eines Sachbezugs steuerfrei nutzen können (§ 3 Nr. 45 EStG).

Beleg buchen

Im Heimbüro fallen für Januar 2009 Telefonkosten von brutto *Beispiel* 56,97 EUR an. Der Unternehmer setzt eine private Nutzung von netto 20 EUR an.

Telefonkosten	47,87 EUR	
Vorsteuer	9,10 EUR	
Privatentnahmen	23,80 EUR	
an Bank		56,97 EUR
an Verwendung von Gegenständen		20,00 EUR
an USt.		3,80 EUR

Das richtige Konto

BGA (GHK)	IKR	SKR03	SKR04	Kontenbezeichnung
4822	6822	4925	6810	Internet- und Faxkosten
4821	6821	4920	6805	Telefon
2782	5424	8921	4645	Verwendung von Gegenständen 19 % USt. (Telefonnutzung)

Guten Tag Quickbookseller,
dies ist Ihre elektronische Umsatzsteuer-Abrechnung fuer 1/2009 ueber Ihre bei Aragon.de
Tradingplace, Auktionen und YShops gezahlten Verkaeufergebuehren.
Ihre elektronische Umsatzsteuer-Abrechnung:
Abrechnungsdatum: 31.01.2009
Abrechnungsnr.: 123456789
Name des Anbieters: Aragon Services Europe S.à.r.l.
Adresse des Anbieters: 62, Boulevard Fatal , L-2449 , Luxembourg
USt.-IDNr. des Anbieters: LU1123456
Name des Verkaeufers: Quickbookseller
Adresse des Verkaeufers: Irgendwo in Deutschland
Telefonnr. des Verkaeufers: 01234-56789
USt.-IDNr. des Verkaeufers: DE123456

Datum	Dienst-leistung	Preis (ohne USt.) in EUR	USt. in %	USt. in EUR	Gesamt in EUR	Begruendung
03.01.09	Verkaeufer-gebuehren	13,47	0 %	0,00	13,47	Angebot fuer elektronisch zur Verfuegung gestellte Dienstleistungen ausserhalb der in Luxemburg geltenden Umsatzsteuer nach Artikel 17.2.e des luxemburgischen Umsatzsteuer-Gesetzes.
17.01.09	Verkaeufer gebuehren	14,22	0 %	0,00	14,22	Angebot fuer elektronisch zur Verfuegung gestellte Dienstleistungen ausserhalb der in Luxemburg geltenden Umsatzsteuer nach Artikel 17.2.e des luxemburgischen Umsatzsteuer-Gesetzes.
31.01.09	Verkaeufer gebuehren	14,22	0 %	0,00	14,22	Angebot fuer elektronisch zur Verfuegung gestellte Dienstleistungen ausserhalb der in Luxemburg geltenden Umsatzsteuer nach Artikel 17.2.e des luxemburgischen Umsatzsteuer-Gesetzes.
Gesamt		41,91		0,00	41,91	

Für die Abführung der Umsatzsteuer aus den aufgefuehrten Lieferungen ist der Kunde verantwortlich
(Bezugnahme auf: Artikel 21 (1) b, Sixth Council Directive 77/388/EEC vom 17.05.1977).
Bitte beachten Sie, dass diese Abrechnung keine Zahlungsaufforderung ist. Eine fortgeschrittene digitale Signatur wurde dieser elektronischen Umsatzsteuer-Abrechnung beigefuegt.

Umsatzsteuer (von ausländischen Unternehmern nach § 13b UStG)

- Nach § 13b Abs. 2 UStG schulden Unternehmer als Leistungsempfänger für bestimmte im Inland ausgeführte steuerpflichtige Umsätze ausländischer Unternehmer die Steuer. Die Steuer wird sowohl von im Inland ansässigen als auch von im Ausland ansässigen Leistungsempfängern geschuldet. Ist der Empfänger einer elektronisch erbrachten Leistung ein Unternehmer, wird die Leistung dort ausgeführt, wo der Empfänger sein Unternehmen betreibt (§ 3a Abs. 3 Satz 1 UStG).

- Der ausländische Unternehmer darf in seiner Rechnung die Steuer nicht gesondert ausweisen, muss jedoch auf die Steuerschuldnerschaft des Leistungsempfängers hinweisen (§ 14a Abs. 4 Satz 2 und Satz 3 UStG). Der abzugsberechtigte Leistungsempfänger kann die von ihm nach § 13b Abs. 2 UStG geschuldete Umsatzsteuer als Vorsteuer abziehen, wenn er die Lieferung oder sonstige Leistung für sein Unternehmen bezieht.

- Auch ohne ordnungsgemäße Rechnung kann der Leistungsempfänger als Steuerschuldner sein Vorsteuerabzugsrecht ausüben.[34]

- Auf der Rückseite der Umsatzsteuervoranmeldung (Zeile 48 in Kennziffer 52 und 53) wird der „fiktive Umsatz" und die Umsatzsteuer ausgewiesen. In der Zeile 58 kann der Unternehmer Vorsteuer in gleicher Höhe abziehen.

Achtung:
Als Voraussetzung für den Vorsteuerabzug gilt: Die Rechnung des Providers entspricht deutschem Recht (§ 14 UStG). Achten Sie darauf, dass sämtliche Rechnungsbestandteile vorliegen. Lediglich anstelle des Umsatzsteuerausweises muss sinngemäß folgender Hinweis erfolgen: „Die Umsatzsteuer ist von Ihnen als Leistungsempfänger anzumelden und abzuführen (§ 13b UStG)."

---

[34] EuGH, Urteil vom 01.04.2004 C-90/02.

Offline- und Online-Umsätze Auch bei Softwarebezug aus dem Ausland über das Internet droht Gefahr. Bei der Lieferung von Software wird zwischen Offline-Umsätzen und Online-Umsätzen unterschieden.

Sofern keine Standard-Software auf einem Datenträger, wie CD-ROM, DVD oder Disketten, physisch verschickt wird (Offline-Umsätze), handelt es sich bei den elektronischen Dienstleistungen allesamt umsatzsteuerlich um sonstige Leistungen nach § 3a Abs. 4 UStG.

> **Beispiel:**
>
> Die deutsche Werbefirma *E-Point* bezieht ihre neuesten Grafikprogramm-Updates direkt nach Erscheinen über Download aus den USA. Die amerikanische Firma weigert sich unter Berufung auf den „Internet Tax Freedom Act", in der Rechnung von umgerechnet 10.000 EUR auf die deutsche Umsatzsteuer und die Steuerschuldnerschaft hinzuweisen.

Beleg buchen

Beispiel Der in Deutschland ansässige Versandbuchhändler *Quickbookseller* hat über die Internetplattform von *Aragon.de* Bücher verkauft. *Aragon.de* überweist den Verkaufserlös zuzüglich einer Versandkostenerstattung, jedoch abzüglich der Vermittlungskosten. Da *Aragon.de* die Vermittlungsleistungen für *Quickbookseller* von Luxemburg aus erbringt, schuldet der in Deutschland ansässige Leistungsempfänger die Umsatzsteuer nach § 13b UStG. Während die Buchverkäufe zum ermäßigten Steuersatz von 7 % besteuert werden, unterliegen die Vermittlungsleistungen 19 % USt. Der Leistungsempfänger kann jedoch ebenfalls 19 % Vorsteuer abziehen.

Leistungen ausländischer Unternehmer 19 %Vorsteuer und Umsatzsteuer	41,91 EUR	
Vorsteuer § 13b 19 % aus Leistungen ausländischer Unternehmer	7,96 EUR	
an Umsatzerlöse zu 7 % USt.		39,17 EUR
an Umsatzsteuer 7 %		2,74 EUR
an USt. § 13b 19 % aus Leistungen ausländischer Unternehmer		7,96 EUR

Das richtige Konto

BGA (GHK)	IKR	SKR03	SKR04	Kontenbezeichnung
3711	6101	3115	5915	Leistungen ausländischer Unternehmer 7 % Vorsteuer und 7 % USt.
3715	6105	3125	5925	Leistungen ausländischer Unternehmer 19 % Vorsteuer und 19 % USt.
146	2608	1579	1409	Abziehbare Vorsteuer § 13b 19 %
1811	4822	1758	3833	USt. § 13b 19 % aus Leistungen ausländischer Unternehmer

181

Zeile		
1		**20**

Steuernummer

11 C...

---

30 Eingangsstempel oder -datum

Finanzamt

C...

Postfach ◄...

Antrag auf Dauerfristverlängerung

Anmeldung
der Sondervorauszahlung
(§§ 46 bis 48 UStDV)

Unternehmer - ggf. abweichende Firmenbezeichnung -
Anschrift - Telefon - E-Mail-Adresse

Firma Elektro Zapp
Inh. Erwin Zapp
Daimlerstr. 3

46464 Neustadt

Zur Beachtung
für Unternehmer, die ihre Voranmeldungen **vierteljährlich** abzugeben haben:
Der Antrag auf Dauerfristverlängerung ist nicht zu stellen, wenn Dauerfristverlängerung bereits gewährt worden ist. Er ist nicht jährlich zu wiederholen. Eine Sondervorauszahlung ist nicht zu berechnen und anzumelden.

I. Antrag auf Dauerfristverlängerung
(Dieser Abschnitt ist gegenstandslos, wenn Dauerfristverlängerung bereits gewährt worden ist.)

Ich beantrage, die Fristen für die Abgabe der Umsatzsteuer-Voranmeldungen und für die Entrichtung der Umsatzsteuer-Vorauszahlungen um einen Monat zu verlängern.

II. Berechnung und Anmeldung der Sondervorauszahlung auf die Steuer für das Kalenderjahr 20
von Unternehmern, die ihre Voranmeldungen monatlich abzugeben haben

Berichtigte Anmeldung (falls ja, bitte eine "1" eintragen) **10** ☐

	volle EUR	XX
1. Summe der verbleibenden Umsatzsteuer-Vorauszahlungen **zuzüglich** der angerechneten Sondervorauszahlung für das Kalenderjahr 20 i	6.482	■
2. Davon 1 / 11 = **Sondervorauszahlung 20** **38**	589	■

Verrechnung des Erstattungsbetrages erwünscht / Erstattungsbetrag ist abgetreten
(falls ja, bitte eine "1" eintragen) .... **29** ☐
Geben Sie bitte die Verrechnungswünsche auf einem besonderen Blatt an oder auf dem beim Finanzamt erhältlichen Vordruck "Verrechnungsantrag"

Die **Einzugsermächtigung** wird ausnahmsweise (z. B. wegen Verrechnungswünschen) für die Sondervorauszahlung dieses Jahres **widerrufen** (falls ja, bitte eine "1" eintragen) .... **26** ☐
Ein ggf. verbleibender Restbetrag ist gesondert zu entrichten.

Hinweis nach den Vorschriften der Datenschutzgesetze:
Die mit der Steueranmeldung angeforderten Daten werden auf Grund der §§ 149 ff. der Abgabenordnung und des § 18 des Umsatzsteuergesetzes erhoben.
Die Angabe der Telefonnummern und der E-Mail-Adressen ist freiwillig.

Bei der Anfertigung dieser Steueranmeldung hat mitgewirkt:
(Name, Anschrift, Telefon, E-Mail-Adresse)

- nur vom Finanzamt auszufüllen -

11 ☐ **19** ☐

☐ ☐

Bearbeitungshinweis
1. Die aufgeführten Daten sind mit Hilfe des geprüften und genehmigten Programms sowie ggf. unter Berücksichtigung der gespeicherten Daten maschinell zu verarbeiten.
2. Die weitere Bearbeitung richtet sich nach den Ergebnissen der maschinellen Verarbeitung.

_____
Datum, Namenszeichen

Kontrollzahl und/oder Datenerfassungsvermerk

Erwin Zapp
Datum, Unterschrift

USt 1 H - Antrag auf Dauerfristverlängerung/Anmeldung der Sondervorauszahlung 20 -

182

Umsatzsteuersonderzahlungen

- Für eine Dauerfristverlängerung zur Abgabe von Voranmeldungen um jeweils einen Monat ist eine Umsatzsteuersonderzahlung (1/11 der Vorjahresumsatzsteuerschuld) zu leisten. Diese Zahlung stellt eine unverzinsliche Steuerkaution dar, weil das Finanzamt auf die sofort nach Monatsablauf fällige Umsatzsteuer warten muss.
- Wer Voranmeldungen im Quartal abgeben muss, braucht für die Dauerfristverlängerung keine Sonderzahlung zu leisten.

Achtung:
Die Sonderzahlung ist spätestens mit Abgabe der Voranmeldung Dezember des Vorjahres fällig, also zum 10. Januar bzw. bei schon bestehender Dauerfristverlängerung zum 10. Februar.

- In der Einnahmenüberschussrechnung wirken sich Vorauszahlungen als Ausgaben und Erstattungen als Einnahmen aus.
- In der Gewinnermittlung durch Betriebsvermögensvergleich stellen in der Bilanz Vorauszahlungen Forderungen und Erstattungen Verbindlichkeiten gegenüber dem Finanzamt dar.

Beleg buchen

Die gesamten Umsatzsteuervoranmeldungen 2008 betrugen 6.482 EUR. Davon sind für die Dauerfristverlängerung 1/11, also 589 EUR als Sondervorauszahlung 2009 fällig. *Beispiel*

Umsatzsteuersonderzahlung	589,00 EUR	
an Bank		589,00 EUR

Das richtige Konto

BGA (GHK)	IKR	SKR03	SKR04	Kontenbezeichnung (SKR04)
182	4821	1781	3830	Umsatzsteuervorauszahlung 1/11

Übertragungsprotokoll

G8991HPCTZVSXTX6QZASHYL1J89VBPY5

Empfangsdatum: 20.04.20 /12:43:30 Uhr

Übermittelt von:
Firma Elektro Zapp
Inh. Erwin Zapp
Daimlerstr. 3
46464 Neustadt

Umsatzsteuer-Voranmeldung

Voranmeldungszeitraum

März 20

	Kz	Bemessungs-grundlage	Kz	Steuer

Anmeldung der Umsatzsteuer-Vorauszahlung

Lieferungen und sonstige Leistungen (einschl. unentgeltlicher Wertabgaben)

Steuerpflichtige Umsätze

zum Steuersatz von 19 % | 51 | 12.064 |

zum Steuersatz von 7 % | 86 | 2.785 |

Abziehbare Vorsteuerbeträge

Vorsteuerbeträge aus Rechnungen von anderen Unternehmern (§ 15 Abs. 1 Satz 1 Nr. 1 UStG), aus Leistungen im Sinne des § 13a Abs. 1 Nr. 6 UStG (§ 15 Abs. 1 Satz 1 Nr. 5 UStG) und aus innergemeinschaftlichen Dreiecksgeschäften (§ 25b Abs. 5 UStG) | 66 | |

Vorsteuerbeträge, die nach allgemeinen Durchschnittssätzen berechnet sind (§§ 23 und 23a UStG) | 63 | 75,41 |

Verbleibende Umsatzsteuer-Vorauszahlung bzw. verbleibender Überschuss | 83 | 1.969,91 |

Hinweis zu Säumniszuschlägen

Wird die angemeldete Steuer durch Hingabe eines Schecks beglichen, fallen Säumniszuschläge an, wenn dieser nicht am Fälligkeitstag bei der Finanzkasse vorliegt (§ 240 Abs. 3 Abgabenordnung). Um Säumniszuschläge zu vermeiden wird empfohlen, am Lastschriftverfahren teilzunehmen.
Die Teilnahme am Lastschriftverfahren ist jederzeit widerruflich und völlig risikolos. Sollte einmal ein Betrag zu Unrecht abgebucht werden, können Sie diese Abbuchung bei Ihrer Bank innerhalb von 6 Wochen stornieren lassen. Zur Teilnahme am Lastschriftverfahren setzen Sie sich bitte mit Ihrem Finanzamt in Verbindung.

Dieser Protokollausdruck ist nicht zur Übersendung an das Finanzamt bestimmt. Die Angaben sind auf ihre Richtigkeit hin zu prüfen. Sofern eine Unrichtigkeit festgestellt wird, ist eine berichtigte Steueranmeldung abzugeben.

Seite 1 von   1

Umsatzsteuervoranmeldungen

- Unterjährige Umsatzsteuervoranmeldungen führen zu Umsatz-steuer-Vorauszahlungen oder -erstattungen.
- Auch Erstattungen sind ebenfalls auf dem Konto „Umsatzsteuer-Vorauszahlungen" im Haben zu erfassen.

Achtung:
Die Voranmeldungen und Zahlungen sind spätestens 10 Tage nach Ablauf eines Monats bzw. Quartals fällig. Bei Dauerfristverlängerung verlängert sich die Abgabefrist um einen ganzen Monat, also zum 10. des Folgemonats.

- In der Einnahmenüberschussrechnung wirken sich Vorauszahlungen als Ausgaben und Erstattungen als Einnahmen
- in der Gewinnermittlung durch Betriebsvermögensvergleich stellen in der Bilanz Vorauszahlungen Forderungen und Erstattungen Verbindlichkeiten gegenüber dem Finanzamt dar.

Tipp:
Um sämtliche Voranmeldungen abzustimmen (Vorauszahlungssoll), wird die zum Jahresende noch nicht vorausgezahlte Umsatzsteuer aus Dezember und ggf. November als „Umsatzsteuer laufendes Jahr" eingebucht.

Beleg buchen

Das Vorauszahlungssoll für März 2009 beträgt 1.969,91 EUR.   Beispiel

Umsatzsteuer-Vorauszahlung	1.969,91 EUR	
an Bank		1.969,91 EUR

Das richtige Konto

BGA (GHK)	IKR	SKR03	SKR04	Kontenbezeichnung (SKR04)
182	482	1780	3820	Umsatzsteuer-Vorauszahlungen
182	4821	1781	3830	Umsatzsteuer-Vorauszahlung 1/11
1821	4824	1789	3840	Umsatzsteuer laufendes Jahr

Steuernummer: 4
(Bitte bei Rückfragen angeben)

Telefon (06
Telefax (06

Finanzamt

Firma Elektro Zapp
Inh. Erwin Zapp
Daimlerstr. 3

46464 Neustadt

Bescheid

über die Festsetzung der

Umsatzsteuer-Vorauszahlung

für den Monat Dezember 20

Festsetzung
Die am 7. 2.20 eingegangene Steueranmeldung steht einer Steuerfestsetzung unter dem Vorbehalt der Nachprüfung gleich. Die Steuerfestsetzung ist nach § 164 Abs. 2 AO geändert. Der Vorbehalt der Nachprüfung bleibt bestehen.

	Umsatzsteuer €
Festgesetzt werden	2.884,38
Anrechnung (Abzug) der festgesetzten Sondervorauszahlung	1.192,00
Verbleiben	1.692,38
Abrechnung (Stichtag: 13.02.)	
Abzurechnen sind	1.692,38
Bereits getilgt	0,00
Unterschiedsbetrag	1.692,38
Ausgleich durch Verrechnung	0,00
Noch zu zahlen	1.692,38
B i t t e z a h l e n S i e sofort (soweit noch nicht getilgt)	
die am 10.02. in Höhe von fällig gewesenen Beträge	1.579,56*
spätestens am 09.03.	112,82*

Die mit * gekennzeichneten Forderungen werden vom Konto Nr   bei
(BL.   ) abgebucht.

****** Fortsetzung siehe Seite 2 ******

Konten der Finanzkasse
    Institut   :   Sparkasse

    Kontonummer :
    Bankleitzahl :

*   ABS-Nr.: 0000.0000 *RT*1302 *

0000137

EDV-Form BW4061   04.95
AnmSt-Bescheid [Original]

Umsatzsteuerzahlungen

- Umsatzsteuer-Vorauszahlungen, -Nachzahlungen und -Erstattungen aus Vorjahren werden gesondert von den Zahlungen für das laufende Jahr gebucht.
- In der Dezembervoranmeldung wird von der Umsatzsteuerschuld die Sondervorauszahlung vom Jahresbeginn abgezogen.
- Umsatzsteuernachzahlungen aus der Umsatzsteuer(jahres)erklärung sind unaufgefordert innerhalb eines Monats nach Abgabe der Erklärung fällig.
- In der Einnahmenüberschussrechnung wirken sich Nachzahlungen als Ausgaben und Erstattungen als Einnahmen aus.
- In der Gewinnermittlung durch Betriebsvermögensvergleich stellen Nachzahlungen Forderungen und Erstattungen Verbindlichkeiten gegenüber dem Finanzamt dar.

Beleg buchen

Die Umsatzsteuerschuld für den Monat Dezember 2008 betrug 2.884,38 EUR, von denen eine Sondervorauszahlung 2008 in vermeintlicher Höhe von 1.304,86 EUR abgezogen wurde. Nach diesem Bescheid betrug die tatsächlich geleistete Sondervorauszahlung 2008 lediglich 1.192,00 EUR. Neben der erklärten Vorauszahlung 1.579,56 EUR sind weitere 112,82 EUR zu zahlen. *Beispiel*

Umsatzsteuer Vorjahr	1.692,38 EUR	
an Bank		1.692,38 EUR

Das richtige Konto

BGA (GHK)	IKR	SKR03	SKR04	Kontenbezeichnung (SKR04)
1822	4825	1790	3841	Umsatzsteuer Vorjahr
1822	4826	1791	3845	Umsatzsteuer frühere Jahre

Rechnungsdatum
02.März 20
Kundennr.:
Rechnungsnr.:
Seite: 1 von 2
Kunden USt-ID-Nr.:
USt-ID-Nr.:
Steuernummer

Rechnung

Service Deutschland In
0000007

Firma
Horst Starke
Wiesengasse 3
55586 Neustadt

*Diese Seite enthält eine Übersicht
über Ihre Versandaktivitäten bis
einschließlich 28.Februar 20*

Bei Fragen zu dieser Rechnung wenden Sie sich an
0800   *Montag bis Freitag von 8:00 - 18:00*
hr
Service

Vielen Dank für Ihr Vertrauen.

Erhalten Sie einfache Kontrolle über die
Versandausgaben   Rechnungsdaten,
ein System mit elektronischen Rechnungsdaten, hilft Ihnen, Kosten zuzuordnen
und zu sparen. Mehr unter www   om.

*Diese Rechnung ist sofort und ohne Abzug zahlbar.
Bei verspäteten Zahlungen kann   b dem 7. Tag
nach Rechnungseingang Verzugszinsen in Höhe von
6,5% p.a. und eine Säumnisgebühr in Höhe von bis
zu 15 EUR. erheben. Es gelten die aktuellen
Beförderungsbedingungen Stand 01.   .*

Übersicht

Frachtbriefe - Innerdeutsch	13,36
Servicepauschale	3,20
MwSt.-pflichtig	16,56
19 % MwSt.	3,15
Fälliger Gesamtbetrag EUR	**19,71**

---

rvice

IHRE ZAHLUNG ERFOLGT DURCH BANKEINZUG

BLZ: Kontonummer

Rechnungsnummer   Fälliger Gesamtbetrag
28   EUR   19,71

Versandkosten

- Versandkosten können sowohl beim Warenbezug als auch beim Warenverkauf anfallen. Sie werden entweder jeweils als Nebenleistung zusammen mit der Eingangsrechnung gebucht oder als gesonderte Rechnung des Paketdienstes auf separaten Versandkonten. Liegen Verwaltungskosten vor, können Sie das Konto „Porto" verwenden.
- Im Gegensatz zu den Versanddiensten der Deutschen Post sind die Leistungen der privaten Paketdienste umsatzsteuerpflichtig.

Beleg buchen

Die wöchentliche Abrechnung des Paketdienstes enthält zwei Beispiel Versendungen an Kunden.

Ausgangsfrachten	16,56 EUR	
Vorsteuer	3,15 EUR	
an Bank		19,71 EUR

Das richtige Konto

BGA (GHK)	IKR	SKR03	SKR04	Kontenbezeichnung (SKR04)
302	614	3800	5800	Anschaffungsnebenkosten
462	6145	4730	6730	Ausgangsfrachten
4820	6821	4910	6800	Porto

Telefon + 49(0)
Telefax + 49(0)
e-mail: E

Betreuung dieses Vertrages erfolgt durch:

Vertretung:

...sicherung AG -   -D-

Gerd Schneider
K34
68563 Mannheim

S
4

Tel.: C
Fax: 0.

Beitragsrechung zur
Multiline-Versicherung

Versicherungsschein-Nr.

22S

Datum   16.12.2C

Sehr geehrte Damen und Herren,

der Beitrag zu o.g. Versicherung für den Zeitraum 01.01.20 bis 01.01.2C ist fällig.

Versicherungsumfang IVD-Versicherungskonzept	Nettobeitrag in Euro	Vers.-Steuer in Euro	Bruttobeitrag in Euro
Gesamtbetrag	375,38	71,32	446,7

Dieser Betrag wird per 01.01.20   von Ihrem Konto abgebucht :   **Euro   446,70**
Kto: 000   BLZ: 50

Bitte beachten Sie auch die weiteren wichtigen Hinweise auf der Rückseite.

Mit freundlichen Grüßen

Allgemeine Versicherung AG

Allgemeine Versicherung AG
Aufsichtsratsvorsitzender:
Vorstand:

Rechtsform: Aktiengesellschaft, Sitz: ...egistergerich   Steuernummer
Bankverbindung: Dresdner Bank, Bankle: Kon

Versicherungsbeiträge

- Als Betriebsausgaben sind nur Beiträge zu solchen Versicherungen abziehbar, die den betrieblichen Bereich betreffen (betriebliche Haftpflichtversicherung, betriebliche Gebäudeversicherung usw.).
- Für Kfz-Versicherungen und Gebäudeversicherungen sind jeweils eigene Konten unter den Fahrzeugkosten bzw. Gebäudekosten vorgesehen.
- Versicherungsentschädigungen für Unfallschäden sind auf einem gesonderten Konto zu erfassen.
- Eine Erstattung von Versicherungsbeiträgen sollte nicht als zusätzlicher Ertrag, sondern als Teilstorno der ursprünglichen Aufwandszahlung verstanden werden.
- Die Versicherungssteuer ist keine Vorsteuer und darf nicht auf dem Vorsteuerkonto gebucht werden.

Achtung:
Beachten Sie, dass Sie Versicherungszahlungen, die auch für das Folgejahr gezahlt werden, zum Jahresende aktiv abgrenzen müssen.

Beleg buchen

Die Betriebshaftpflichtversicherung in Höhe von 446,70 EUR ist regelmäßig zum 01.01. eines Jahres fällig und muss deshalb nicht abgegrenzt werden.   Beispiel

Versicherungen	446,70 EUR	
an Bank		446,70 EUR

Das richtige Konto

BGA (GHK)	IKR	SKR03	SKR04	Kontenbezeichnung (SKR04)
426	690	4360	6400	Versicherungen
4261	6869	4366	6405	Gebäudeversicherungen
4261	691	4520	6520	Kfz-Versicherungen
267	5431	2742	4970	Versicherungsentschädigungen
91	29	980	1900	Aktive Rechnungsabgrenzung

UBIGROS

```
0002      GMBH              R E C H N U N G    00        0        SEITE  1
0003                                          LIEFER- UND RECHNUNGSDATUM  27.05.20
0004                        TELEFON 018      TELEFAX                      8:41
0005 USt-IdNr.: DE
0006 Steuernr. Finanzamt:                     Kiosk Endstation
0007                                           Bahnhofsplatz 1
0008 KUNDE: 0              L.R.:               34567 Neustadt
0009
0010   M
0011
0012 --------------------------------------------------------------------------------
0013                       ZAHLBETRAG FUER LIEFERSCHEIN                    157,93
0014 --------------------------------------------------------------------------------
```

	EAN	ART.-NR.	ARTIKEL BEZEICHNUNG	EINZEL-PR.	INH.KOL	KOLLI-PR.	MENGE	W	GESAMTPREIS	MR
0015										
0016										
0017	0058 1 023 822 9		LEERGUT-BON			6,00	1		6,00-	A
0018	8713800252556	006928.6	FRUCHTGUMMI- SMILE 100ST	3,550	1	3,55	2		7,10	B
0019	4017100740800	008783.3	ERDNUSS-LOCKEN CLASSIC 250G	1,350	1	1,35	4		5,40	B
0020	5410601508259	055995.5	RED BAND STCK.ART.10 FRUCHT Z	3,550	1	3,55	3		10,65	B
002?	001686390542	112895.8	PHANTASIA 1KG	3,490	1	3,49	1		3,49	B
002	037000440192	136141.9	PRINGLES TEXAS BARBECUE 200G	1,190	1	1,19	4	W	4,76	B
0023	5410076002894	140829.3	PRINGLES HOT&SPICY 200G	1,190	1	1,19	4	W	4,76	B
0024	4001686309025	148345.2	HARIBO FRUCHT 150 ST HAPPY CH	4,350	1	4,35	1		4,35	B
0025	4001686315613	148349.4	HARIBO FRUCHT 150 ST HAPPY-CO	4,350	1	4,35	1		4,35	B
0026	4001686333044	148358.5	HARIBO FRUCHT 150 ST SCHLUEMP	4,350	1	4,35	1		4,35	B
0027	4001686334027	148359.3	HARIBO FRUCHT 150 ST RIESEN-E	4,350	1	4,35	1		4,35	B
0028	4001686378519	148531.7	HARIBO FRUCHT 150 ST COLA-SCH	4,350	1	4,35	1		4,35	B
0029	4001686576021	148956.6	MAOAM KRACHER 300 ST COLA	4,190	1	4,19	1		4,19	B
0030	4037400502144	149508.4	BRAUNE RATTEN- SCHWAENZE 200S	6,450	1	6,45	1		6,45	B
0031	4009900365673	158289.9	**WRIGLEY'S EXTRA WHITE 7 MIN	0,370	36	13,32	1		13,32	B
0032	4001686395028	192479.4	HARIBO FRUCHT 150 ST KIRSCH-C	4,350	1	4,35	1		4,35	B
0033	4001686329214	235198.9	HARIBO FRUCHT 150 ST FISCH BE	4,350	1	4,35	1		4,35	B
0034	4018077670015	317715.1	CRUNCHIPS 200G PAPRIKA	1,450	1	1,45	4		5,80	B
0035	4018077685910	317716.9	CRUNCHIPS 200G CHEESE&ON	1,450	1	1,45	4		5,80	B
0036	4018077685019	317717.7	CRUNCHIPS 200G RED CHILI	1,450	1	1,45	4		5,80	B
0037	4018077695216	317718.5	CRUNCHIPS 200G LIMITED E	1,450	1	1,45	4		5,80	B
0038	4018077688515	318565.9	CRUNCH.CRUST THAI S.CHILI 175	1,450	1	1,45	4		5,80	B
0039		057007.7	0,25 DPG DS RED BULL 24ER	1,050	24	25,20	1		25,20	A
0040+		031210.8	DPG-PFAND 24X0,25 EUR	6,000	1	6,00	1		6,00	A

```
00/  --------------------------------------------------------------------------------
00..                                                           NETTO      144,77
0043
0044                                        A 19,00 % MWST    25,20         4,79
0045                                        B 07,00 % MWST   119,57         8,37
0046
0047 KOLLI GES.: 49    KOLLI GEW.: 0                          SUMME EUR    157,93
0048                                                          BAR EUR      160,00
0049                                                          RUECKGELD EUR  2,07-
0050 - - - - - - - - - - - - - - - - - - - - - - - - - - - - - - - - - - - - - - - -
0051
0052
0053  |00041    135,25 |00000      0,00 |00000      0,00 |00048  119,57 |00000     0,00 |
0054  |NETTOWERT O WERB.|NONFOOD        |KONSERVEN      |NAEHRMITTEL    |SUESSWAREN KAFFEE|FEINKOST MILCH  |
0055
0056  |00001     25,20 |00000      0,00 |00000      0,00 |00000      0,00 |00000     0,00 |
0057  |SPIRITUOSEN WEIN |WASCHMITTEL    |FLEISCH WURST  |OBST GEMUESE   |TABAK          |
0058
0059 W = WERBEARTIKEL
0060
```

Wareneinkauf

- Die Wareneinkäufe müssen Sie nach Steuersätzen getrennt erfassen.
- Der unterjährige Wareneinkauf wird als Wareneinsatz behandelt. Hierbei unterstellen die Buchhalter für die Monatserfolgsrechnung, dass die gleiche Menge zugekauft wie abverkauft wird.
- Sie können geringe Pfandkosten als Warenbeschaffungskosten bzw. als Kostenersatz behandeln. Nur erhebliche Beschaffungskosten erfassen Sie auf separatem Konto.
- Im Lebensmitteleinzelhandel ebenso wie in Bäckereien, Gaststätten usw. werden die Privatentnahmen auf der Grundlage der amtlichen Richtsätze und der Anzahl der Personen im Haushalt ermittelt.

Beleg buchen

Im Großmarkt *Ubigros* kauft der Kioskinhaber Waren zu 7 % und 19 % ein und zahlt bar. Lebensmittel für den persönlichen Bedarf entnimmt er sofort.   Beispiel

Wareneinkauf 7 %	119,57 EUR	
Wareneinkauf 19 %	25,20 EUR	
Vorsteuer	13,16 EUR	
Privatentnahme	21,40 EUR	
an Kasse		157,93 EUR
an Unentgeltliche Zuwendung von Waren 7 % USt.		20,00 EUR
USt. 7 %		1,40 EUR

Das richtige Konto

BGA (GHK)	IKR	SKR03	SKR04	Kontenbezeichnung (SKR04)
301	608	3200	5200	Wareneingang
3011	6081	3300	5300	Wareneingang 7 % VSt.
3012	6085	3400	5400	Wareneingang 19 % VSt.
2782	5428	8940	4680	Unentgeltliche Zuwendung Waren 19 % USt.
2781	5427	8945	4670	Unentgeltliche Zuwendung Waren 7 % USt.

Telefonbuch24Direct

stfach

Erwin Scholz
Generalvertretung
Mittelstr. 10

56728 Brohl

<table>
<tr><td></td><td>)an</td><td>Sparkasse</td></tr>
<tr><td>Konto</td><td></td><td>Konto</td></tr>
<tr><td>BL</td><td></td><td>BLZ</td></tr>
<tr><td></td><td>anl</td><td></td></tr>
<tr><td></td><td>Konto</td><td></td></tr>
<tr><td></td><td>BL7</td><td></td></tr>
</table>

Rechnung

Kunden Nr.
Rechnung Nr.
vom

Bei Zahlung bitte unbedingt angeben!

Gemäß Ihrer Bestellung vom 15.08.20 berechnen wir Ihren Werbeeintrag.
Telefonbuch **Ausgabe 20 /20**

Artikel	Region	Menge Stück/mm	Stückpreis EUR	Summe EUR
010 Zeilen-Print/Online-Paket		4		
020 Zeilen-Print/Online-Paket		4		
030 Zeilen-Print/Online-Paket		4		

Nettobetrag EUR		733,04
MwSt 19% EUR		139,28
Bruttobetrag EUR		**872,32**

Zahlbar zum 24.04.20 ohne Abzug.
Erscheinungs-/Liefertermin: April 20
Gemeinsame Herausgeber und Verleger
Beauftragte
Telefon   Telefax   www   )e
Vorstand   Aufsichtsratsvorsitzende
Sitz   Amtsgericht   HR   Erfüllungsort und Gerichtsstand ist, soweit rechtlich zulässig,   USt-IdNr.: DE
Es können sich Entgeltminderungen aufgrund von Rabattvereinbarungen ergeben.

überw.
19.04.
Ie

Überweisung/Zahlschein

Name und Sitz des überweisenden Kreditinstituts   Bankleitzahl

Den Vordruck bitte nicht
beschädigen, knicken,
bestempeln oder beschmutzen.

Begünstigter: Name, Vorname/Firma (max. 27 Stellen)
Postfach

Konto-Nr. des Begünstigten   Bankleitzahl

Kreditinstitut des Begünstigten

EUR   872|32   Betrag: Euro, Cent

Kunden-Referenznummer - Verwendungszweck, ggf. Name und Anschrift des Überweisenden - (nur für Begünstigten)

noch Verwendungszweck (insgesamt max. 2 Zeilen à 27 Stellen)

Kontoinhaber/Einzahler: Name, Vorname/Firma, Ort (max. 27 Stellen, keine Straßen- oder Postfachangaben)

Konto-Nr. des Kontoinhabers

18

Werbekosten

Werbekosten bezeichnet Aufwendungen, um Produkte und Dienst- Definition
leistungen einer Öffentlichkeit bekannt zu machen. Sie dienen somit
der allgemeinen Vermarktung und nicht der Pflege einer speziellen
Geschäftsbeziehung.

- Einzelnen Produkten oder Aufträgen direkt zurechenbare Vertriebskosten sind stattdessen auf dem Konto „Kosten der Warenabgabe" zu erfassen.
- Ausgaben für die Werbung, z. B. Plakatwerbung oder Anzeigenwerbung in Tageszeitungen, Fachzeitschriften u. Ä., Rundfunk- und Fernsehwerbung gehören zum sofort abzugsfähigen Aufwand und mindern im Jahr der Ausgabe in voller Höhe den Gewinn. Auch Kosten für einen Messeauftritt gehören zu den Werbekosten (z. B. Standmiete, Reisekosten für Standpersonal).
- Wegen der besonderen Aufzeichnungspflicht für Geschenke und Bewirtungen sollten Sie hier Fehlbuchungen unbedingt vermeiden. Geschenke und Bewirtungen dürfen nicht auf anderen als auf den vorgesehenen Konten verbucht werden. Sie haben also unter „Werbekosten" nichts verloren.

Achtung:
Für Werbemaßnahmen können Sie keinen aktiven Rechnungsabgrenzungsposten bilden. Hier zählt auch nicht die Begründung, dass sich der Erfolg ebenfalls erst im kommenden Jahr einstellen wird.

Beleg buchen   Beispiel

Werbekosten	733,04 EUR	
Vosteuer	139,28 EUR	
an Bank		872,32 EUR

Das richtige Konto

BGA (GHK)	IKR	SKR03	SKR04	Kontenbezeichnung (SKR04)
441	687	4610	6600	Werbekosten
46	6145	4700	6700	Kosten der Warenabgabe

WERBEPROFIS

Rechnung

Lieferanschrift (falls von Rechng.-Anschrift abweichend)

Firma Elektro Zapp
Inh. Erwin Zapp
Daimlerstr. 3

46464 Neustadt

Zapp

HERR Zapp	96 45	Bei Bezahlung und Rückfragen bitte unbedingt angeben			
▲ Name des Bestellers ▲		Rechnungs-Datum	Rechnungs-Nummer	Lieferungs-Datum	Kunden-Nummer
		6. 11.	929	6. 11.	230·

Bestell-Nummer	Stück	Artikel-Bezeichnung	Einzelpreis	Gesamtpreis
399998	100	Schlüsselanh. "Tool-Box"	2,49	249,00
399998	100	Werbedruck	0,40	40,00
399998	1	Grundkosten	34,00	34,00

Versand- und Verpackungskosten
für gesamt   2,000 KG   11,00

Vielen Dank für Ihren Auftrag

Bitte benutzen Sie die vorbereiteten Bankbelege:
Bank   , Kto.-Nr.   BLZ

	Nettobetrag	MwSt.	Rechnungsbetrag
ohne Abzüge zahlbar bis 6. 12.	334,00	63,46	397,46

Die Ware bleibt bis zur vollständigen Zahlung des Kaufpreises unser Eigentum. Ergänzend gelten unsere Verkaufs-, Liefer- und Zahlungsbedingungen aus dem jeweiligen Katalog in seiner neuesten Fassung.

· Telefon: (0 · Telefax: 0 · USt-IdNr.: DE

196

Werbematerial

- Zugaben – Gegenstände von geringem Wert – werden zu Hunderten oder Tausenden bei der Warenabgabe kostenlos beigegeben. Sie sind deshalb Kosten der Warenabgabe.
- Im Gegensatz dazu sind Streuartikel Geschenke von geringem Wert, bei denen kein unmittelbarer Zusammenhang mit dem Verkauf von Waren besteht.

Beleg buchen

Die Schlüsselanhänger sind als Zugaben bei jeder Weihnachtsbestellung vorgesehen. Beispiel

Streuartikel und Zugaben	334,00 EUR	
Vorsteuer	63,46 EUR	
an Bank		397,46 EUR

Das richtige Konto

BGA (GHK)	IKR	SKR03	SKR04	Kontenbezeichnung (SKR04)
2081	6873	4632	6612	Zugaben
441	687	4610	6600	Werbekosten
46	6145	4700	6700	Kosten der Warenabgabe

Postfach

Horst Starke
Wiesengasse 3
55586 Neustadt

SEITE   1

Konto-Nummer : 07
                07
Ertragsart   : KONTOKORRENT-KONTO

Konto-Inhaber:

VERMERK DER BANK: 1000
                   00

Jahressteuerbescheinigung für 20   in EUR   NUERNBERG, 30.12.20

ZAHLUNGSTAG	ZEITRAUM	HÖHE DER KAPITALERTRÄGE	ANRECHENBARER ZINSABSCHLAG	ANRECHENBARER SOLIDARITÄTSZUSCHLAG
31.12.20	01.01.20 -31.12.20	863,27 EUR	258,98 EUR	14,24 EUR

*Finanzamt, an das der Zinsabschlag und der Solidaritätszuschlag abgeführt worden sind:
      RAL, Steuernummer 2
Wir versichern, dass für oben genannte Erträge keine Einzelsteuerbescheinigungen ausgestellt wurden.
Für Ihre Steuererklärung bitten wir vorstehende Steuerbescheinigung sorgfältig aufzubewahren.

ZWEIGNIEDERLASSUNG DEUTSCHLAND

Diese Bescheinigung ist maschinell erstellt und wird nicht unterschrieben
*** Kapitalerträge sind einkommensteuerpflichtig ***

Zweigniederlassung Deutschland   - Ust-IdNr.
DE.   Fon   info@   de · www   de

Zinserträge

Zu den Zinserträgen gehören ebenfalls die Zinsabschläge und der anrechenbare Solidaritätszuschlag.

Beleg buchen

Während des Jahres wurden lediglich die Nettozinserträge erfasst. _{Beispiel} Auf dem Bankkonto sind 590,05 EUR gutgeschrieben worden.

Bank	590,05 EUR	
an Zinserträge		590,05 EUR

Laut Jahressteuerbescheinigung zu den Zinserträgen wurden 258,98 EUR Zinsabschlag und 14,24 EUR anrechenbarer Solidaritätszuschlag einbehalten.

Zinsabschläge	258,98 EUR	
anrechenbarer Solidaritätszuschlag	14,24 EUR	
an Zinserträge		273,22 EUR

Das richtige Konto

Die nachfolgenden vier Konten sind ausschließlich Kapitalgesellschaften vorbehalten, da der Einkommensteuerbereich (inkl. Solidaritätszuschlag, Zinsabschlag u. Ä.) bei den Privatkonten des Unternehmers bzw. Personengesellschafters erfasst wird.

BGA (GHK)	IKR	SKR03	SKR04	Kontenbezeichnung (SKR04)
2216	776	2215	7635	Zinsabschlagsteuer
2217	775	2210	7607	Solidaritätszuschlag für Vorjahre Erstattungen
2215	774	2208	7608	Solidaritätszuschlag
2217	775	2209	7609	Solidaritätszuschlag für Vorjahre Nachzahlungen
163	3022	1810	2150	Privatsteuern

GEBÜHRENRECHNUNG _____ Saisonkennzeichen/Gültigkeit _____

Der Landrat
– Straßenverkehrswesen –

Zahlungspflichtiger: Bemerkungen:

geboren am: geboren in: Geborene:

TÜV   ## AU

Zulassungsantrag einschließlich Steuererklärung nach § 3 KraftStDV.
Datenschutzrechtliche Belehrung / Zulassungsbescheinigung Teil I /
Zulassungsbescheinigung Teil II erhalten.

Sachbearbeiter   Unterschrift

Transaktion:

Gebührenschlüssel:

Q u i t t u n g
================
Belegnr. : 00
Datum   :
10250 UMAS m.HW.+ Teil II E   33,60EU
        33,60 EURO

Zahlung in BAR   Kassierer:

PASCO 9P 61 63 59 92 40-0

Quittung der Zahlstelle
(Maschinendruck gilt als Quittung)

JU ö PP 13 **Nummern-**   Zentrale:

SCHILDER

Hinweis- Verkehrs- Warn- und Firmenschilder

Firma:

Kfz-Schilder

Steuer-Nr.

Betrag dankend
erhalten   € 29 -

Im Endbetrag sind 19% MWSt (€ ....) enthalten.

200

Zulassungskosten

Zu den Anschaffungskosten zählen der Netto-Kaufpreis des Pkws und darüber hinaus sämtliche Aufwendungen, um es betriebsüblich nutzen zu können. Nebenkosten wie Überführungskosten, Nummernschilder usw. gehören ebenso dazu wie Extras (z. B. Partikelfilter) und nachträgliche Anschaffungskosten, sofern sie dem Pkw einzeln zugerechnet werden können und mit Einbau ihre körperliche und wirtschaftliche Eigenart endgültig verloren haben.

Achtung:
Gebühren sind umsatzsteuerfrei und berechtigen nicht zum Vorsteuerabzug.

Beleg buchen

Die Zulassungskosten für den neuen Kombi – Gebühren 33,60 EUR Beispiel
und Nummernschilder 29,00 EUR – werden bar bezahlt.

Pkw	57,97 EUR	
Vorsteuer	4,63 EUR	
an Kasse		62,60 EUR

Das richtige Konto

BGA (GHK)	IKR	SKR03	SKR04	Kontenbezeichnung
034	0841	0320	0520	Pkw

Anhang

Eigenbelege

Geschenke an Geschäftsfreunde

Hier hat es Einschränkungen gegeben, aber Sie können die Aufwendungen nach wie vor steuerlich geltend machen, wenn Sie diese Punkte beachten:

- Sie brauchen die Empfänger von Geschenken nicht aufzulisten, wenn durch Art und geringer Wert des Geschenks (z. B. Taschenkalender, Kugelschreiber und dgl.) die Vermutung besteht, dass die Freigrenze von 35 EUR bei dem einzelnen Empfänger im Wirtschaftsjahr nicht überschritten wird.
- Die beschenkte Person darf nicht Arbeitnehmer des Steuerpflichtigen sein. Handelsvertreter oder andere Personen in ständiger Geschäftsbeziehung (z. B. durch Werkverträge als Subunternehmer) gelten zumindest nach dieser Vorschrift nicht als Arbeitnehmer.
- Der Wert sämtlicher Geschenke an einen Empfänger darf 35 EUR nicht übersteigen – nach Abzug von Rabatten und ggf. dem Vorsteuerabzug, aber zuzüglich z. B. der Kosten für Werbeaufschriften. Diese Obergrenze von 35 EUR ist kein Freibetrag, sondern eine Freigrenze: Übersteigt die Summe der Geschenkaufwendungen je Empfänger den Betrag von 35 EUR im Wirtschaftsjahr, entfällt jeglicher Abzug.
- Juristische Personen, wie GmbHs, und Behörden können als solche nicht beschenkt werden. Die Benennung der Firma dient bei vielen Empfängern und hohen Einzelkosten jedoch als Gedächtnisstütze, um bei der genügenden Anzahl der beschäftigten Arbeitnehmer unter der 35-Euro-Grenze zu bleiben.
- Aufwendungen für Geschenke gleicher Art können in einer Buchung zusammengefasst werden, wenn die Namen der Empfänger der Geschenke aufgelistet werden.

Formular: Geschenke-Liste

siehe CD-ROM

Geschenke

Empfängerliste gemäß Abschn. 22 Abs. 2 EStR

	Empfänger	Geschenk	Wert EUR	Überreicht am:
1.		Geschenke		
2.				
3.				
4.				
5.				
6.				

Sammelbuchung bei gleichartigen Gegenständen

Empfängerliste

		Unternehmen	
1.			
2.		Geschenk	
3.			
4.			
5.		Gesamtwert EUR	
6.			
7.			
8.		Gesamtzahl	
9.		der Empfänger	
10.			
11.		Wert pro Empfänger	
12.			
13.			
14.		Überreicht am:	
15.			

Formular: Quittung/Quittungskopie

siehe CD-ROM

Quittung

	Netto	
EUR	19% MwSt	
	Brutto	

EUR, Cent

von:

für:

dankend erhalten

Ort: Datum:

Buchungsvermerke   Unterschrift Zahlungsempfänger

Quittungskopie

	Netto	
EUR	19% MwSt	
	Brutto	

EUR, Cent

von:

für:

dankend erhalten

Ort: Datum:

Buchungsvermerke   Unterschrift Zahlungsempfänger

Fahrtenbuch

Kann ein Unternehmer für seinen Firmenwagen kein vorschrifts-
mäßiges Fahrtenbuch vorlegen, unterstellt das Finanzamt stets, dass
dieses auch privat genutzt wurde. Ohne Aufzeichnungen des Unternehmers schätzt das Finanzamt eine monatliche Privatnutzung mit
1 % des Neulistenpreises (auch bei Gebrauchtwagen). Nur wenn Sie
oft privat unterwegs sind und einen preiswerten Wagen fahren,
sollten Sie sich ggf. schätzen lassen, aber in folgenden Fällen lohnt
sich die Mühe, ein Fahrtenbuch zu führen:

- Die laufenden Pkw-Kosten sind sehr niedrig und der Listenpreis
  des privat genutzten Fahrzeugs ist bei der Erstzulassung sehr
  hoch gewesen.
- Sie nutzen Ihren betrieblichen Pkw so gut wie nie zu Privatfahrten.
- Verwenden Sie Ihren betrieblichen Pkw zu weniger als 5 % privat, können Sie 100 % der Vorsteuern abziehen.

Der Ermittlung des Privatanteils nach tatsächlichen Kosten wird der
Prüfer des Finanzamts nur zustimmen, wenn das Fahrtenbuch bestimmte Mindestvoraussetzungen erfüllt. Die Fahrten mit dem betrieblichen Pkw müssen vom ersten bis zum letzten Kilometer eines
Wirtschaftsjahres nachvollziehbar sein (lückenlose Aufzeichnungen). Hierzu sind folgende Mindestangaben notwendig:

- Datum
- Kilometerstand zu Beginn und zum Ende jeder Fahrt
- Reisezweck, Reiseziel und aufgesuchte Kunden bzw. Geschäftspartner
- Reiseroute
  - bei Privatfahrten genügt die Kilometerangabe
  - bei Fahrten zwischen Wohnung und Betrieb genügt die Ki-
    lometerangabe und ein Vermerk, dass Fahrten zwischen
    Wohnung und Betrieb vorliegen

Neben diesen Mindestangaben legt die Finanzverwaltung großen
Wert darauf, dass die Aufzeichnungen zeitnah geführt werden. Angreifbar sind somit Fahrtenbücher aus „einem Guss" mit demselben
Stift und einheitlicher Schriftform. Wenn jedoch aus den Aufzeichnungen eines Notizbuchs nachträglich ein Fahrtenbuch erstellt wurde,

darf das Finanzamt das Fahrtenbuch nur dann verwerfen, wenn es zusätzlich auch inhaltliche Fehler aufweist (ganze Tage vergessen, Urlaubsfahrt nicht berücksichtigt etc.).

> **Achtung:**
> Vorsicht auch bei mehreren Anfahrtszielen, die nicht in das Formular passen. Wenn die dadurch verkürzte Gesamtstrecke in drei Stichproben nicht mit den aufgezeichneten Kilometern übereinstimmt, folgt das Aus für das Fahrtenbuch: Dann wird die Privatnutzung nach der 1 %-Methode geschätzt.

Für ein und dasselbe Fahrzeug darf ein Unternehmer in einem Wirtschaftsjahr entweder die Fahrtenbuch-Methode oder die 1 %-Regelung anwenden. In jedem neuen Jahr können Sie anders entscheiden.

Überprüfung des Fahrtenbuchs

Gehört nur ein Pkw zum Betriebsvermögen, dienen zur Überprüfung des Fahrtenbuchs Tankquittungen. Schnell ist entlarvt, wer in Hamburg getankt hat, obwohl er sich laut Fahrtenbuch in München aufgehalten haben soll. Sind in der Buchführung des Steuerpflichtigen Tankquittungen von Tagen erfasst, an denen der PKW gemäß den Angaben im Fahrtenbuch nicht bewegt worden ist, entspricht das Fahrtenbuch wegen Nichtaufzeichnung aller Fahrten nicht den formellen Voraussetzungen.[35]

Tankquittungen

Anhand der Reisekosten und der aufgezeichneten Bewirtungsbelege lassen sich ebenfalls Rückschlüsse ziehen, ob die Aufzeichnungen des Fahrtenbuchs korrekt sind oder nicht. Anhand von Werkstattrechnungen kann der Prüfer des Finanzamts überprüfen, ob der angegebene Kilometerstand dem des Fahrtenbuchs entspricht.

Bewirtungsbelege

---

[35] FG Münster, Urteil vom 18.02.2005, Az. 11 K 5218/03 E,U.

Formular: Fahrtenbuch

Route		km-Stand		gefahrene km		Datum/Zeit		Reisezweck
Abfahrtsort	Zielort	Start	Ziel	geschäftl.	privat	Abfahrt	Ankunft	Anlass der Reise und besuchten Personen/ Firmen/ Behörden

Achtung:
Diese Tabelle dient nur zur Berechnung der gefahrenen Kilometer. Sie ist nicht als ordnungsgemäßes Fahrtenbuch zugelassen.

Die Erfassung der Privatfahrten von Arbeitnehmern mit firmeneigenem Kfz in einer Excel-Tabellenkalkulation erfüllt nicht die Anforderungen an ein ordnungsgemäßes Fahrtenbuch, da durch dieses Programm nachträgliche Änderungen weder verhindert noch hinreichend dokumentiert werden.[36]

Reisekostenabrechnung (Inland)

Bei den Reisekosten von Unternehmern und Arbeitnehmern liegen zwar grundsätzlich Betriebsausgaben vor. Nicht korrekte Buchungen und Belege bieten dem Finanzamt jedoch den Vorwand, den Abzug zu verweigern oder den Vorsteuerabzug nicht zuzulassen. Ob die Reisekostenabrechnung eines Arbeitnehmers formell in Ordnung ist oder nicht, entscheidet außerdem darüber, ob ihm die Spesen lohnsteuerfrei oder pauschalversteuert ersetzen werden können.

siehe CD-ROM

---

[36] BFH, Urteil vom 16.11.2005 – VI R 64/04, FG Düsseldorf Urteil vom 21.09.2004 – 9 K 1073/04 H.

Fahrtkosten	Verpflegungs-mehraufwendungen pauschal	Übernachtungskosten	
Einsatzwechseltätigkeit			
tatsächliche Aufwendungen, mit eigenem Pkw bei Entfernung Wohnung-Einsatzstelle von mehr als 30 km 0,30 EUR je km bei Entfernung von 30 km oder weniger, ebenso nach Ablauf von 3 Monaten und Fahrten zu einer Abholstelle 0 EUR	bei einer Abwesenheit von mindestens 24 Stunden 24 EUR 14 Stunden 12 EUR 8 Stunden 6 EUR unter 8 Stunden 0 EUR	im Fall der Übernachtung liegt eine doppelte Haushaltsführung vor	
Fahrtätigkeiten			
0 EUR	siehe Einsatzwechseltätigkeit	In der nachgewiesenen Höhe	bei Inlands-übernachtung 20 EUR
Ausnahme: Fahrten zur Fahrzeugübernahme (Bus, Lkw), falls diese an ständig wechselnden Orten erfolgt, wie bei Einsatzwechseltätigkeit			**Ausnahme:** bei Übernachtung im Fahrzeug keine Pauschalbeträge zulässig 20 EUR
Dienstreise (Inland) vorübergehende Auswärtstätigkeit außerhalb der regelmäßigen Arbeitsstätte und der Wohnung			
Tatsächliche Aufwendungen, die bei Benutzung eines eigenen Pkw auf 0,30 EUR je km geschätzt werden. Zusätzlich werden Unfallkosten, u.U. anteilige Aufwendungen für einen Austauschmotor, berücksichtigt.	**Eintägige Dienstreisen:** ab 14 Stunden 12 EUR ab 8 Stunden 6 EUR unter 8 Stunden 0 EUR **Mehrtägige Dienstreisen:** ab 24 Stunden 24 EUR An- und Abreisetag wie eintägige Dienstreisen	In der nachgewiesenen Höhe	

Name und Adresse des Abrechnenden

Beginn der Reise: _____ ___ _____ Uhr
Ende der Reise: _____ ___ _____ Uhr
Anlass/Zielort der Dienst-/Geschäftsreise:

_____

Reisemittel: [ ] Dienstwagen [ ] Privat-Pkw [ ] Bahn [ ] Flugzeug

		Brutto-ausgaben	Vorsteuer	Netto-aufwand
Fahrtkosten				
Bahnfahrkarten/Fahrausweise lt. Anlage	EUR _____		_____	_____
Flugkarten lt. Anlage	EUR _____		_____	_____
Autokosten (Kraftstoff/Öl usw.) lt. Anlage	EUR _____		_____	_____
Kilometersatz bei Privat-/Arbeitnehmner-Kfz				
Zuschlag für ___ Mitfahrer ___ x 0,02 EUR/km				
___ km x ___ EUR =	EUR _____			
Aufwendungen für Unterbringung				
nach beigefügten Belegen [ ] ohne Frühstück	EUR _____			
[ ] Kürzung Frühstück um 20% der Übernach-tungskosten/Tag	./. EUR _____		_____	_____
oder Pauschbeträge _____ x _____ EUR =	EUR _____			
Pauschbeträge für Verpflegungsmehraufwand				
___ Tage (mindestens 24 Std.) zu ___ EUR =	EUR _____			
___ Tage (mindestens 14 Std.) zu ___ EUR =	EUR _____			
___ Tage (mindestens 8 Std.) zu _____ EUR =	EUR _____			
Summe	EUR _____		_____	_____
Reisenebenkosten	_____		_____	_____
Verrechnung mit geldwertem Vorteil aus Arbeitnehmerbewirtung	_____		_____	_____
lt. untenstehender Aufstellung	./. EUR _____		_____	_____
Abrechnung erstellt:	Summe		_____	_____
	./. Vorschüsse		_____	_____
	Rest-/Überzahl.	_____		

Buchungsvermerke:
_____

_____
(Datum, Unterschrift)

Nachrichtlich: **Geldwerter Vorteil aus Arbeitnehmerbewirtung**
Ich habe vom Arbeitgeber unentgeltlich erhalten:
_____ x Frühstück à 1,50 EUR (2008) insges. EUR _____
_____ x Mittagsessen
_____ x Abendessen à 2,67 EUR (2008) insges. EUR _____ EUR _____
[ ] Verrechnung mit Reisekosten [ ] Versteuerung als lauf. Arbeitslohn

Inventarkarte

siehe CD-ROM

Die Inventarkarte ist ein Überbleibsel aus der handschriftlichen Anlagenverwaltung. Für jedes Anlagegut wurde eine Karteikarte angelegt und neben Beschreibungen und Identifikationsmerkmalen auch ein Abschreibungsplan erfasst. Damit war das „Leben" des Anlageguts von der Anschaffung bis zur Verschrottung aufgezeichnet. Auch Sie können das Muster als Karteikarte ausdrucken, aber leichter geht es mit der Vorlage auf der beigefügten CD-ROM.

Die Beschreibung des Anlageguts, Angaben zum Hersteller, die Anlagennummer und Bestimmung des Standorts dienen zur schnellen Identifizierung auch vieler gleichartiger Gegenstände. Das Sachkonto aus der Buchhaltung führt zur richtigen Zuordnung bei Abschreibungen und Bilanzpositionen.

Zur Berechnung machen Sie auf den Inventarkarten zusätzlich folgende Angaben:

Anschaffungsdatum	Tag, Monat, Jahr
Anschaffungskosten in EUR	
Nutzungsdauer	1 bis 25 Jahre
Abschreibungsart	1 für linear, 2 für degressiv mit 25 % vom jeweiligen Buchwert, jedoch auf das Zweifache der linearen AfA begrenzt. Bei Anschaffung ab 2009 liegen die Werte automatisch bei 25 % und dem Zweieinhalbfachen der linearen AfA. Der Übergang von der degressiven zur linearen AfA findet automatisch statt.
Sonderabschreibung nach § 7g EStG	1 für die Schlüsselung, bewirkt eine Sonder-Abschreibung von 20 % im ersten Jahr
Abschreibung im ersten Jahr	Hier setzt das Programm automatisch den Schlüssel 2 für eine Abschreibung pro rata temporis, d. h. für jeden Monat. Sie können diese Werte aber überschreiben, z. B. 0 bei Sofortabschreibung von GWGs, die im zweiten Halbjahr angeschafft wurden (Nutzungsdauer 1 Jahr). Die Halbjahresvereinfachung (bei Anschaffung im ersten Halbjahr Schlüssel 0 für die volle Jahres-AfA und ansonsten 1 für die Halbjahres-AfA) ist seit 2004 abgeschafft.

Beispiel:

Im folgenden Beispiel wurde eine Maschine mit Nutzungsdauer von 10 Jahren im Juli 2008 angeschafft.

Die vorgegebene Abschreibung pro rata temporis wird akzeptiert. Bei der Sonderabschreibung nach § 7g EStG wählen Sie anstelle der vorgegebenen maximalen Abschreibung von 20 % der Anschaffungskosten (2.000 EUR) im ersten Jahr eine Verteilung auf die Jahre 2006 (1.000 EUR), 2007 (250 EUR) und 2009 (750 EUR). Sobald Sie abweichende Beträge eingeben, trägt das Programm in die Folgejahre jeweils das restliche Volumen an Sonderabschreibung vor.

Gegenstand:	Masak Drehmaschine	Anlagen-Nr.:		97PR07156
Beschreibung	Modell ASA-PX3	Sachkonto:		440
steht wo?	PR7/Halle A3	Normal AFA:		1.000,00
Hersteller:	Masak GmbH, Hamburg	Gesamtkosten:		10.000,00
angeschafft:	02.07.2008	volle Jahres-AfA = 0 1/2 Jahr-AfA = 1 pro rata temporis = 2		2
Nutzungsdauer:	10	Anschaffungsjahr:	2008	
AFA lin. = 1 degr. 2	1	§ 7g Abschreib. = 1	1	

Nach Ablauf des Begünstigungszeitraums von fünf Jahren errechnet das Programm eine neue AfA auf Basis der verbleibenden Nutzungsdauer (5 Jahre) und des Restwertes (3.500 EUR).

Datum	Betrag	AfA	§ 7g Absetzung	Restwert
2008	10.000,00	500,00	1.000,00	8.500,00
2009	8.500,00	1.000,00	250,00	7.250,00
2010	7.250,00	1.000,00		6.250,00
2011	6.250,00	1.000,00	750,00	4.500,00
2012	4.500,00	1.000,00		3.500,00
2013	3.500,00	700,00		2.800,00
2014	2.800,00	700,00		2.100,00
2015	2.100,00	700,00		1.400,00
2016	1.400,00	700,00		700,00
2017	700,00	700,00		

Formular: Abschreibungstabelle

Gegenstand:		Anlagen-Nr.:	
Beschreibung		Sachkonto:	
steht wo?		Normal AFA:	
Hersteller:		Gesamtkosten:	
angeschafft:		pro rata temporis Anzahl der Monate	
Nutzungsdauer:		Anschaffungsjahr:	
AFA linear = 1 degressiv = 2		§ 7g Abschreibung	

Datum	Buchungstext	Betrag	Abschreibung	§ 7g Abschreibung	Restwert
	Anschaffung				

Kassenbuch

Bevor Geschäftsvorfälle gebucht werden, sind sie zunächst aufzuzeichnen. Diese so genannten Grundaufzeichnungen sind auch bei einer EDV-Buchhaltung gesetzlich vorgeschrieben.

siehe CD-ROM

Regelmäßige Bareinnahmen sind in einem Kassenbuch aufzuzeichnen, wobei der Begriff „Buch" nicht unbedingt wörtlich zu nehmen ist. Zulässig sind auch einzelne Formulare mit täglichen Kassenberichten oder eine Tabelle mit Ein- und Ausgängen eines Monats. Die Aufzeichnungen über die Kasseneinnahmen und Kassenausgaben sollen

- täglich bzw. zeitgerecht festgehalten,
- vollständig, richtig und geordnet verbucht werden sowie
- die Entstehung und Abwicklung der Kassengeschäfte nachvollziehbar machen.

Der rechnerische Bestand auf Papier muss mit dem tatsächlichen, abgezählten Kassenbestand übereinstimmen. Spezielle Kassenbuch-Programme drucken die entsprechenden Listen aus, warnen vor drohenden Kassenfehlbeträgen und geben die Daten weiter an das Buchhaltungsprogramm. Während die Aufzeichnungen täglich zu machen sind, kann die spätere Eingabe in der Regel einmal pro Woche oder Monat erfolgen. Tägliche Buchungsarbeit ist also nicht nötig.

Müssen Sie ein Kassenbuch führen?

Bevor Sie mit dem Kassenbuch bzw. den Kassenberichten auf Papier starten, ist noch zu klären, ob Sie überhaupt zur Kassenführung gesetzlich verpflichtet sind. Schließlich wollen Sie sich keine unnötige Arbeit machen. **Zur Kassenführung ist nur der Unternehmer mit regelmäßigen Bareinnahmen verpflichtet.** Dies betrifft hauptsächlich Geschäfte des Einzelhandels, einige Handwerksbetriebe, Gastwirte u. a., deren Kunden sofort und bar zahlen. Viele Großhändler, Dienstleister und Freiberufler sind dagegen nicht verpflichtet, ein Kassenbuch zu führen, weil die meisten ihrer Umsätze unbar laufen.

> **Tipp:**
>
> Im Gegensatz zu Bareinnahmen sind gelegentliche Barausgaben in jedem Betrieb üblich und werden in der Buchführung erfasst. Wenn Sie jedoch nicht ohnehin zur Kassenführung verpflichtet sind, so braucht es hierfür keine Grundaufzeichnung, kein Kassenbuch. Die Zahlungen aus der „Portokasse" oder das „Verauslagen" aus der Brieftasche des Unternehmers oder Geschäftsführers können direkt verbucht werden. Eine vollständige Sammlung der Belege ist ausreichend.

Was sind die Vorteile der Führung eines Kassenbuchs?

Selbstkontrolle

Ein ordentlich geführtes Kassenbuch ermöglicht eine lückenlose Kontrolle über alle baren Einnahmen und Ausgaben. Von der Selbstkontrolle abgesehen, die bei einer unüberschaubaren Anzahl von Einzahlungen und Auszahlungen tatsächlich die Mühe lohnt, sind es in der Hauptsache Geldgeber und Außenstehende, die einen Nutzen aus Kassenberichten ziehen.

Ein Kassenbuch empfiehlt sich in solchen Fällen, in denen Sie Ihre Barumsätze mithilfe einer Registrierkasse, Verkaufsstrichlisten oder sonstigen Aufzeichnungen festhalten. In einem Kassenbuch werden in getrennten Spalten sämtliche Bareinnahmen und -ausgaben lückenlos aufgezeichnet. Beginnen Sie mit dem Vortrag des Anfangsbestandes eines Monats, dann ergibt sich als Endsaldo der tatsächliche Kassenstand am Ende dieses Monats. Daneben wird in einer separaten Spalte der tägliche Kassenstand festgehalten, um nicht rechnerisch zu einem Fehlbetrag zu kommen. Wenn es wiederholt zu Kassenminusbeständen kommt, sind die Steuerprüfer zur Schätzung von Umsatz und Gewinn berechtigt.

Beispiel:

Bäckerei Schröder schreibt aus Zeitmangel die täglichen Ein- und Ausgaben jeweils einige Tage später nach. Dabei übersieht Schröder eine Einzahlung der Bank in Höhe von 1.000 EUR. Durch die vergessene Einzahlung rutscht der Kassenbestand ins Minus.

Muster: Kassenbuch

Kassenbuch

				Erfassungszeit-raum:		Dezember 06

Einnahmen	Ausgaben	Datum		Belegnummer	Text	
1.340,40		1	12		Tageseinnahmen	
	300,00	1			Privatentnahme	
980,00		2			Tageseinnahmen	
	23,20	2			Bürobedarf	
...	...				usw. ...	
	3.000,00	30	12		Einzahlung Bank	
10.320,40	10.323,20	**Seitensumme**				
400,00		**Anfangsbestand**				
	397,20	**Endbestand**				
10.720,40	10.720,40	**Kontrollsumme**				

217

Formular: Kassenbuch

Einnahmen	Ausgaben	Datum		Belegnummer	Text	
Kassenbuch				Erfassungszeitraum:		
			Seitensumme			
			Anfangsbestand			
			Endbestand			
			Kontrollsumme			

Kassenberichte

In täglichen Kassenberichten werden die Tageseinnahmen nach einem Kassensturz ausgerechnet. Hier gilt folgende Rechnung:

siehe CD-ROM

Kassenbestand bei Geschäftsschluss
+ Kassenausgaben im Laufe des Tages
− Kassenendbestand des Vortages
− sonstige Kasseneinnahmen
= Tageseinnahmen

Tipp:

Geben Sie grundsätzlich nur Geld gegen Quittung heraus, sonst laufen Sie beim Buchen den Belegen hinterher. Vorschusszahlungen sind Sonstige Ausgaben, die noch zur späteren Abrechnung offenstehen.

Die Bareinnahmen sind in der Regel umsatzsteuerpflichtig. Ziehen Sie deshalb vom Kasseneingang sämtliche steuerfreien Einnahmen ab wie:

1. Privateinlagen aus der Brieftasche des Unternehmers, weil nicht genug Geld in der Kasse liegt.
2. Bar gezahlte Kundenrechnung, die bereits als steuerpflichtige Einnahme verbucht wurde (Kundenforderung).
3. Zurückgezahlte Vorschüsse. Wenn Sie den kompletten Vorschuss formell einlegen und den Auslagenbeleg abrechnen, stimmt die Kasse wieder.

Beispiel:

Für den Einkauf im Baumarkt wurden am Vorabend 200 EUR entnommen und am nächsten Tag ein Beleg über 156 EUR vorgelegt. Der sonstigen Ausgabe von 200 EUR stehen einen Tag später sonstige Einnahmen in gleicher Höhe gegenüber. Die sonstige Ausgabe über 156 EUR ist erfasst und das Wechselgeld von 44 EUR wieder eingelegt.

Muster: Kassenbericht

Kassenbericht	Datum:	01.07.2009	Nr. 1
Kassenbestand bei Geschäftsschluss		924,45	① Vermerke
Betriebsausgaben im Laufe des Tages	Betrag		
Wareneinkauf Fa. Müller, Hagen	575,00		5400,00
Baumarkt, Material	156,00		
		731,00	
Privatentnahmen			
Privatentnahme	300,00		2100,00
		300,00	
Sonstige Ausgaben			
Nachttresor	7.000,00		
		7.000,00	
	Summe	8.955,45	
Abzüglich Kassenendbestand des Vortages		799,45	
Kasseneingang		8.156,00	
Abzüglich sonstiger Einnahmen			
② Kundenrechnung Müller Rg 1428	560,00		11255,00
③ Vorschuss Vortag	200,00		1460,00
		760,00	
④ Bareinnahmen (Tageslosung) 3		7.396,00	
Kundenzahl	Unterschrift *Arnold Schmitt*		

① In der Spalte „Buchvermerke" könnten Sie schon am selben Tag die richtige Kontenzuordnung vornehmen.

② Bar gezahlte Kundenrechnung (z. B. Kunde Müller Rg 1428 über 560,00 EUR), die bereits als steuerpflichtige Einnahme verbucht wurde.

③ Zurückgezahlte Vorschüsse. Wenn Sie den kompletten Vorschuss formell einlegen und den Auslagenbeleg abrechnen, stimmt die Kasse wieder.

④ Die Bareinnahmen sind in der Regel umsatzsteuerpflichtig. Ziehen Sie deshalb vom Kasseneingang sämtliche steuerfreien Einnahmen ab wie: Privateinlagen aus der Brieftasche des Unternehmers, weil nicht genug Geld in der Kasse liegt.

Tipp:

Geben Sie grundsätzlich nur Geld gegen Quittung heraus, sonst laufen Sie beim Buchen den Belegen hinterher.

Formular: Kassenbericht

Kassenbericht	Datum:		Nr.
Kassenbestand bei Geschäftsschluss			Vermerke
Betriebsausgaben im Laufe des Tages	Betrag		
Privatentnahmen			
Sonstige Ausgaben			
	Summe		
Abzüglich Kassenendbestand des Vortages			
Kasseneingang			
Abzüglich sonstiger Einnahmen			
Bareinnahmen (Tageslosung)			
Kundenzahl	Unterschrift		

DATEV-Kontenrahmen nach dem Bilanzrichtlinien-Gesetz
Standardkontenrahmen (SKR) 03
Gültig ab 2009

Kontenfunktionen

Automatische Umsatzsteuerfunktionen

Vom DATEV-System sind bereits etliche Konten im SKR mit Automatikfunktionen zu Umsatzsteuerberechnungen ausgestattet. Wenn Sie den Kontenrahmen zur Hand nehmen, sehen Sie zu Beginn etlicher Kontenklassen eine Box mit Kontenbereichen, markiert durch KU, M oder V. Unmittelbar vor den einzelnen Kontennummern stehen die Buchstaben AM und AV.

Das Kürzel AV vor der Kontonummer bedeutet, dass die Vorsteuer aus dem auf diesem Konto gebuchten Bruttobetrag herausgerechnet und automatisch auf dem Vorsteuerkonto verbucht wird. Das Kürzel AM steht für die automatische Verbuchung der Mehrwertsteuer, wenn Sie die so gekennzeichneten Erlöskonten ansprechen.

Als weitere Kontenfunktionen, eingearbeitet in den DATEV-Kontenrahmen, sind hier zu erwähnen:
USt-Zusatzfunktionen:

KU	=	Keine Umsatzsteuer
V	=	Nur Vorsteuerabzug/Korrektur möglich
M	=	Nur Mehrwertsteuer/Korrektur möglich

Eine Sonderrolle bilden die mit S gekennzeichneten Konten Verbindlichkeiten bzw. Forderungen aus Lieferungen und Leistungen. Da auf diesen Konten automatisch die Salden der Personenkonten erscheinen, können sie als einzige Sammelkonten nicht direkt gebucht werden. Dieser Schutz verhindert eventuelle Differenzen zwischen dem Sachkonto und den entsprechenden Personenkonten.

Ebenfalls nicht bebucht werden können die mit R reservierten Konten. Hier behält sich die DATEV vor, zukünftig Konten mit neuen Merkmalen festzulegen. Beispielsweise wurden viele Konten mit 15 % und 16 % USt für die Umsatzsteuererhöhung in 2007 gesperrt und neu belegt.

Konten mit dem Kürzel F machen auf spezielle Funktionen, z. B. die Abfrage und das Einsteuern in die USt-Voranmeldung oder die Zusammenfassende Meldung aufmerksam.

Funktionen	Konto	Beschriftung SKR03 2009
	0001	Aufwendungen für die Ingangsetzung und Erweiterung des Geschäftsbetriebes
	0002	Frei
	−0009	
		Immaterielle Vermögensgegenstände
	0010	Konzessionen, gewerbliche Schutzrechte und ähnliche Rechte und Werte, sowie Lizenzen an solchen Rechten und Werten
	0011	Frei
	−0014	
	0015	Konzessionen
	0016	Frei
	−0019	
	0020	Gewerbliche Schutzrechte
	0021	Frei
	−0024	
	0025	Ähnliche Rechte und Werte
	0026	Frei
	0027	EDV-Software
	0028	Frei
	−0029	
	0030	Lizenzen an gewerblichen Schutzrechten
	0031	Frei
	−0034	
	0035	Geschäfts- oder Firmenwert
	0036	Frei
	−0037	
	0038	Anzahlungen auf Geschäfts-, Firmenwert
	0039	Anzahlungen immaterielle VermG
	0040	Verschmelzungsmehrwert
	0041	Frei
	−0049	
		Sachanlagen
	0050	Grundstücke, grundsückstgl. Rechte und Bauten
	0051	Frei
	−0058	
	0059	Grundstücksanteil häusl. Arbeitszimmer
	0060	Grundstücke, grundstücksgleiche Rechte
	0061	Frei
	−0064	
	0065	Unbebaute Grundstücke
	0066	Frei
	−0069	
	0070	Grundstücksgleiche Rechte
	0071	Frei
	−0074	
	0075	Grundstücke mit Substanzverzehr
	0076	Frei
	−0078	
	0079	Anzahlungen a. Grundstücke ohne Bauten
	0080	Bauten auf eigenen Grundstücken
	0081	Frei
	−0094	

Funktionen	Konto	Beschriftung SKR03 2009
	0085	Grundstückswert bebauter Grundstücke
	0086	Frei
	−0089	
	0090	Geschäftsbauten
	0091	Frei
	−0099	
	0100	Fabrikbauten
	0101	Frei
	−0109	
	0110	Garagen
	0111	Außenanlagen
	0112	Hof- und Wegebefestigungen
	0113	Einrichtung Fabrik- und Geschäftsbauten
	0114	Frei
	0115	Andere Bauten
	0116	Frei
	−0119	
	0120	Geschäfts-, Fabrik- u. andere Bauten im Bau
	0121	Frei
	−0128	
	0129	Anzahlungen auf Bauten eigen. Grundstücken
	0130	Frei
	0139	
	0140	Wohnbauten
	0141	Frei
	0145	Garagen
	0146	Außenanlagen
	0147	Hof- und Wegebefestigungen
	0148	Einrichtungen für Wohnbauten
	0149	Gebäudeteil häusliches Arbeitszimmer
	0150	Wohnbauten im Bau
	0151	Frei
	−0158	
	0159	Anzahlung. auf Wohnbauten a. eigenen Grundst.
	0160	Bauten auf fremden Grundstücken
	0161	Frei
	−0164	
	0165	Geschäftsbauten
	0166	Frei
	−0169	
	0170	Fabrikbauten
	0171	Frei
	−0174	
	0175	Garagen
	0176	Außenanlagen
	0177	Hof- und Wegebefestigungen
	0178	Einrichtung Fabrik- und Geschäftsbauten
	0179	Andere Bauten
	0180	Geschäfts-, Fabrik- u. andere Bauten im Bau
	0181	Frei
	−0188	
	0189	Anzahlungen. auf Bauten fremd. Grundstücken
	0190	Wohnbauten
	0191	Garagen
	0192	Außenanlagen

Funktionen	Konto	Beschriftung SKR03 2009
	0193	Hof- und Wegebefestigungen
	0194	Einrichtungen für Wohnbauten
	0195	Wohnbauten im Bau
	0196	Frei
	−0198	
	0199	Anzahlungen a. Wohnbauten a. fremd. Grundst.
	0200	Technische Anlagen und Maschinen
	0201	Frei
	−0209	
	0210	Maschinen
	0211	Frei
	−0219	
	0220	Maschinengebundene Werkzeuge
	0221	Frei
	−0239	
	0240	Maschinelle Anlagen
	0241	Frei
	−0259	
	0260	Transportanlagen und Ähnliches
	0261	Frei
	−0279	
	0280	Betriebsvorrichtungen
	0281	Frei
	−0289	
	0290	Technische Anlagen und Maschinen im Bau
	0291	Frei
	−0299	
	0299	Anzahlungen auf technische Anlagen
	0300	Betriebs- und Geschäftsausstattung
	0301	Frei
	0310	Andere Anlagen
	0311	Frei
	−0319	
	0320	PKW
	0321	Frei
	0350	LKW
	0351	Frei
	−0379	
	0380	Sonstige Transportmittel
	0381	Frei
	−0399	
	0400	Betriebsausstattung
	0401	Frei
	−0409	
	0410	Geschäftsausstattung
	0411	Frei
	−0419	
	0420	Büroeinrichtung
	0421	Frei
	−0429	
	0430	Ladeneinrichtung
	0431	Frei
	−0439	
	0440	Werkzeuge

Funktionen	Konto	Beschriftung SKR03 2009
	0441	Frei
	−0449	
	0450	Einbauten
	0451	Frei
	−0459	
	0460	Gerüst- und Schalungsmaterial
	0461	Frei
	−0479	
	0480	Geringwertige Wirtschaftsgüter
	0481	Frei
	−0484	
	0485	Geringwertige Wirtschaftsgüter Sammelposten
	0486	Frei
	−0489	
	0490	Sonstige Betriebs- u. Geschäftsausstattung
	0491	Frei
	−0297	
	0498	Betriebs- u. Geschäftsausstattung im Bau
	0499	Anzahlung Betriebs- u. Geschäftsausstattung
		Finanzanlagen
	0500	Anteile an verbundenen Unternehmen
	0501	Frei
	−0503	
	0504	Anteile a. herrschender Gesellschaft
	0505	Ausleihungen an verbundene Unternehmen
	0506	Frei
	−0509	
	0510	Beteiligungen
	0511	Frei
	−0512	
	0513	Typisch stille Beteiligungen
	0514	Frei
	−0515	
	0516	Atypische stille Beteiligungen
	0517	Andere Beteiligungen an Kapitalgesellschaft
	0518	Andere Beteiligungen an Personengesellschft
	0519	Beteiligung GmbH & Co. an Komplementär GmbH
	0520	Ausleihungen an UN mit Beteiligungsverhältnis
	0521	Frei
	−0524	
	0525	Wertpapiere des Anlagevermögens
	0526	Frei
	−0529	
	0530	Wertpapiere mit Gewinnbeteiligungsansprüche
	0531	Frei
	−0534	
	0535	Festverzinsliche Wertpapiere
	0536	Frei
	−0539	
	0540	Sonstige Ausleihungen
	0541	Frei
	−0549	
	0550	Darlehen

Funktionen	Konto	Beschriftung SKR03 2009
	0551	Frei
	−0569	
	0570	Genossenschaftsanteile zum langfristigen Verbleib
	0571	Frei
	−0579	
	0580	Ausleihungen an Gesellschafter
	0581	Frei
	−0589	
	0590	Ausleihungen an nahe stehende Personen
	0591	Frei
	−0594	
	0595	LV-Rückdeckungsansprüche z. langfr. Verbleib
	0596	Frei
	−0599	
		Verbindlichkeiten
	0600	Anleihen, nicht konvertibel
	0601	– Restlaufzeit bis 1 Jahr
	0605	– Restlaufzeit 1 bis 5 Jahre
	0610	– Restlaufzeit größer 5 Jahre
	0615	Anleihen konvertibel
	0616	– Restlaufzeit bis 1 Jahr
	0620	– Restlaufzeit 1 bis 5 Jahre
	0625	– Restlaufzeit größer 5 Jahre
	0630	Verbindlichkeiten gg. Kreditinstituten
	0631	– Restlaufzeit bis 1 Jahr
	0640	– Restlaufzeit 1 bis 5 Jahre
	0650	– Restlaufzeit größer 5 Jahre
	0660	TZ-Verbindlichkeit. gg. Kreditinstituten
	0661	– Restlaufzeit bis 1 Jahr
	0670	– Restlaufzeit 1 bis 5 Jahre
	0680	– Restlaufzeit größer 5 Jahre
	0690	(Frei, in Bilanz kein Restlaufzeitvermerk)
	−0699	
	0699	Gegenkonto bei Aufteilung Kto 0690-98
	0700	Verbindlichkeit. gegenüber verbundenen UN
	0701	– Restlaufzeit bis 1 Jahr
	0705	– Restlaufzeit 1 bis 5 Jahre
	0710	– Restlaufzeit größer 5 Jahre
	0715	Verbindlichkeit. gg. UN mit Beteiligungsverhältnis
	0716	– Restlaufzeit bis 1 Jahr
	0720	– Restlaufzeit 1 bis 5 Jahre
	0725	– Restlaufzeit größer 5 Jahre
	0730	Verbindlichkeit. gg. Gesellschaftern
	0731	– Restlaufzeit bis 1 Jahr
	0740	– Restlaufzeit 1 bis 5 Jahre
	0750	– Restlaufzeit größer 5 Jahre
	0755	Verbindl. gg. Gesellschaftern, offene Ausschüttg.
	0760	Darlehen typisch stiller Gesellschafter
	0761	– Restlaufzeit bis 1 Jahr
	0764	– Restlaufzeit 1 bis 5 Jahre
	0767	– Restlaufzeit größer 5 Jahre
	0770	Darlehen atypisch stiller Gesellschafter
	0771	– Restlaufzeit bis 1 Jahr
	0774	– Restlaufzeit 1 bis 5 Jahre

Funktionen	Konto	Beschriftung SKR03 2009
	0777	– Restlaufzeit größer 5 Jahre
	0780	Partiarische Darlehen
	0781	– Restlaufzeit bis 1 Jahr
	0784	– Restlaufzeit 1 bis 5 Jahre
	0787	– Restlaufzeit größer 5 Jahre
	0790	(frei, in Bilanz kein Restlaufzeitvermerk)
	−0798	
	0799	Gegenkonto bei Aufteilung Kto 0790-98
		Kapital Kapitalgesellschaft
	0800	Gezeichnetes Kapital
	0801	Aussteh. Einlagen, nicht eingeford. (Aktivausweis)
	−0809	
	0810	Aussteh. Einlagen, eingefordert (Aktivausweis)
	−0819	
	0820	Aussteh. Einlag., nicht eingeford. (Passivausweis)
	−0829	
	0830	Aussteh. Einlagen, eingefordert (Aktivausweis)
	−0838	
	0839	Eingeforderte Nachschüsse
		Kapitalrücklage
	0840	Kapitalrücklage
	0841	Kapitalrücklage/Anteile ü. Nennbetrag
	0842	Kapitalrücklage /Ausgabe Schuldverschreibung
	0843	Kapitalrücklage gg. Vorzugsgewährung
	0844	Kapitalrücklage durch andere Zuzahlung. i. das EK
	0845	Eingefordertes Nachschusskapital
		Gewinnrücklagen
	0846	Gesetzliche Rücklage
	0850	Rücklage für eigene Anteile
	0851	Satzungsmäßige Rücklagen
	0855	Andere Gewinnrücklagen
	0856	Eigenkapitalanteil von Wertaufholungen
	0860	Gewinnvortrag vor Verwendung
	0868	Verlustvortrag vor Verwendung
	0869	Vortrag auf neue Rechnung (Bilanz)
		Kapital
	0870	Festkapital (EK), Vollhafter/EinzelUN
	−0879	
	0880	Variables Kapital (EK), Vollhafter/EinzelUN
	−0889	
	0890	Gesellschafter-Darlehen (FK) Vollhafter
	−0899	
	0900	Kommandit-Kapital (EK) Teilhafter
	−0909	
	0910	Verlustausgleich (EK) Teilhafter
	−0919	
	0920	Gesellschafter-Darlehen (FK) Teilhafter
	−0929	

Funktionen		Konto	Beschriftung SKR03 2009
			Sonderposten mit Rücklageanteil
		0930	SoPo mit Rücklageanteil, stfr. Rücklage
		0931	SoPo mit Rücklageanteil § 6b EStG
		0932	SoPo mit Rücklageanteil EStR R 6.6
		0939	SoPo mit Rücklageanteil § 52 Abs. 16 EStG
		0940	SoPo mit Rücklageanteil, Sonder-AfA
		0943	SoPo mit Rücklageanteil § 7g Abs. 2 EStG n. F.
		0947	SoPo mit Rücklageanteil Sonder-AfA § 7g Abs. 1 EStG a. F./§ 7g Abs. 5 EStG n. F.
		0948	SoPo mit Rücklageanteil § 7g Abs. 3 und 7 EStG a. F.
		0949	Sonderposten für Zuschüsse u. Zulagen
			Rückstellungen
		0950	Pensions- und ähnliche Rückstellungen
		0955	Steuerrückstellungen
		0956	Gewerbesteuerrückstellung § 4 Abs. 5b EStG
		0957	Gewerbesteuerrückstellung
		0963	Körperschaftsteuerrückstellung
		0965	Rückstellungen für Personalkosten
		0966	Rückstellungen für Aufbewahrungspflicht
		0969	Rückstellungen für latente Steuern
		0970	Sonstige Rückstellungen
		0971	Rückstellungen Instandhaltung bis 3 M
		0972	Rückstellungen Instandhaltung 4-12 M
		0973	Rückstellungen Abraum-/Abfallbeseitigung
		0974	Rückstellungen f. Gewährleistungen
		0976	Rückstellungen f. drohende Verluste
		0977	Rückstellungen für Abschluss u. Prüfung
		0978	Aufwandsrückstellungen § 249 II HGB
		0979	Rückstellungen für Umweltschutz
			Abgrenzungsposten
		0980	Aktive Rechnungsabgrenzung
		0983	Abgrenzung aktive latente Steuern
		0984	Aufwand Zölle und Verbrauchsteuern
		0985	Aufwand Umsatzsteuer auf Anzahlungen
		0986	Damnum/Disagio
		0990	Passive Rechnungsabgrenzung
		0992	Abgrenzung unterjährige AfA für BWA
		0996	Pauschalwertberichtigung Forderg., Restlz. b. 1 J.
		0997	Pauschalwertberichtigung Forderg., Restlz. g. 1 J.
		0998	Einzelwertberichtigung Forderung, Restlz. b. 1 J.
		0999	Einzelwertberichtigung Forderung, Restlz. g. 1 J.

1 Finanz- und Privatkonten

Funktionen		Konto	Beschriftung SKR03 2009
			Schecks, Kassenbestand, Bundesbank- und Postbankguthaben, Guthaben bei Kreditinstituten
KU	F	1000	Kasse
KU	F	1001	Frei
		-1009	
KU	F	1010	Nebenkasse 1

Funktionen		Konto	Beschriftung SKR03 2009
KU	F	1011	Frei
		-1019	
KU	F	1020	Nebenkasse 2
KU	F	1021	Frei
		-1099	
KU	F	1100	Postbank
KU	F	1101	Frei
		-1109	
KU	F	1110	Postbank 1
KU	F	1111	Frei
		-1119	
KU	F	1120	Postbank 2
KU	F	1121	Frei
		-1129	
KU	F	1130	Postbank 3
KU	F	1189	Frei
		-1189	
KU	F	1190	LZB-Guthaben
KU	F	1191	Frei
		-1194	
KU	F	1195	Bundesbankguthaben
KU	F	1196	Frei
		-1199	
KU	F	1200	Bank
KU	F	1201	Frei
		-1209	
KU	F	1210	Bank 1
KU	F	1211	Frei
		-1219	
KU	F	1220	Bank 2
KU	F	1221	Frei
		-1229	
KU	F	1230	Bank 3
KU	F	1231	Frei
		-1239	
KU	F	1240	Bank 4
KU	F	1241	Frei
		-1249	
KU	F	1250	Bank 5
KU	F	1251	Frei
		-1289	
KU		1290	Finanzmittelanlagen kurzfristige Disposition
KU	F	1291	Frei
		-1294	
KU		1295	Verbindlichkeiten gg. Kreditinstituten
KU	F	-1296	Frei
		1299	
KU	F	1300	Wechsel aus Lieferung und Leistung
KU	F	1301	– Restlaufzeit bis 1 Jahr
KU	F	1302	– Restlaufzeit größer 1 Jahr
KU	F	1303	Frei
		-1304	
KU	F	1305	Wechsel a. L. + L., bundesbankfähig
KU	F	1306	Frei
		-1309	

Funktionen		Konto	Beschriftung SKR03 2009
KU		1310	Besitzwechsel gegen verbundene Unternehmen
KU		1311	– Restlaufzeit bis 1 Jahr
KU		1312	– Restlaufzeit größer 1 Jahr
KU		1313	Frei
		–1314	
KU		1315	Besitzwechsel gg. verbund. UN, bundesbankfähig
KU		1316	Frei
		–1319	
KU		1320	Besitzwechsel gg. UN m. Beteiligungsverhältnis
KU		1321	– Restlaufzeit bis 1 Jahr
KU		1322	– Restlaufzeit größer 1 Jahr
KU		1323	Frei
		–1324	
KU		1325	Besitzwechsel gg. UN m. Beteiligungsverh., bbf.
KU		1326	Frei
KU		1327	Finanzwechsel
KU		1328	Frei
KU		1329	Wertpapiere mit geringen Wertschwankungen
KU	F	1330	Schecks
KU	F	1331	Frei
		–1339	
			Wertpapiere
KU		1340	Anteile an verbundenen Unternehmen
KU		1341	Frei
		–1343	
KU		1344	Anteile a. herrschender Gesellschaft
KU		1345	Eigene Anteile
KU		1346	Frei
		–1347	
KU		1348	Sonstige Wertpapiere
KU		1349	Wertpapieranlagen kurzfristige Disposition
			Forderungen und sonstige
			Vermögensgegenstände
KU		1350	GmbH-Anteile z. kurzfristigen Verbleib
KU		1351	Frei
KU		1352	Genossenschaftsanteile z. kurzfristigen Verbleib
KU		1353	Frei
		–1354	
KU		1355	Ansprüche a. Rückdeckungsversicherung
KU		1356	Frei
		–1357	
KU	F	1358	Frei
		–1359	
KU	F	1360	Geldtransit
KU	F	1361	Frei
		–1369	
KU	F	1370	Gewinnermittlung § 4/3 EStG ergebniswirksam
KU	F	1371	Gewinnermittlung § 4/3 EStG nicht ergebniswirk.
V		1372	Wirtschaftsgüter Umlaufvermögen § 4/3 EStG
KU	F	1373	Frei
		–1379	
KU	F	1380	Überleitung Kostenstellen

Funktionen		Konto	Beschriftung SKR03 2009
KU	F	1381	Frei
		–1389	
KU	F	1390	Verrechnung Ist-Versteuerung
KU	F	1391	Frei
		–1399	
KU	S	1400	Forderungen aus Lieferungen u. Leistung
KU	F	1401	Forderungen aus L. + L., nicht bebuchbar
		–1406	
KU		1407	Frei
		–1409	
KU	F	1410	Forderungen aus L. + L., ohne Kontokorrent
		–1444	
KU	F	1445	Forderungen aus L. + L., allgem. Steuersatz
KU	F	1446	Forderungen aus L. + L., ermäßigt. Steuersatz
KU	F	1447	Forderg. aus steuerfrei., n. steuerbaren L. + L.
KU	F	1448	Forderungen aus L. + L. gemäß § 24 UStG
KU	F	1449	Gegenkto Aufteilung der Forderungen L. + L.
KU	F	1450	Forderungen nach § 11 EStG für § 4/3
KU	F	1451	Forderg. a. L. + L., ohne Kontokorr., Restlz. b. 1 J.
KU	F	1452	Frei
		–1454	
KU	F	1455	Forderg. a. L. + L., ohne Kontokorr., Restlz. g. 1 J.
KU	F	1456	Frei
		–1459	
KU	F	1460	Zweifelhafte Forderungen
KU	F	1461	Zweifelhafte Forderungen, Restlaufzeit b. 1 J.
KU		1462	Frei
		–1464	
KU	F	1465	Zweifelhafte Forderungen, Restlaufzeit g. 1 J.
KU	F	1466	Frei
		–1469	
KU	F	1470	Forderg. a. L. + L. gg. verbundenen UN
KU	F	1471	Forderg. a. L. + L. gg. verbund. UN, Rlz. b. 1 J.
KU	F	1472	Frei
		–1474	
KU	F	1475	Forderg. a. L. + L. gg. verbund. UN, Rlz. g. 1 J.
KU	F	1476	Frei
		–1477	
KU		1478	WB Forderungen gg. verbundene UN, Rlz. b. 1 J.
KU		1479	WB Forderungen gg. verbundene UN, Rlz. g. 1 J.
KU	F	1480	Ford. L. + L. gg. UN m. Beteiligungsverhältnis
KU	F	1481	Ford. L. + L. gg. UN m. Beteiligungsv., Rlz. b. 1 J.
KU	F	1482	Frei
		–1484	
KU	F	1485	Ford. L. + L. gg. UN m. Beteiligungsv., Rlz. g. 1 J.
KU	F	1486	Frei
		–1487	
KU		1488	WB Forderg. gg. UN m. Beteiligungsv., Rlz. b. 1 J.
KU		1489	WB Forderg. gg. UN m. Beteiligungsv., Rlz. g. 1 J.
KU	F	1490	Forderungen aus L. + L. gg. Gesellschafter
KU	F	1491	Forderung. L. + L. gg. Gesellschafter, Rlz. b. 1 J.
KU	F	1492	Frei
		–1494	
KU	F	1495	Forderung. L. + L. gg. Gesellschafter, Rlz. g. 1 J.

Funktionen		Konto	Beschriftung SKR03 2009
KU	F	1496	Frei
		−1497	
KU		1498	Gegenkonto sonst. VG bei Buchung Debitoren
KU		1499	Gegenkonto 1451–1497 bei Aufteilung Debitoren
KU		1500	Sonstige Vermögensgegenstände
KU		1501	Sonstige Vermögensgegenstände, Restlz. b. 1 J.
KU		1502	Sonstige Vermögensgegenstände, Restlz. g. 1 J.
KU		1503	Forderungen gg. Vorstandsmitglieder u. Geschäfts- führer, Restlaufzeit bis 1 Jahr
KU		1504	Forderungen gg. Vorstandsmitglieder u. Geschäfts- führer, Restlaufzeit größer 1 Jahr
KU		1505	Forderungen gg. Aufsichtsrats- u. Beiratsmitglied., Restlaufzeit bis 1 Jahr
KU		1506	Forderungen gg. Aufsichtsrats- u. Beiratsmitglied., Restlaufzeit größer 1 Jahr
KU		1507	Forderungen gg. Gesellschafter, Restlz. b. 1 J.
KU		1508	Forderungen gg. Gesellschafter, Restlz. g. 1 J.
KU		1509	Frei
V		1510	Geleistete Anzahlungen auf Vorräte
V	AV	1511	Geleistete Anzahlungen 7 % Vorsteuer
KU	R	1512	Buchungssperre
		−1515	
V	AV	1516	Geleistete Anzahlungen 15 % Vorsteuer
V	AV	1517	Geleistete Anzahlungen 16 % Vorsteuer
V	AV	1518	Geleistete Anzahlungen 19 % Vorsteuer
V		1519	Frei
		1520	
KU		1521	Agenturwarenabrechnung
KU		1522	Frei
		−1524	
KU		1525	Kautionen
KU		1526	Kautionen (bis 1 J)
KU		1527	Kautionen (g. 1 J)
KU	F	1528	Nachträgl. abz. Vorsteuer § 15a Abs. 2 UStG
KU	F	1529	Zurückzuzahlende Vorsteuer § 15a Abs. 2 UStG
KU		1530	Forderg. gg. Personal Lohn- u. Gehaltsabrechnung
KU		1531	Ford. gg. Personal Lohn- u. Gehalt., Restlz. b. 1 J.
KU		1532	Frei
		−1536	
KU		1537	Ford. gg. Personal Lohn- u. Gehalt., Restlz. g. 1 J.
KU		1538	KSt-Guthaben § 37 KStG, Restlaufzeitz. bis 1 J.
KU		1539	KSt-Guthaben § 37 KStG, Restlaufzeit größer 1 J.
KU		1540	Steuerüberzahlungen
KU		1541	Frei
KU		1542	Steuererstattungsanspruch gg. ander. EG-Land
KU	F	1543	Forderg. an FA aus abgeführtem Bauabzug
KU		1544	Frei
KU		1545	USt-Forderungen
KU		1546	Frei
KU		1547	Forderungen aus Verbrauchsteuern
KU		1548	Vorsteuer im Folgejahr abziehbar
KU		1549	Körperschaftsteuerrückforderung
KU		1550	Darlehen
KU		1551	Darlehen, Restlaufzeit bis 1 Jahr

Funktionen		Konto	Beschriftung SKR03 2009
KU		1552	Frei
		−1554	
KU		1555	Darlehen, Restlaufzeit größer 1 Jahr
KU	F	1556	Nachtr. abziehbare Vorsteuer, § 15a Abs. 1 UStG, bewegliche Wirtschaftsgüter
KU	F	1557	Zurückzuzahlende Vorsteuer, § 15a Abs. 1 UStG, bewegliche Wirtschaftsgüter
KU	F	1558	Nachtr. abziehbare Vorsteuer, § 15a Abs. 1 UStG, unbewegliche Wirtschaftsgüter
KU	F	1559	Zurückzuzahlende Vorsteuer, § 15a Abs. 1 UStG, unbewegliche Wirtschaftsgüter
KU	S	1560	Aufzuteilende Vorsteuer
KU	S	1561	Aufzuteilende Vorsteuer 7 %
KU	S	1562	Aufzuteilende Vorsteuer aus EG-Erwerb
KU	S	1563	Aufzuteilende Vorsteuer aus EG-Erwerb 19 %
KU	R	1564	Buchungssperre
KU	S	1565	Aufzuteilende Vorsteuer 16 %
KU	S	1566	Aufzuteilende Vorsteuer 19 %
KU	S	1567	Aufzuteilende Vorsteuer §§ 13a/13b UStG
KU	S	1568	Aufzuteilende Vorsteuer §§ 13a/13b USt 16 %
KU	S	1569	Aufzuteilende Vorsteuer §§ 13a/13b USt 19 %
KU	S	1570	Abziehbare Vorsteuer
KU	S	1571	Abziehbare Vorsteuer 7 %
KU	S	1572	Abziehbare Vorsteuer aus EG-Erwerb
KU	S	1573	Abziehbare Vorsteuer aus EG-Erwerb 16 %
KU	S	1574	Abziehbare Vorsteuer aus EG-Erwerb 19 %
KU	S	1575	Abziehbare Vorsteuer 16 %
KU	S	1576	Abziehbare Vorsteuer 19 %
KU	S	1577	Abziehbare Vorsteuer § 13b UStG 19 %
KU	S	1578	Abziehbare Vorsteuer § 13b UStG
KU	S	1579	Abziehbare Vorsteuer § 13b UStG 16 %
KU		1580	Gegenkonto Vorsteuer § 4/3 EStG
KU		1581	Auflösung Vorsteuer Vorjahr § 4/3 EStG
KU		1582	Vorsteuer aus Investitionen § 4/3 EStG
KU		1583	Gegenkto. Vorsteuer Durchschnittssätze
KU	S	1584	Vorsteuer EG-Erwerb neue Kfz ohne UStID
KU	S	1585	Abziehbare Vorsteuer § 13a UStG
KU	R	1586	Buchungssperre
KU	F	1587	Vorsteuer allgem. Durchschnittssätze
KU	F	1588	Einfuhr-Umsatzsteuer
KU	R	1589	Buchungssperre
KU		1590	Durchlaufende Posten
KU		1591	Frei
KU		1592	Fremdgeld
KU	F	1593	Verrechnung erhaltene Anzahlungen
KU		1594	Forderungen gegen verbund. Unternehmen
KU		1595	– Restlaufzeit bis 1 Jahr
KU		1596	– Restlaufzeit größer 1 Jahr
KU		1597	Forderungen gg. UN m. Beteiligungsverhältnis
KU		1598	– Restlaufzeit bis 1 Jahr
KU		1599	– Restlaufzeit größer 1 Jahr

Funktionen		Konto	Beschriftung SKR03 2009
			Verbindlichkeiten
KU	S	1600	Verbindlichkeiten aus Lieferungen u. Leistungen
KU	F	1601	Verbindlichkeiten aus L. + L., nicht bebuchbar
		−1603	
KU		1604	Frei
KU	F	1605	Verbindlichkeiten L. + L., allgem. Steuersatz
KU	F	1606	Verbindlichkeiten L. + L., ermäßigt. Steuersatz
KU	F	1607	Verbindlichkeiten L. + L., ohne Vorsteuerabzug
KU	F	1608	Frei
KU	F	1609	Gegenkto Aufteilung Verbindlich. L. + L.
KU	F	1610	Verbindlichk. L. + L., ohne Kontokorrent
		−1623	
KU	F	1624	Verbindlichk. L. + L., Investitionen § 4/3 EStG
KU	F	1625	Verbindlichk. L. + L., ohne Kontokorr, Rlz. bis 1 J.
KU	F	1626	Verbindlichk. L. + L., ohne Kontokorr, Rlz. 1–5 J.
KU	F	1627	Frei
KU	F	1628	Verbindlichk. L. + L., ohne Kontokorr, Rlz. g. 5 J.
KU	F	1629	Frei
KU	F	1630	Verbindlichkeiten L. + L. gg. verbundenen UN
KU	F	1631	Verbindlichk. L. + L. gg. verb. UN, Rlz. bis 1 J.
KU	F	1632	Frei
		−1634	
KU	F	1635	Verbindlichk. L. + L. gg. verb. UN, Rlz. 1–5 J.
KU	F	1636	Frei
		−1637	
KU	F	1638	Verbindlichk. L. + L. gg. verb. UN, Rlz. größer 5 J.
KU	F	1639	Frei
KU	F	1640	Verbindl. L. + L. gg. UN m. Beteiligungsverhältnis
KU	F	1641	Verbindl. L. + L. gg. UN m. Beteilig., Rlz. bis 1 J.
KU	F	1642	Frei
		−1644	
KU	F	1645	Verbindl. L. + L. gg. UN m. Beteilig., Rlz. 1–5 J.
KU	F	1646	Frei
		−1647	
KU	F	1648	Verbindl. L. + L. gg. UN m. Beteilig., Rlz. g. 5 J.
KU	F	1649	Frei
KU	F	1650	Verbindlichkeiten L. + L. gg. Gesellschaftern
KU	F	1651	Verbindl. L. + L. gg. Gesellsch, Rlz. bis 1 J.
KU	F	1652	Frei
		−1654	
KU	F	1655	Verbindl. L. + L. gg. Gesellsch, Rlz. 1–5 J.
KU	F	1656	Frei
		−1657	
KU	F	1658	Verbindl. L. + L. gg. Gesellsch, Rlz. größer 5 J.
KU		1659	Gegenkonto 1625–1658 bei Aufteilung Kreditoren
KU	F	1660	Schuldwechsel
KU	F	1661	Schuldwechsel, Restlaufzeit bis 1 J.
KU	F	1662	Frei
		−1679	
KU	F	1680	Schuldwechsel, Restlaufzeit 1–5 J.
KU	F	1681	Frei
		−1689	
KU	F	1690	Schuldwechsel, Restlaufzeit größer 5 J.

Funktionen		Konto	Beschriftung SKR03 2009
KU	F	1691	Frei
		−1699	
KU		1700	Sonstige Verbindlichkeiten
KU		1701	− Restlaufzeit bis 1 Jahr
KU		1702	− Restlaufzeit 1 bis 5 Jahre
KU		1703	− Restlaufzeit größer 5 Jahre
KU		1704	Sonst. Verbindlichkeiten nach § 11 EStG
KU		1705	Darlehen
KU		1706	− Restlaufzeit bis 1 Jahr
KU		1707	− Restlaufzeit 1 bis 5 Jahre
KU		1708	− Restlaufzeit größer 5 Jahre
KU		1709	Gewinnverfügung stille Gesellschaft.
M		1710	Erhaltene Anzahlungen
M	AM	1711	Erhaltene, versteuerte Anzahlungen 7 % USt
KU	R	1712	Buchungssperre
		−1715	
M	AM	1716	Erhaltene, versteuerte Anzahlungen 15 % USt
M	AM	1717	Erhaltene, versteuerte Anzahlungen 16 % USt
M	AM	1718	Erhaltene, versteuerte Anzahlungen 19 % USt
M		1719	− Restlaufzeit bis 1 Jahr
M		1720	− Restlaufzeit 1 bis 5 Jahre
M		1721	− Restlaufzeit größer 5 Jahre
M		1722	Erhaltene Anzahlungen
M		1723	Frei
		−1729	
KU		1730	Kreditkartenabrechnung
KU		1731	Agenturwarenabrechnung
KU		1732	Erhaltene Kautionen
KU		1733	Erhaltene Kautionen (bis 1 Jahr)
KU		1734	Erhaltene Kautionen (1-5 Jahre)
KU		1735	Erhaltene Kautionen (größer 5 Jahre)
KU		1736	Verbindlichkeiten aus Steuern und Abgaben
KU		1737	− Restlaufzeit bis 1 Jahr
KU		1738	− Restlaufzeit 1 bis 5 Jahre
KU		1739	− Restlaufzeit größer 5 Jahre
KU		1740	Verbindlichkeiten aus Lohn und Gehalt
KU		1741	Verbindlichkeiten aus Lohn- und Kirchensteuer
KU		1742	Verbindlichkeiten soziale Sicherheit
KU		1743	− Restlaufzeit bis 1 Jahr
KU		1744	− Restlaufzeit 1 bis 5 Jahre
KU		1745	− Restlaufzeit größer 5 Jahre
KU		1746	Verbindlichkeiten a. Einbehaltung (KapESt)
KU		1747	Verbindlichkeiten für Verbrauchsteuern
KU		1748	Verbindlichkeiten Einbehaltung Arbeitnehmer
KU		1749	Verbindlichkeiten an FA abzuführender Bauabzug
KU		1750	Verbindlichkeiten aus Vermögensbildung
KU		1751	− Restlaufzeit bis 1 Jahr
KU		1752	− Restlaufzeit 1 bis 5 Jahre
KU		1753	− Restlaufzeit größer 5 Jahre
KU		1754	Steuerzahlungen an andere EG-Länder
KU		1755	Lohn- und Gehaltsverrechnungen
KU		1756	Lohn/Gehaltsverrechnung § 11 f. 4/3 EStG
KU		1757	Frei
KU	R	1758	Buchungssperre
KU		1759	Voraus. Beitrag ggb. Sozialversicherungsträger

Funktionen		Konto	Beschriftung SKR03 2009
KU	S	1760	Umsatzsteuer nicht fällig
KU	S	1761	Umsatzsteuer nicht fällig, 7 %
KU	S	1762	USt nicht fällig, EG-Lieferungen
KU	S	1763	USt nicht fällig, EG-Lieferungen 16 %
KU	S	1764	USt nicht fällig, EG-Lieferungen 19 %
KU	S	1765	Umsatzsteuer nicht fällig, 16 %
KU	S	1766	Umsatzsteuer nicht fällig, 19 %
KU	S	1767	USt im anderen EG-Land steuerpfl. Lieferung
KU	S	1768	USt im and. EG-Land sonst. Leist./Werklieferung.
KU	S	1769	Umsatzsteuer nach § 13a UStG
KU	S	1770	Umsatzsteuer
KU	S	1771	Umsatzsteuer 7 %
KU	S	1772	Umsatzsteuer aus EG-Erwerb
KU	S	1773	Umsatzsteuer aus EG-Erwerb, 16 %
KU	S	1774	Umsatzsteuer aus EG-Erwerb, 19 %
KU	S	1775	Umsatzsteuer 16 %
KU	S	1776	Umsatzsteuer 19 %
KU	S	1777	Umsatzsteuer EG-Lieferungen
KU	S	1778	Umsatzsteuer EG-Lieferungen, 19 %
KU	S	1779	USt aus EG-Erwerb ohne Vorsteuerabzug
KU	F	1780	Umsatzsteuervorauszahlungen
KU	F	1781	Umsatzsteuervorauszahlungen 1/11
KU	F	1782	Nachsteuer
KU	F	1783	Unrichtig oder unberechtigt ausgew. USt
KU	S	1784	USt EG-Erwerb Neufahrzeuge ohne UStID
KU	S	1785	Umsatzsteuer nach § 13b UStG
KU	S	1786	Umsatzsteuer nach § 13b UStG 16 %
KU	S	1787	Umsatzsteuer nach § 13b UStG 19 %
KU		1788	Aufgeschobene Einfuhr-Umsatzsteuer
KU		1789	Umsatzsteuer laufendes Jahr
KU		1790	Umsatzsteuer Vorjahr
KU		1791	Umsatzsteuer frühere Jahre
KU		1792	Sonstige Verrechnung
KU		1793	Verrechnung geleistete Anzahlungen
KU		1794	Frei
KU		1795	Verbindlichkeiten soziale Sicherheit § 4/3 EStG
KU		1796	Frei
		−1798	
KU	F	1799	Frei
			Privat (Eigenkapital)
			Vollhafter/Einzelunternehmer
KU		1800	Privatentnahmen allgemein
		−1809	
KU		1810	Privatsteuern
		−1819	
KU		1820	Sonderausgaben beschränkt abzugsfähig
		−1829	
KU		1830	Sonderausgaben unbeschränkt abzugsfähig
		−1839	
KU		1840	Zuwendungen, Spenden
		−1849	
KU		1850	Außergewöhnliche Belastungen
		−1859	

Funktionen	Konto	Beschriftung SKR03 2009
KU	1860	Grundstücksaufwand
	−1868	
V	1869	Grundstücksaufwand
KU	1870	Grundstücksertrag
	−1878	
M	1879	Grundstücksertrag
KU	1880	Unentgeltliche Wertabgaben
	−1889	
KU	1890	Privateinlagen
	−1899	
		Privat (Fremdkapital) Teilhafter
KU	1900	Privatentnahmen allgemein
	−1909	
KU	1910	Privatsteuern
	−1919	
KU	1920	Sonderausgaben beschränkt abzugsf.
	−1929	
KU	1930	Sonderausgaben unbeschränkt abzugsf.
	−1939	
KU	1940	Zuwendungen, Spenden
	−1949	
KU	1950	Außergewöhnliche Belastungen
	−1959	
KU	1960	Grundstücksaufwand
	−1969	
KU	1970	Grundstücksertrag
	−1979	
KU	1980	Unentgeltliche Wertabgaben
	−1989	
KU	1990	Privateinlagen
	−1999	

	Konto	Beschriftung
		Außerordentliche Aufwendungen
		i. S. d. BiRiLiG
	2000	Außerordentliche Aufwendungen
	2001	Außerordentliche Aufwendungen finanzwirksam
	2005	Außerordentliche Aufwend. nicht finanzwirksam
		Betriebsfremde und periodenfremde
		Aufwendungen
	2010	Betriebsfremde Aufwendungen
	2020	Periodenfremde Aufwendungen
		Zinsen und ähnliche Aufwendungen
	2100	Zinsen und ähnliche Aufwendungen
	2103	Abzugsfähige andere Nebenleistungen zu Steuern
	2104	Nicht abzugsfäh. and. Nebenleist. z. Steuern
	2105	Zinsaufwendungen § 233a AO, § 4 Abs. 5b EStG
	2106	Abzinsung KSt-Erhöhungsbetrag § 38 KStG
	2107	Zinsaufwendungen § 233a AO betriebliche Steuern
	2108	Zinsaufwendungen §§ 233a bis 237 AO
	2109	Zinsaufwendungen an verbundene Unternehmen

Funktionen		Konto	Beschriftung SKR03 2009
		2110	Zinsaufwendungen f. kurzfristige Verbindlichkeiten
		2113	Nicht abzugsfähige Schuldzinsen § 4/4a EStG
		2115	Zinsen und ähnl. Aufwend., §§ 3 Nr. 40, 3c EStG/ § 8b KStG
		2116	Zinsen, Aufwendg. verb. UN, §§ 3 Nr. 40, 3c EStG/ § 8b KStG
		2118	Zinsen auf Kontokorrentkonten
		2119	Zinsaufwend., kurzfr. Verbindl. an verbund. UN
		2120	Zinsaufwendungen, langfr. Verbindlichkeiten
		2125	Zinsen für Gebäude im Betriebsvermögen
		2126	Zinsen zur Finanzierung Anlagevermögen
		2127	Renten und dauernde Lasten
		2128	Zinsen an Mitunternehmer § 15 EStG
		2129	Zinsaufw., langfr. Verbindl. ab verbund. UN
		2130	Diskontaufwendungen
		2139	Diskontaufwendungen an verbundene UN
		2140	Zinsähnliche Aufwendungen
		2149	Zinsähnliche Aufwendungen an verbundene UN
		2150	Aufwendungen aus Kursdifferenzen
		2166	Aufwendg. Bewertung Finanzmittelfonds
		2170	Nicht abziehbare Vorsteuer
		2171	Nicht abziehbare Vorsteuer 7 %
KU	R	2174 –2175	Buchungssperre
		2176	Nicht abziehbare Vorsteuer 19 %
			Steueraufwendungen
		2200	Körperschaftsteuer
		2203	Körperschaftsteuer für Vorjahre
		2204	Körperschaftsteuererstattung Vorjahre
		2205	Körperschaftsteuererstattung VJ § 37 KStG
		2206	Körperschaftsteuer-Erhöhung § 38 Abs. 5 KStG
		2208	Solidaritätszuschlag
		2209	Solidaritätszuschlag für Vorjahre
		2210	Solidaritätszuschlagerstattung für Vorjahre
		2212	Kapitalertragsteuer 20%
		2213	Kapitalertragsteuer 25 %
		2214	SolZ auf Kapitalertragsteuer 20%
		2215	Zinsabschlagsteuer
		2216	SolZ auf Kapitalertragsteuer 25 %
		2218	Solidaritätszuschlag auf Zinsabschlagsteuer
		2219	Anzurechn. ausländische Quellensteuer
		2250	Aufwend. Zuführung/Auflösung latente Steuern
		2255	Erträge Zuführung/Auflösung latente Steuern
		2280	GewSt-Nachzahlung Vorjahre
		2281	GewSt-Nachzahlung/-Erstattung VJ § 4/5b EStG
		2282	GewSt-Erstattung Vorjahre
		2283	Auflösung GewSt-Rückstellg. § 4/5b EStG
		2284	Auflösung Gewerbesteuerrückstellung
		2285	Steuernachzahlungen, VJ sonstige Steuern
		2287	Erstattung, VJ für sonstige Steuern
		2289	Auflösung Rückstellung sonstige Steuern

Funktionen		Konto	Beschriftung SKR03 2009
			Sonstige Aufwendungen
		2300	Sonstige Aufwendungen
		2307	Sonst. Aufwendungen, betriebsfremd u. regelm.
		2309	Sonstige Aufwendungen, unregelmäßig
		2310	Abgänge Sachanlagen Restbuchwert
		2311	Abgänge immat. Vermögensgegen. RBW (Verlust)
		2312	Abgänge Finanzanlagen Restbuchwert (Verlust)
		2313	Abgänge Finanzanlagen, §§ 3 Nr. 40, 3c EStG/ § 8b KStG, RBW (Verlust)
		2315	Abgänge Sachanlagen Restbuchwert (Verlust)
		2316	Abgänge immat. Vermögensgegen. RBW (Gewinn)
		2317	Abgänge Finanzanlagen Restbuchwert (Gewinn)
		2318	Abgänge Finanzanlagen, §§ 3 Nr. 40, 3c EStG/ § 8b KStG, RBW (Gewinn)
		2320	Verluste aus Anlagenabgang
		2323	Verluste, Veräußerungen, Anteile KapGes §§ 3 Nr. 40, 3c EStG/§ 8b KStG
		2325	Verluste aus Abgang von Umlaufvermögen
		2326	Verluste aus Abgang UV, §§ 3 Nr. 40, 3c EStG/ § 8b KStG
		2327	Abgang WG des UV § 4 Abs. 3 EStG
		2328	Abgang WG des UV , §§ 3 Nr. 40, 3c EStG/ § 8b KStG nach § 4 Abs. 3 Satz 4 EStG
		2340	Einstellungen SoPo mit Rücklage-Anteil
		2341	Einstellungen SoPo § 7g Abs. 2 EStG n. F.
		2345	Einstellungen SoPo mit Rücklage-Anteil
		2348	Aufwendungen, Zuschreibung Verbindlichkeiten
		2349	Aufwendungen, Zuschreibung Rückstellungen
		2350	Grundstücksaufwendungen, neutral
		2375	Grundsteuer
		2380	Zuwendungen, Spenden steuerl. nicht abziehbar
		2381	Zuwendg. Spenden wissensch./kult. Zweck
		2382	Zuwendungen, Spenden mildtätige Zwecke
		2383	Zuwendungen, Spenden kirchl./rel./gemein.
		2384	Zuwendungen, Spenden an politische Partei
		2385	Nicht abziehbare Aufsichtsratsvergütung
		2386	Abziehbare Aufsichtsratsvergütung
		2387	Zuwendg. an Stiftungen gem. § 52/2/1-3 AO
		2388	Zuwendg. an Stiftungen gem. § 52/2/4 AO
		2389	Zuwendg. an Stiftungen kirchl./rel./gemein.
		2390	Zuwendg. an Stiftungen wiss./mildt./kultur.
M		2400	Forderungsverluste
M	AM	2401	Forderungsverluste 7 % USt
M	AM	2402	Forderungsverluste steuerfreie EG-Lieferungen
M	AM	2403	Forderungsverluste EG-Lieferungen 7 % USt
M	AM	2404	Forderungsverlust EG-Lieferung 16 % USt
M	AM	2405	Forderungsverluste 16 % USt
M	AM	2406	Forderungsverluste 19 % USt
M	AM	2407	Forderungsverluste 15 % USt
M	AM	2408	Forderungsverluste EG-Lieferung 19 % USt
M	AM	2409	Forderungsverluste EG-Lieferung 15 % USt
M		2410	Frei
M		2430	Forderungsverluste

Funktionen	Konto	Beschriftung SKR03 2009
M	2431	Frei
	−2449	
	2450	Einstellung in die PWB zu Forderungen
	2451	Einstellung in die EWB zu Forderungen
	2490	Aufwendungen aus Verlustübernahme
	2492	Abgeführte Gewinne, Gewinngemeinschaft
	2493	Abgeführte Gewinne, stille Gesellsch. § 8 GewStG
	2494	Abgeführte Gewinne / Gewinn-/Teilgewinnabführ
	2495	Einstellungen, Kapitalrücklage
	2496	Einstellungen, gesetzliche Rücklage
	2497	Einstellungen, satzungsmäß. Rücklage
	2498	Einstellung, Rücklage eigene Anteile
	2499	Einstellungen, andere Gewinnrücklagen
		Außerordentliche Erträge i. S. d. BiRiLiG
	2500	Außerordentliche Erträge
	2501	Außerordentliche Erträge, finanzwirksam
	2505	Außerordentliche Erträge nicht finanzwirksam
		Betriebsfremde und periodenfremde Erträge
	2510	Betriebsfremde Erträge
	2520	Periodenfremde Erträge
		Zinserträge
	2600	Erträge aus Beteiligungen
	2615	Erträge aus Beteiligungen, § 3 Nr. 40 EStG/ § 8b KStG
	2616	Erträge, Beteiligungen verb. UN, § 3 Nr. 40 EStG/ § 8b KStG
	2617	Sonst. GewStfreie Gewinne, Anteile KapGes
	2618	Gewinnant. aus Mitunternehmschaft § 9 GewStG
	2619	Erträge, Beteiligungen verbundene UN
	2620	Erträge, Wertpapiere/Ausleihungen FAV
	2625	Erträge, Beteiligungen FAV, § 3 Nr. 40 EStG/ § 8b KStG
	2626	Erträge, Beteiligungen verb. UN, § 3 Nr. 40 EStG/ § 8b KStG
	2649	Erträge Wertpapiere/FAV-Ausleihung. verb. UN
	2650	Sonstige Zinsen und ähnliche Erträge
	2652	Steuerfr. Aufzinsung Körperschaftsteuerguthaben
	2653	Zinserträge § 233a AO, § 4 Abs. 5b EStG
	2654	Erträge Wertpapiere/Ausleihungen UV
	2655	Erträge, Beteiligungen UV, § 3 Nr. 40 EStG/ § 8b KStG
	2656	Erträge, Beteiligungen verb. UN, § 3 Nr. 40 EStG/ § 8b KStG
	2657	Zinserträge § 233a AO
	2658	Zinserträge § 233a AO, Anlage A KSt
	2659	Sonst. Zinsen u. ä. Erträge aus verbund. UN
	2660	Erträge aus Kursdifferenzen
	2666	Erträge Bewertung Finanzmittelfonds
	2670	Diskonterträge
	2679	Diskonterträge verbundene Unternehmen
	2680	Zinsähnliche Erträge
	2688	Zinserträge Rückzahlung KSt-Erhöhg. § 38

Funktionen	Konto	Beschriftung SKR03 2009
	2689	Zinsähnliche Erträge verbundene UN
		Sonstige Erträge
	2700	Sonstige Erträge
	2705	Sonstige betriebliche regelm. Erträge
	2707	Sonstige betriebsfremde regelm. Erträge
	2709	Sonstige Erträge unregelmäßig
	2710	Erträge Zuschreibungen Sachanlagevermögen
	2711	Erträge Zuschreibungen immat. Anlagevermög.
	2712	Erträge Zuschreibungen Finanzanlagevermögen
	2713	Erträge Zuschreibungen FAV, § 3 Nr. 40 EStG/ § 8b KStG
	2714	Erträge Zuschreibungen anderes AV, § 3 Nr. 40 EStG/§ 8b KStG
	2715	Erträge Zuschreibungen Umlaufvermögen
	2716	Erträge Zuschreibungen UV, § 3 Nr. 40 EStG/ § 8b KStG
	2720	Erträge aus Abgang von AV-Gegenständen
	2723	Erträge Veräußerung Anteil. KapGes; § 3 Nr. 40 EStG/§ 8b KStG
	2725	Erträge aus Abgang von UV-Gegenständen
	2726	Erträge aus Abgang UV, § 3 Nr. 40 EStG/ § 8b KStG
	2730	Erträge aus Herabsetzung PWB zu Forderungen
	2731	Erträge aus Herabsetzung EWB zu Forderungen
	2732	Erträge aus abgeschriebenen Forderungen
	2733	Erträge Aufl. SoPo Existenzgründerrücklagen
	2734	Erträge Bewertung Verbindlichkeiten
	2735	Erträge Auflösung von Rückstellungen
	2736	Erträge steuerl. Bewertung Rückstellung
	2738	Erträge Aufl. SoPo m. Rückl.ant. § 52/16 EStG
	2739	Erträge Aufl. SoPo § 7g/3 a. F., 7g/2 n. F.
	2740	Erträge Auflösung SoPo m. Rücklageanteil
	2742	Versicherungsentschädigungen
	2743	Investitionszuschüsse
	2744	Investitionszulage
	2745	Erträge a. Kapitalherabsetzung
	2746	Steuerfreie Erträge aus Auflösung SoPo
	2747	Sonstige steuerfreie Betriebseinnahmen
	2750	Grundstückserträge
	2790	Erträge aus Verlustübernahme
	2792	Gewinne auf Grund Gewinngemeinschaft
	2794	Gewinne auf Grund Gewinn/Teilgewinnabführung.
	2795	Entnahmen aus Kapitalrücklagen
	2796	Entnahmen aus der gesetzliche Rücklage
	2797	Entnahmen aus satzungsmäßige Rücklagen
	2798	Entnahmen Rücklage für eigene Anteile
	2799	Entnahmen aus anderen Gewinnrücklagen
	2860	Gewinnvortrag nach Verwendung
	2868	Verlustvortrag nach Verwendung
	2869	Vortrag auf neue Rechnung (GuV)
	2870	Vorabausschüttung

2 Abgrenzungskonten

Funktionen		Konto	Beschriftung SKR03 2009
			Verrechnete kalkulatorische Kosten
		2890	Verrechneter kalkulatorischer Unternehmerlohn
		2891	Verrechnete kalkulatorische Miete und Pacht
		2892	Verrechnete kalkulatorische Zinsen
		2893	Verrechnete kalkulatorische Abschreibungen
		2894	Verrechnete kalkulatorische Wagnisse
		2895	Verrechneter kalkulatorische Lohn, unentgeltl. AN
KU	R	2900	Buchungssperre
		−2901	
KU	R	2907	Buchungssperre
KU	R	2912	Buchungssperre
		−2914	
KU	R	2917	Buchungssperre
KU	R	2920	Buchungssperre
		−2931	
KU	R	2950	Buchungssperre
		−2953	
KU	R	2960	Buchungssperre
		−2963	
		2990	Aufwendungen/Erträge aus Umrechnungsdifferenz

3 Wareneingangs- und Bestandskonten

Funktionen		Konto	Beschriftung SKR03 2009
			Materialaufwand
V		3000	Roh-, Hilfs- und Betriebsstoffe
V		3001	Frei
		−3089	
V		3090	Energiestoffe
V		3091	Frei
		−3099	
V		3100	Fremdleistungen
V		3101	Frei
		−3109	
			Umsätze, für die als Leistungsempfänger die § 13b Abs. 2 UStG geschuldet wird
V	AV	3110	Bauleistungen § 13b 7 % Vorsteuer, 7 % USt
KU	R	3111	Buchungssperre
		−3114	
V	AV	3115	Leistungen ausl. UN 7 % Vorsteuer, 7 % USt
KU	R	3116	Buchungssperre
		−3119	
V	AV	3120	Bauleistungen § 13b 19 % Vorst., 19 % USt
		−3121	
KU	R	3122	Buchungssperre
		−3124	
V	AV	3125	Leistungen ausl. UN 19 % Vorst., 19 % USt
		−3126	
KU	R	3127	Buchungssperre
		−3129	
V	AV	3130	Bauleistungen § 13b ohne Vorst., 7 % USt
KU	R	3131	Buchungssperre
		−3134	

3 Wareneingangs- und Bestandskonten

Funktionen		Konto	Beschriftung SKR03 2009
V	AV	3135	Leistungen ausl. UN ohne Vorst., 7 % USt
KU	R	3136	Buchungssperre
		−3139	
V	AV	3140	Bauleistungen § 13b ohne Vorst., 19 % USt
		−3141	
KU	R	3142	Buchungssperre
		−3144	
V	AV	3145	Leistungen ausl. UN ohne Vorst., 19 % USt
		−3146	
KU	R	3147	Buchungssperre
		−3149	
V	SAV	3150	Erhaltene Skonti Leistungen § 13b UStG
V	SAV	3151	Erh. Skonti Leistg. § 13b 19 % Vorst/USt
V	SAV	3152	Erh. Skonti Leistg. § 13b 16 % Vorst/USt
V	SAV	3153	Erh. Skonti Leistg. § 13b o. Vorst/m. USt
V	SAV	3154	Erh. Skonti Leistg. § 13b o. Vorst/m. 19 % USt
V	SAV	3155	Erh. Skonti Leistg. § 13b o.Vorst/m. 16 % USt
KU	R	3156	Buchungssperre
		−3159	
V		3160	Frei
		−3199	
V		3200	Wareneingang
V		3201	Frei
		−3299	
V	AV	3300	Wareneingang 7 % Vorsteuer
		−3309	
KU	R	3310	Buchungssperre
		−3349	
V		3350	Frei
		−3399	
V	AV	3400	Wareneingang 19 % Vorsteuer
		−3409	
KU	R	3410	Buchungssperre
		−3419	
V	AV	3420	EG-Erwerb 7 % Vorsteuer und 7 % USt
		−3424	
V	AV	3425	EG-Erwerb 19 % Vorsteuer und 19 % USt
		−3429	
V	AV	3430	EG-Erwerb ohne Vorsteuer und 7 % USt
KU	R	3431	Buchungssperre
		−3434	
V	AV	3435	EG-Erwerb ohne Vorsteuer und 19 % USt
KU	R	3436	Buchungssperre
		−3439	
V	AV	3440	EG-Erw., Nutzfahrz. o. UStID 19 % Vorsteuer/USt
KU	R	3441	Buchungssperre
		−3449	
V		3450	Frei
		−3499	
KU	R	3500	Buchungssperre
		−3504	
V	AV	3505	Wareneingang 5,5 % Vorsteuer
		−3509	
KU	R	3510	Buchungssperre
		−3539	

Funktionen		Konto	Beschriftung SKR03 2009
V	AV	3540	Wareneingang 10,7 % Vorsteuer
		–3549	
V	AV	3550	Steuerfreier EG-Erwerb
V		3551	Wareneingang, im Drittland steuerbar
V		3552	Erwerb 1. Abnehmer im Dreiecksgeschäft
KU	R	3553	Buchungssperre
		–3557	
V		3558	Wareneingang, im anderen EG-Land steuerbar
V		3559	Steuerfreie Einfuhren
V	AV	3560	Waren aus USt-Lager, 7 % Vorsteuer, 7 % USt
KU	R	3561	Buchungssperre
		–3564	
V	AV	3565	Waren aus USt-Lager, 19 % Vorst., 19 % USt
KU	R	3566	Buchungssperre
		–3569	
V		3570	Frei
		–3599	
		3600	Nicht abziehbare Vorsteuer
		–3609	
		3610	Nicht abziehbare Vorsteuer 7 %
		–3619	
KU	R	3620	Buchungssperre
		–3629	
KU	R	3650	Buchungssperre
		–3659	
		3660	Nicht abziehbare Vorsteuer 19 %
		–3669	
V		3700	Nachlässe
V		3701	Frei
		–3709	
V	AV	3710	Nachlässe 7 % Vorsteuer
		–3711	
KU	R	3712	Buchungssperre
		–3719	
V	AV	3720	Nachlässe 19 % Vorsteuer
		–3721	
V	AV	3722	Nachlässe 16 % Vorsteuer
V	AV	3723	Nachlässe 15 % Vorsteuer
V	AV	3724	Nachlässe EG-Erwerb 7 % Vorsteuer u. 7 % USt
V	AV	3725	Nachlässe EG-Erwerb 19 % Vorsteuer u. 19 % USt
V	AV	3726	Nachlässe EG-Erwerb 16 % Vorsteuer u. 16 % USt
V	AV	3727	Nachlässe EG-Erwerb 15 % Vorsteuer u. 15 % USt
KU	R	3728	Buchungssperre
		–3729	
V	SAV	3730	Erhaltene Skonti
V	SAV	3731	Erhaltene Skonti 7 % Vorsteuer
KU	R	3732	Buchungssperre
		–3734	
V	SAV	3735	Erhaltene Skonti 16 % Vorsteuer
V	SAV	3736	Erhaltene Skonti 19 % Vorsteuer
KU	R	3737	Buchungssperre
		–3738	
V		3739	Frei
		–3744	
V	SAV	3745	Erhaltene Skonti EG-Erwerb

Funktionen		Konto	Beschriftung SKR03 2009
V	SAV	3746	Erhalt. Skonti EG-Erwerb 7 % Vorsteuer u. 7 % USt
KU	R	3747	Buchungssperre
V	SAV	3748	Erhalt. Skonti EG-Erwerb 19 % Vorst. u. 19 % USt
V	SAV	3749	Erhalt. Skonti EG-Erwerb 16 % Vorst. u. 16 % USt
V	AV	3750	Erhaltene Boni 7 % Vorsteuer
		–3751	
KU	R	3752	Buchungssperre
		–3759	
V	AV	3760	Erhaltene Boni 19 % Vorsteuer
		–3761	
KU	R	3762	Buchungssperre
		–3763	
V	AV	3764	Erhaltene Boni 16 % Vorsteuer
		–3765	
KU	R	3766	Buchungssperre
		–3768	
V		3769	Erhaltene Boni
V		3770	Erhaltene Rabatte
V		3771	Frei
		–3779	
V	AV	3780	Erhaltene Rabatte 7 % Vorsteuer
		–3781	
KU	R	3782	Buchungssperre
		–3789	
V	AV	3790	Erhaltene Rabatte 19 % Vorsteuer
		–3791	
KU	R	3792	Buchungssperre
		–3793	
V	AV	3794	Erhaltene Rabatte 16 % Vorsteuer
		–3795	
KU	R	3796	Buchungssperre
		–3799	
V		3800	Bezugsnebenkosten
V		3801	Frei
		–3829	
V		3830	Leergut
V		3831	Frei
		–3849	
V		3850	Zölle und Einfuhrabgaben
V		3851	Frei
		–3959	
KU		3960	Bestandsveränderung RHB-Stoffe/bezogene Ware
		–3969	
			Bestand an Vorräten
KU		3970	Bestand Roh-, Hilfs- und Betriebsstoffe
		–3979	
KU		3980	Bestand Waren
		–3989	
			Verrechnete Stoffkosten
KU		3990	Verrechnete Stoffkosten (Gegenkonto zu 4000-99)
		–3999	

Funktionen	Konto	Beschriftung SKR03 2009
		Material- und Stoffverbrauch
V	4000	Material- und Stoffverbrauch
	−4099	
		Personalaufwendungen
	4100	Löhne und Gehälter
	4110	Löhne
	4120	Gehälter
	4124	Geschäftsführergehälter GmbH-Gesellschafter
	4125	Ehegattengehalt
	4126	Tantiemen
	4127	Geschäftsführergehälter
	4128	Vergütung angestellte Mituntern. § 15 EStG
	4130	Gesetzliche Sozialaufwendungen
	4137	Ges. soz. Aufwendung. Mituntern. § 15 EStG
	4138	Beiträge zur Berufsgenossenschaft
	4139	Ausgleichsabgabe SchwerbehindertenG
	4140	Freiwillige soziale Aufwendung. LSt-frei
	4145	Freiwillige soziale Aufwendung. LSt-pflichtig
	4149	Pauschale Steuer für Zuschüsse
	4150	Krankengeldzuschüsse
	4152	Sachzuwendungen und Dienstleistung an AN
	4155	Zuschüsse Agenturen für Arbeit
	4160	Versorgungskassen
	4165	Aufwendungen für Altersversorgung
	4167	Pauschale Steuer für Versicherungen
	4168	Aufwendungen Altersversorg. Mituntern. § 15 EStG
	4169	Aufwendungen für Unterstützung
	4170	Vermögenswirksame Leistungen
	4175	Fahrtkostenerstattung Whg./Arbeitsstätte
	4180	Bedienungsgelder
	4190	Aushilfslöhne
	4198	Pauschale Abgaben für Zuwendungen an AN
	4199	Pauschale Steuer für Aushilfen
		Sonstige betriebliche Aufwendungen
		und Abschreibungen
V	4200	Raumkosten
V	4201	Frei
	−4209	
V	4210	Miete, unbewegliche Wirtschaftsgüter
V	4211	Frei
	−4214	
V	4215	Leasing, unbewegliche Wirtschaftsgüter
V	4216	Frei
	−4218	
V	4219	Vergütung Mituntern. Miete WG § 15 EStG
V	4220	Pacht, unbewegliche Wirtschaftsgüter
V	4221	Frei
	−4227	
V	4228	Miet- und Pachtnebenkosten
V	4229	Vergütung Mituntern. Pacht WG § 15 EStG
V	4230	Heizung

Funktionen		Konto	Beschriftung SKR03 2009
V		4231	Frei
		−4239	
V		4240	Gas, Strom, Wasser
V		4241	Frei
		−4249	
V		4250	Reinigung
V		4251	Frei
		−4259	
V		4260	Instandhaltung betrieblicher Räume
V		4261	Frei
		−4269	
V		4270	Abgaben betrieblich genutzt. Grundbesitz
V		4271	Frei
		−4279	
V		4280	Sonstige Raumkosten
V		4281	Frei
		−4287	
V		4288	Aufwendung. Arbeitszimmer, abz. Anteil
V		4289	Aufwendung. Arbeitszimmer n.abz. Anteil
V		4290	Grundstücksaufwendungen, betrieblich
V		4291	Frei
		−4299	
		4300	Nicht abziehbare Vorsteuer
		4301	Nicht abziehbare Vorsteuer 7 %
KU	R	4304	Buchungssperre
		−4305	
		4306	Nicht abziehbare Vorsteuer 19 %
		4320	Gewerbesteuer
		4340	Sonstige Betriebssteuern
		4350	Verbrauchsteuer
		4355	Ökosteuer
		4360	Versicherungen
		4366	Versicherung für Gebäude
		4370	Prämie Rückdeckung f. Versorgungsleistungen
		4380	Beiträge
		4390	Sonstige Abgaben
		4396	Abzugsfähiger Verspätungszuschlag/Zwangsgeld
		4397	Nicht abzugsf. Verspätungszuschlag/Zwangsgeld
V		4400	Frei
		−4499	
V		4500	Fahrzeugkosten
V		4501	Frei
		−4509	
V		4510	Kfz-Steuern
V		4511	Frei
		−4519	
V		4520	Kfz-Versicherungen
V		4521	Frei
		−4529	
V		4530	Laufende Kfz-Betriebskosten
V		4531	Frei
		−4539	
V		4540	Kfz-Reparaturen
V		4541	Frei
		−4549	

Funktionen		Konto	Beschriftung SKR03 2009
V		4550	Garagenmieten
V		4551	Frei
		–4559	
V		4560	Mautgebühren
V		4561	Frei
		–4569	
V		4570	Mietleasing Kfz
V		4571	Frei
		–4579	
V		4580	Sonstige Kfz-Kosten
V		4581	Frei
		–4589	
V		4590	Kfz-Kosten betriebliche Nutzung Kfz im PV
V		4591	Frei
		–4594	
V		4595	Fremdfahrzeugkosten
V		4596	Frei
		–4599	
V		4600	Werbekosten
V		4601	Frei
		–4629	
V		4630	Geschenke abzugsfähig
V		4631	Zuwendungen an Dritte abzugsfähig
V		4632	Pausch Abgaben für Zuwendungen abzugsfähig
V		4633	Frei
		–4634	
V		4635	Geschenke nicht abzugsfähig
V		4636	Zuwendungen an Dritte nicht abzugsfähig
V		4637	Pausch. Abgaben für Zuwendungen nicht abzugsf.
V		4638	Geschenke ausschl. betrieblich genutzt
V		4639	Frei
V		4640	Repräsentationskosten
V		4641	Frei
		–4649	
V		4650	Bewirtungskosten
V		4651	Eingeschr. abziehb. BA, abziehbarer Anteil
V		4652	Eingeschr. abziehb. BA, nicht abziehbarer Anteil
V		4653	Aufmerksamkeiten
V		4654	Nicht abzugsfähige Bewirtungskosten
V		4655	Nicht abzugsfähige Betriebsausgaben
V		4656	Frei
		–4659	
V		4660	Reisekosten Arbeitnehmer
V		4661	Frei
V		4662	Reisekosten Arbeitnehmer, nicht abziehb. Anteil
V		4663	Reisekosten Arbeitnehmer, Fahrtkosten
V		4664	Reisekosten AN Verpflegungsmehraufwand
V		4665	Frei
V		4666	Reisekosten AN Übernachtungsaufwand
KU	R	4667	Buchungssperre
V		4668	Kilometergelderstattung Arbeitnehmer
V		4669	Frei
V		4670	Reisekosten Unternehmer
V		4671	Frei
V		4672	Reisekosten Unternehmer, nicht abziehbarer Anteil

4 Betriebliche Aufwendungen

Funktionen		Konto	Beschriftung SKR03 2009
V		4673	Reisekosten Unternehmer, Fahrtkosten
V		4674	Reisekosten UN Verpflegungsmehraufwand
KU	R	4675	Buchungssperre
V		4676	Reisekosten UN Übernachtungsaufwand
KU	R	4677	Buchungssperre
V		4678	Fahrten Wohnung/Betrieb, abziehb. Anteil
V		4679	Fahrten Wohnung/Betrieb, nicht abziehb. Anteil
V		4680	Fahrten Wohnung/Betriebsstätte (Haben)
V		4681	Frei
		–4684	
KU	R	4685	Buchungssperre
V		4686	Frei
		–4699	
V		4700	Kosten Warenabgabe
V		4701	Frei
		–4709	
V		4710	Verpackungsmaterial
V		4711	Frei
		–4729	
V		4730	Ausgangsfrachten
V		4731	Frei
		–4749	
V		4750	Transportversicherungen
V		4751	Frei
		–4759	
V		4760	Verkaufsprovisionen
V		4761	Frei
		–4779	
V		4780	Fremdarbeiten (Vertrieb)
V		4781	Frei
		–4789	
V		4790	Aufwand für Gewährleistungen
V		4791	Frei
		–4799	
V		4800	Reparatur/Instandhaltung Anlagen u. Maschinen
V		4801	Frei
		–4804	
V		4805	Reparatur/Instandh. Betriebs- u. Geschäftsausst.
V		4806	Wartungskosten für Hard- und Software
V		4807	Frei
		–4808	
V		4809	Sonst. Reparaturen und Instandhaltungen
V		4810	Mietleasing bewegliche Wirtschaftsgüter
V		4811	Frei
		–4814	
V		4815	Kaufleasing
V		4816	Frei
		–4819	
		4820	Abschreibung Ingangsetzung, Erweiterung
		4821	Frei
		–4821	
		4822	Abschreibung immaterielle VermG
		4823	Frei
		4824	Abschreibung Geschäfts- oder Firmenwert
		4825	Frei

Funktionen	Konto	Beschriftung SKR03 2009
	4826	Außerplanm. Abschreibungen immaterielle VermG
	4827	Frei
	–4829	
	4830	Abschreibungen auf Sachanlagen
	4831	Abschreibungen auf Gebäude
	4832	Abschreibungen auf Kfz
	4833	Abschreibung Arbeitszimmer
	4834	Frei
	–4839	
	4840	Außerplanmäßige Abschreib. auf Sachanlagen
	4841	Außergewöhnliche Abschreibung Gebäude
	4842	Außergewöhnliche Abschreibung auf Kfz
	4843	Außergewöhnliche Abschreibung so. WG
	4844	Frei
	–4849	
	4850	Abschreib. Sachanlagen, steuerl. Sondervorschr.
	4851	Sonder-AfA, § 7g Abs. 1 u. 2 EStG a. F./ § 7g Abs. 5 EStG n. F. (ohne Kfz)
	4852	Sond.-AfA, § 7g Abs. 1 u. 2 EStG a. F./ § 7g Abs. 5 EStG n. F. (für Kfz)
	4853	Kürzung AHK, § 7g Abs. 2 EStG n. F. (ohne Kfz)
	4854	Kürzung AHK, § 7g Abs. 2 EStG n. F. (für Kfz)
	4855	Sofortabschreibung GWG
	4856	Frei
	–4859	
	4860	Abschreibungen auf aktivierte GWG
	4861	Frei
	4862	Abschreibung Sammelposten GWG
	4863	Frei
	–4864	
	4865	Außerplanmäßige Abschreib. auf aktivierte GWG
	4866	Frei
	–4869	
	4870	Abschreibungen auf Finanzanlagen
	4871	Abschreibungen Finanzanl., §§ 3 Nr. 40, 3c EStG/ § 8b KStG
	4872	Abschr. Verlustant. Mituntern.sch. § 8 GewStG
	4873	Abschreibungen Finanzanl., §§ 3 Nr. 40, 3c EStG/ § 8b KStG
	4874	Abschr. Verlustant. Mituntern.sch. § 8 GewStG
	4875	Abschreibungen Wertpapiere des UV
	4876	Abschreib. Wertpapiere UV, §§ 3 Nr. 40, 3c EStG/ § 8b KStG
	4879	Abschr. Verlustant. Mituntern.sch. § 8 GewStG
	4880	Abschreibungen auf Umlaufvermögen
	4882	Abschreibungen auf UV, steuerrechtl. bedingt
	4885	Vorwegnahme künftiger UV-Wertschwankg.
	4886	Abschreibungen auf Umlaufvermögen
	4887	Abschreibungen auf UV, steuerrechtl. bedingt
	4890	Vorwegnahme künftiger UV-Wertschwankg.
V	4900	Sonstige betriebliche Aufwendungen
V	4901	Frei
	–4904	
V	4905	Sonstige betriebl. u. regelmäßige Aufwendungen

Funktionen	Konto	Beschriftung SKR03 2009
V	4906	Frei
	–4908	
V	4909	Fremdleistungen und Fremdarbeiten
V	4910	Porto
V	4911	Frei
	–4919	
V	4920	Telefon
V	4921	Frei
	–4924	
V	4925	Telefax und Internetkosten
V	4926	Frei
	–4929	
V	4930	Bürobedarf
V	4931	Frei
	–4939	
V	4940	Zeitschriften, Bücher
V	4941	Frei
	–4944	
V	4945	Fortbildungskosten
V	4946	Freiwillige Sozialleistungen
V	4947	Frei
V	4948	Vergütungen an Mitunternehmer § 15 EStG
V	4949	Haftungsvergütung an Mitunternehmer
V	4950	Rechts- und Beratungskosten
V	4951	Frei
	–4954	
V	4955	Buchführungskosten
V	4956	Frei
V	4957	Abschluss- und Prüfungskosten
V	4958	Frei
	–4959	
V	4960	Mieten für Einrichtungen bewegliche WG
V	4961	Pacht (bewegliche Wirtschaftsgüter)
V	4962	Frei
	–4963	
V	4964	Aufwendungen für Lizenzen, Konzessionen
V	4965	Mietleasing bewegliche Wirtschaftsgüter
V	4966	Frei
	–4968	
V	4969	Aufwand Abraum-/Abfallbeseitigung
V	4970	Nebenkosten des Geldverkehrs
V	4971	Frei
	–4974	
V	4975	Aufwendungen, Anteile KapGes, §§ 3 Nr. 40, 3c EStG/§ 8b KStG
V	4976	Aufwendungen, Veräußerungen Anteile KapGes §§ 3 Nr. 40, 3c EStG/§ 8b KStG
V	4977	Frei
	–4979	
V	4980	Betriebsbedarf
V	4981	Frei
	–4984	
V	4985	Werkzeuge und Kleingeräte
V	4986	Frei
	–4989	

DATEV Kontenrahmen SKR03

Funktionen	Konto	Beschriftung SKR03 2009
		Kalkulatorische Kosten
	4990	Kalkulatorischer Unternehmerlohn
	4991	Kalkulatorische Miete und Pacht
	4992	Kalkulatorische Zinsen
	4993	Kalkulatorische Abschreibungen
	4994	Kalkulatorische Wagnisse
	4995	Kalkulatorischer Lohn, unentgeltl. AN
		Kosten bei Anwendung des
		Umsatzkostenverfahrens
	4996	Herstellungskosten
	4997	Verwaltungskosten
	4998	Vertriebskosten
	4999	Gegenkonto zu 4996 bis 4998

5 Sonstige betriebliche Aufwendungen

Funktionen	Konto	Beschriftung SKR03 2009
		Sonstige betriebliche Aufwendungen
	5000	
	–5999	

6 Sonstige betriebliche Aufwendungen

Funktionen	Konto	Beschriftung SKR03 2009
		Sonstige betriebliche Aufwendungen
	6000	
	–6999	

7 Bestände an Erzeugnissen

Funktionen	Konto	Beschriftung SKR03 2009
KU	7000	Unfertige Erzeugnisse und Leistungen
KU	7001	Frei
	–7049	
KU	7050	Unfertige Erzeugnisse
KU	7051	Frei
	–7079	
KU	7080	Unfertige Leistungen
KU	7081	Frei
	–7089	
KU	7090	In Ausführung befindl. Bauaufträge
KU	7091	Frei
	–7094	
KU	7095	In Arbeit befindliche Aufträge
KU	7096	Frei
	–7099	
KU	7100	Fertige Erzeugnisse und Waren
KU	7101	Frei
	–7109	
KU	7110	Fertige Erzeugnisse
KU	7111	Frei
	–7139	
KU	7140	Waren
KU	7141	Frei

Funktionen		Konto	Beschriftung SKR03 2009
			Umsatzerlöse
M		8000	Frei
		–8099	
M	AM	8100	Steuerfreie Umsätze § 4 Nr. 8 ff UStG
M		8101	Frei
		–8104	
M	AM	8105	Stfr. Umsätze aus V&V § 4 Nr. 12 UStG
M		8106	Frei
		–8109	
M	AM	8110	Sonstige steuerfreie Umsätze Inland
M		8111	Frei
		–8119	
M	AM	8120	Steuerfreie Umsätze § 4 Nr. 1a UStG
M		8121	Frei
		–8124	
M	AM	8125	Steuerfreie EG-Lieferungen § 4, 1b UStG
M		8126	Frei
		–8127	
KU	R	8128	Buchungssperre
M		8129	Frei
M	AM	8130	Innergemeinschaftliche Dreiecksgeschäft
M		8131	Frei
		–8134	
M	AM	8135	Steuerfreie EG-Lief. v. Neufahrzg. ohne UStID
M		8136	Frei
		–8139	
M	AM	8140	Steuerfreie Umsätze Offshore usw.
M		8141	Frei
		–8149	
M	AM	8150	Steuerfreie Umsätze § 4 Nr. 2-7 UStG
M		8151	Frei
		–8159	
M	AM	8160	Steuerfreie Umsätze ohne Vorsteuerabzug
M		8161	Frei
		–8189	
M		8190	Erlöse gemäß § 24 UStG
M		8191	Frei
KU	R	8192	Buchungssperre
		–8193	
M		8194	Frei
M		8195	Erlöse Kleinunternehmer § 19 UStG
M	AM	8196	Erlöse Geldspielautomaten 19 % USt
KU	R	8197	Buchungssperre
		–8198	
M		8199	Frei
M		8200	Erlöse
M		8201	Frei
		–8299	
M	AM	8300	Erlöse 7 % USt
M	AM	8310	Erlöse EG-Lieferungen 7 % USt
		–8314	
M	AM	8315	Erlöse EG-Lieferungen 19 % USt
		–8319	

Funktionen		Konto	Beschriftung SKR03 2009
M		8320	Im anderen EG-Land steuerpflichtige Lieferungen
		−8329	
M	AM	8330	Erlöse EG-Lieferungen 16 % USt
KU	R	8331	Buchungssperre
		−8336	
M	AM	8337	Erlöse aus Leistungen nach § 13b UStG
M	AM	8338	Nicht steuerbare Umsätze Drittland
M	AM	8339	Nicht steuerbare Umsätze EG-Land
M	AM	8340	Erlöse 16 % USt
		−8349	
M		8350	Frei
		−8399	
M	AM	8400	Erlöse 19 % USt
		−8409	
M	AM	8410	Erlöse 19 % USt
KU	R	8411	Buchungssperre
		−8449	
M		8450	Frei
		−8506	
KU	R	8507	Buchungssperre
M		8508	Frei
KU	R	8509	Buchungssperre
M		8510	Provisionsumsätze
KU	R	8511	Buchungssperre
		−8513	
M	AM	8514	Provisionsumsätze, steuerfrei § 4 Nr.8ff
M	AM	8515	Provisionsumsätze, steuerfrei § 4 Nr.5
M	AM	8516	Provisionsumsätze 7 % USt
KU	R	8517	Buchungssperre
M	AM	8518	Provisionsumsätze 16 % USt
M	AM	8519	Provisionsumsätze 19 % USt
M		8520	Erlöse Abfallverwertung
M		8521	Frei
		−8539	
M		8540	Erlöse Leergut
M		8541	Frei
		−8569	
M		8570	Provision, sonstige Erträge
KU	R	8571	Buchungssperre
		−8573	
M	AM	8574	Provision, sonst. Erträge steuerfr. § 4 Nr. 8 ff. UStG
M	AM	8575	Provision, sonst. Erträge steuerfrei § 4 Nr. 5 UStG
M	AM	8576	Provision, sonstige Erträge 7 % USt
KU	R	8577	Buchungssperre
		−8578	

Statistische Konten EÜR

Funktionen		Konto	Beschriftung SKR03 2009
M	AM	8579	Provision, sonstige Erträge 19 % USt
M		8580	Stat. Konto Erlöse allgemeiner USt-Satz
M		8581	Stat. Konto Erlöse ermäßigter USt-Satz
M		8582	Stat. Konto Erlöse steuerfrei/nicht steuerbar
M		8583	Frei
		−8588	
M		8589	Gegenkto 8580–8582, Aufteil. Erlöse Steuersatz
M		8590	Verrechnete sonstige Sachbezüge

Funktionen		Konto	Beschriftung SKR03 2009
M	AM	8591	Sachbezüge 7 % USt
M		8592	Frei
		−8593	
KU	R	8594	Buchungssperre
M	AM	8595	Sachbezüge 19 % USt
KU	R	8596	Buchungssperre
		−8597	
M		8598	Frei
		−8599	
M		8600	Sonst. Erlöse betrieblich u. regelmäßig
M		8601	Frei
		−8604	
M		8605	Sonstige Erträge betrieblich u. regelmäßig
M		8606	Frei
		−8608	
M	AM	8609	Sonst. Erlös, betr./ regelm., stfr, § 4 Nr. 8 ff. UStG
M		8610	Verrechnete sonstige Sachbezüge
M	AM	8611	Verrechnete sonstige Sachbezüge 19 % USt
KU	R	8612	Buchungssperre
		−8613	
KU		8614	Verrechnete sonstige Sachbezüge ohne USt
M		8615	Frei
		−8624	
M	AM	8625	Sonst. Erlös, betr./ regelm., stfr, § 4 Nr. 2–7 USt
		−8629	
M	AM	8630	Sonstige Erlöse betr. und regelmäßig 7 %
		−8634	
KU	R	8635	Buchungssperre
		−8639	
M	AM	8640	Sonstige Erlöse betr. und regelmäßig 19 %
		−8644	
KU	R	8645	Buchungssperre*
		−8647	
M	AM	8648	Sonstige Erlöse betr. und regelmäßig 16 %
		−8649	
M		8650	Erlöse Zinsen und Diskontspesen
M		8651	Frei
		−8659	
M		8660	Erlöse Zinsen/Diskontspesen aus verbund. UN
M		8661	Frei
		−8699	
M		8700	Erlösschmälerungen
M		8701	Frei
		−8704	
M	AM	8705	Erlösschmälerungen steuerfrei § 4 Nr. 1a
M		8706	Frei
		−8709	
M	AM	8710	Erlösschmälerungen 7 % USt
		−8711	
KU	R	8712	Buchungssperre
		−8719	
M	AM	8720	Erlösschmälerungen 19 % USt
		−8721	
KU	R	8722	Buchungssperre
M	AM	8723	Erlösschmälerungen 16 % USt

Funktionen		Konto	Beschriftung SKR03 2009
M	AM	8724	Erlösschmälerung EG-Lieferung steuerfrei
M	AM	8725	Erlösschmälerung EG-Lieferung 7 % USt
M	AM	8726	Erlösschmälerung EG-Lieferung 19 % USt
M		8727	Erlösschmälerung i. and. EG-Länd. steuerpfl. Lief.
KU	R	8728	Buchungssperre
M	AM	8729	Erlösschmälerung EG-Lieferung 16 % USt
M	SAM	8730	Gewährte Skonti
M	SAM	8731	Gewährte Skonti 7 % USt
KU	R	8732	Buchungssperre
		–8734	
M	SAM	8735	Gewährte Skonti 16 % USt
M	SAM	8736	Gewährte Skonti 19 % USt
KU	R	8737	Buchungssperre
		–8738	
M		8739	Frei
		–8740	
M	SAM	8741	Gewährte Skonti Leistungen § 13b UStG
KU	R	8742	Buchungssperre
M	SAM	8743	Gewährte Skonti stfr. EG-Lieferung
KU	R	8744	Buchungssperre
M	SAM	8745	Gewährte Skonti steuerpfl. EG-Lieferung
M	SAM	8746	Gewährte Skonti EG-Lieferung 7 % USt
KU	R	8747	Buchungssperre
M	SAM	8748	Gewährte Skonti EG-Lieferung 19 % USt
M	SAM	8749	Gewährte Skonti EG-Lieferung 16 % USt
M	AM	8750	Gewährte Boni 7 % USt
		–8751	
KU	R	8752	Buchungssperre
		–8759	
M	AM	8760	Gewährte Boni 19 % USt
		–8761	
KU	R	8762	Buchungssperre
		–8763	
M	AM	8764	Gewährte Boni 16 % USt
		–8765	
KU	R	8766	Buchungssperre •
		–8768	
M		8769	Gewährte Boni
M		8770	Gewährte Rabatte
M		8771	Frei
		–8779	
M	AM	8780	Gewährte Rabatte 7 % USt
		–8781	
KU	R	8782	Buchungssperre
		–8789	
M	AM	8790	Gewährte Rabatte 19 % USt
		–8791	
KU	R	8792	Buchungssperre
		–8793	
M	AM	8794	Gewährte Rabatte 16 % USt
		–8795	
KU	R	8796	Buchungssperre
		–8799	
M		8800	Erlöse Sachanlageverkäufe

Funktionen		Konto	Beschriftung SKR03 2009
M	AM	8801	Erlöse Sachanlageverkäufe 19 % USt
		–8806	
M	AM	8807	Erlöse Sachanlageverkäufe § 4 Nr. 1a UStG
M	AM	8808	Erlöse Sachanlageverkäufe § 4 Nr. 1b UStG
KU	R	8809	Buchungssperre
		–8816	
M		8817	Erlöse Verkäufe immat. Vermögensgegenstände
M		8818	Erlöse a. Verkäufen Finanzanlagen
		8819	Erlöse Verkauf Finanzanl., § 3 Nr. 40 EStG/ § 8b KStG
M	AM	8820	Erlöse Sachanlageverkäufe 19 % USt
		–8825	
KU	R	8826	Buchungssperre
M	AM	8827	Erlöse Sachanlageverkäufe § 4 Nr. 1a UStG
M	AM	8828	Erlöse Sachanlageverkäufe § 4 Nr. 1b UStG
M		8829	Erlöse Sachanlageverkäufe
KU	R	8830	Buchungssperre
		–8836	
M		8837	Erlöse Verkäufe immat. Vermögensgegenstände
M		8838	Erlöse a. Verkäufen Finanzanlagen
		8839	Erlöse Verkauf Finanzanlagen, § 3 Nr. 40 EStG/ § 8b KStG
M		8840	Frei
		–8849	
M	AM	8850	Erlöse Verkauf WG des UV, 19 % USt, § 4 Abs. 3 Satz 4 EStG
M	AM	8851	Erlöse Verkauf WG des UV, steuerfrei, § 4 Nr. 8 ff. UStG i. V. m. § 4 Abs. 3 Satz 4 EStG
M	AM	8852	Verkauf WG UV § 4/3 ustfrei, § 4 Nr. 8 ff. UStG i. V. m. § 4 Abs. 3 Satz 4 EStG, § 3 Nr. 40 EStG/ § 8b KStG
M		8853	Erlöse Verkauf WG des UV, § 4 Abs. 3 Satz 4 EStG
M		8854	Frei
		–8899	
M		8900	Unentgeltliche Wertabgaben
M		8901	Frei
		–8904	
KU		8905	Entnahme von Gegenständen ohne USt
KU		8906	Verwendung von Gegenständen ohne USt
M		8907	Frei
KU	R	8908	Buchungssperre
		–8909	
M	AM	8910	Entnahme Unternehmer (Waren) 19 % USt
		–8913	
KU	R	8914	Buchungssperre
M	AM	8915	Entnahme Unternehmer (Waren) 7 % USt
		–8917	
KU		8918	Verwendung von Gegenst. (Tel) ohne USt
KU		8919	Entnahme Unternehmer (Waren) ohne USt
M	AM	8920	Verwendung von Gegenständen 19 % USt
M	AM	8921	Verwendung von Gegenst. (Kfz) 19 % USt
M	AM	8922	Verwendung von Gegenst. (Tel) 19 % USt
KU	R	8923	Buchungssperre
KU		8924	Verwendung von Gegenst.(Kfz) ohne USt

Funktionen		Konto	Beschriftung SKR03 2009
M	AM	8925	Unentgeltl. Erbringung Leist. 19 % USt
		−8927	
KU	R	8928	Buchungssperre
KU		8929	Unentgeltl. Erbringung Leist. ohne USt
M	AM	8930	Verwendung von Gegenständen 7 % USt
M	AM	8931	Verwendung von Gegenständen 7 % USt
M	AM	8932	Unentgeltl. Erbringung Leist. 7 % USt
M	AM	8933	Unentgeltl. Erbringung Leist. 7 % USt
KU	R	8934	Buchungssperre
M	AM	8935	Unentgeltl. Zuwend. Gegenstände 19 % USt
		−8937	
KU	R	8938	Buchungssperre
KU		8939	Unentgeltl. Zuwend. Gegenstände ohne USt
M	AM	8940	Unentgeltl. Zuwend. von Waren 19 % USt
		−8943	
KU	R	8944	Buchungssperre
M	AM	8945	Unentgeltl. Zuwend. von Waren 7 % USt
		−8946	
M	AM	8947	Unentgeltl. Zuwend. von Waren 7 % USt
KU	R	8948	Buchungssperre
KU		8949	Unentgeltl. Zuwend. von Waren ohne USt
KU		8950	Nicht steuerbare Umsätze
KU		8951	Frei
		−8954	
KU		8955	Umsatzsteuer-Vergütungen
KU		8956	Frei
		−8959	
KU		8960	Bestandsveränderung unfertige Erzeugnisse
KU		8961	Frei
		−8969	
KU		8970	Bestandsveränderung unfertige Leistung
KU		8971	Frei
		−8974	
KU		8975	Bestandsveränderung Bauaufträge
KU		8976	Frei
KU		8977	Bestandsveränderung Aufträge in Arbeit
KU		8978	Frei
		−8979	
KU		8980	Bestandsveränderung fertige Erzeugnisse
KU		8981	Frei
		−8989	
KU		8990	Andere aktivierte Eigenleistungen
KU		8991	Frei
		−8999	

Vortragskonten

Funktionen		Konto	Beschriftung SKR03 2009
KU	S	9000	Saldenvorträge, Sachkonten
KU	F	9001	Saldenvorträge, Sachkonten
		−9007	
KU	S	9008	Saldenvorträge, Debitoren
KU	S	9009	Saldenvorträge, Kreditoren
KU		9010	Frei
		−9059	

Funktionen		Konto	Beschriftung SKR03 2009
KU	F	9060	Offene Posten 1990
KU		9061	Frei
		−9068	
KU	F	9069	Offene Posten 1999
KU	F	9070	Offene Posten 2000
KU	F	9071	Offene Posten 2001
KU	F	9072	Offene Posten 2002
KU	F	9073	Offene Posten 2003
KU	F	9074	Offene Posten 2004
KU	F	9075	Offene Posten 2005
KU	F	9076	Offene Posten 2006
KU	F	9077	Offene Posten 2007
KU	F	9078	Offene Posten 2008
KU	F	9079	Offene Posten 2009
KU		9080	Frei
		−9089	
KU	F	9090	Summenvortrag
KU	F	9091	Offene Posten 1991
KU	F	9092	Offene Posten 1992
KU	F	9093	Offene Posten 1993
KU	F	9094	Offene Posten 1994
KU	F	9095	Offene Posten 1995
KU	F	9096	Offene Posten 1996
KU	F	9097	Offene Posten 1997
KU	F	9098	Offene Posten 1998
KU		9099	Frei
		−9100	

Statistische Konten für Betriebswirtschaftliche Auswertungen (BWA)

Funktionen		Konto	Beschriftung SKR03 2009
KU	F	9101	Verkaufstage
KU	F	9102	Anzahl der Barkunden
KU	F	9103	Beschäftigte Personen
KU	F	9104	Unbezahlte Personen
KU	F	9105	Verkaufskräfte
KU	F	9106	Geschäftsraum qm
KU	F	9107	Verkaufsraum qm
KU		9108	Frei
		−9115	
KU	F	9116	Anzahl Rechnungen
KU	F	9117	Anzahl Kreditkunden monatlich
KU	F	9118	Anzahl Kreditkunden aufgelaufen
KU		9119	Frei
KU		9120	Erweiterungsinvestitionen
KU		9121	Frei
		−9129	
KU	F	9130	Frei
		−9131	
KU		9132	Frei
		−9134	
KU		9135	Auftragseingang im Geschäftsjahr
KU		9136	Frei
		−9139	
KU		9140	Auftragsbestand

Funktionen		Konto	Beschriftung SKR03 2009
KU		9141	Frei
		−9189	
KU	F	9190	Gegenkto. zu Konten 9101–9107, 9116–9118
KU		9191	Frei
		−9198	
KU		9199	Gegenkonto zu Konten 9120, 9135–9140
			Statistische Konten für den
			Kennzifferrnteil der Bilanz
KU	F	9200	Beschäftigte Personen
KU	F	9201	Frei
		−9208	
KU	F	9209	Gegenkonto zu 9200
KU		9210	Produktive Löhne
KU		9211	Frei
		−9218	
KU		9219	Gegenkonto zu 9210
			Statistische Konten zur informativen Angabe
			des gezeichneten Kapitals in anderer Währung
KU	F	9220	Gez. Kapital in DM (Art. 42/3/1 EGHGB)
KU	F	9221	Gez. Kapital Euro (Art. 42/3/2 EGHGB)
KU		9222	Frei
		−9228	
KU	F	9229	Gegenkonto zu Konten 9220-9221
			Passive Rechnungsabgrenzung
KU		9230	Passive RAP Baukostenzuschüsse
KU		9231	Frei
KU		9232	Passive RAP Investitionszulagen
KU		9233	Frei
KU		9234	Passive RAP Investitionszuschüsse
KU		9235	Frei
		−9238	
KU		9239	Gegenkonto zu Konten 9230-9238
KU		9240	Investitionsverbindlichk. b. Leistung Verbindlich.
KU		9241	Investitionsverbindlichk. Sachanlagen
KU		9242	Investitionsverbindlichk. immat. VG
KU		9243	Investitionsverbindlichk. Finanzanlagen
KU		9244	Gegenkonto zu Konten 9240–43
KU		9245	Forderungen Sachanlagenverkäufe
KU		9246	Forderungen Verkäufe immat.Vermögensg.
KU		9247	Forderungen Verkäufe von Finanzanlagen
KU		9248	Frei
KU		9249	Gegenkonto zu Konten 9245 - 47
			Eigenkapitalersetzende
			Gesellschafterdarlehen
KU		9250	Eigenkapitalersetzung Gesellschafterdarlehen
KU		9251	Frei
		−9254	
KU		9255	Ungesicherte Gesellschafterdarl., Rlz. größer 5 J.
KU		9256	Frei
		−9258	

Funktionen		Konto	Beschriftung SKR03 2009
KU		9259	Gegenkonto zu 9250 und 9255
		−9258	
KU		9259	Gegenkonto zu 9250 und 9255
			Aufgliederung der Rückstellungen
KU		9260	Kurzfristige Rückstellungen
KU		9261	Frei
KU		9262	Mittelfristige Rückstellungen
KU		9263	Frei
KU		9264	Langfristige Rückstellung o. Pensionen
KU		9265	Frei
		−9268	
KU		9269	Gegenkonto zu Konten 9260-9268
			Statistische Konten für in der
			Bilanz auszuweisende Haftungsverhältnisse
KU		9270	Gegenkonto zu Konten 9271-9279
KU		9271	Verbindl. Wechselbegebung/-übertragung
KU		9272	Verbindl. Wechselbegebung/-übertr. v. UN
KU		9273	Verbindl. Bürgsch.,Wechsel-/Scheckbürg.
KU		9274	Verbindl. Bürgsch.,Wechsel-/Scheckbürg v. UN
KU		9275	Verbindl.a. Gewährleistungsverträgen
KU		9276	Verbindl. Gewährleist.-vertrag v. UN
KU		9277	Haftung fremde Verbindlichkeiten
KU		9278	Haftung fremde Verbindlichk. gg. verbund. UN
KU		9279	Verpflichtungen aus Treuhandvermögen
			Statistische Konten für die im Anhang anzu-
			gebenden sonstigen finanziellen Verpflichtungen
KU		9280	Gegenkonto zu Konten 9281-9286
KU		9281	Verpflichtungen Leasing u. Mietverträgen
KU		9282	Verpflichtung. Leasing- u. Mietverträgen verb. UN
KU		9283	Andere Verpflichtungen gem. § 285 Nr. 3 HGB
KU		9284	Andere Verpflichtungen § 285 Nr. 3 HGB verb. UN
KU		9285	Frei
		−9286	
			Statistische Konten für § 4 Abs. 3 EStG
KU		9287	Zinsen bei Debitoren Buchung § 4/3 EStG
KU		9288	Mahngebühr bei Debitoren Buchung § 4/3 EStG
KU		9289	Gegenkonto zu Konto 9287 und 9288
KU		9290	Statistisches Konto steuerfreie Auslagen
KU		9291	Gegenkonto zu 9290
KU		9292	Statistisches Konto Fremdgeld
KU		9293	Gegenkonto zu 9292
KU		9294	Frei
KU		9295	Einlagen stiller Gesellschafter
KU		9296	Frei
KU		9297	Steuerrechtlicher Ausgleichsposten
KU		9298	Frei
		−9299	
KU	F	9300	Frei
		−9320	
KU		9321	Frei
		−9325	

Funktionen		Konto	Beschriftung SKR03 2009
KU	F	9326	Frei
		–9343	
KU		9344	Frei
		–9345	
KU	F	9346	Frei
		–9349	
KU		9350	Frei
		–9356	
KU	F	9357	Frei
		–9360	
KU		9361	Frei
		–9364	
KU	F	9365	Frei
		–9367	
KU		9368	Frei
		–9370	
KU	F	9371	Frei
		–9372	
KU		9373	Frei
		–9398	
KU	F	9399	Frei
			Privat Teilhafter (für Verrechnung Gesellschafterdarlehen mit Eigenkapital-charakter – Konto 9840-9849)
KU		9400	Privatentnahmen allgemein
		–9409	
KU		9410	Privatsteuern
		–9419	
KU		9420	Sonderausgaben beschränkt abzugsfähig
		–9429	
KU		9430	Sonderausgaben unbeschränkt abzugsfähig
		–9439	
KU		9440	Zuwendungen, Spenden
		–9449	
KU		9450	Außergewöhnliche Belastungen
		–9459	
KU		9460	Grundstücksaufwand
		–9469	
KU		9470	Grundstücksertrag
		–9479	
KU		9480	Unentgeltliche Wertabgaben
		–9489	
KU		9490	Privateinlagen
		–9499	
			Statistische Konten für die Kapitalkontenentwicklung
KU		9500	Anteil für Konto 0900, Teilhafter
KU		9501	Anteil für Konto 0901, Teilhafter
KU		9502	Anteil für Konto 0902, Teilhafter
KU		9503	Anteil für Konto 0903, Teilhafter
KU		9504	Anteil für Konto 0904, Teilhafter
KU		9505	Anteil für Konto 0905, Teilhafter
KU		9506	Anteil für Konto 0906, Teilhafter

Funktionen	Konto	Beschriftung SKR03 2009
KU	9507	Anteil für Konto 0907, Teilhafter
KU	9508	Anteil für Konto 0908, Teilhafter
KU	9509	Anteil für Konto 0909, Teilhafter
KU	9510	Anteil für Konto 0910, Teilhafter
KU	9511	Anteil für Konto 0911, Teilhafter
KU	9512	Anteil für Konto 0912, Teilhafter
KU	9513	Anteil für Konto 0913, Teilhafter
KU	9514	Anteil für Konto 0914, Teilhafter
KU	9515	Anteil für Konto 0915, Teilhafter
KU	9516	Anteil für Konto 0916, Teilhafter
KU	9517	Anteil für Konto 0917, Teilhafter
KU	9518	Anteil für Konto 0918, Teilhafter
KU	9519	Anteil für Konto 0919, Teilhafter
KU	9520	Anteil für Konto 0920, Teilhafter
KU	9521	Anteil für Konto 0921, Teilhafter
KU	9522	Anteil für Konto 0922, Teilhafter
KU	9523	Anteil für Konto 0923, Teilhafter
KU	9524	Anteil für Konto 0924, Teilhafter
KU	9525	Anteil für Konto 0925, Teilhafter
KU	9526	Anteil für Konto 0926, Teilhafter
KU	9527	Anteil für Konto 0927, Teilhafter
KU	9528	Anteil für Konto 0928, Teilhafter
KU	9529	Anteil für Konto 0929, Teilhafter
KU	9530	Anteil für Konto 9950, Teilhafter
KU	9531	Anteil für Konto 9951, Teilhafter
KU	9532	Anteil für Konto 9952, Teilhafter
KU	9533	Anteil für Konto 9953, Teilhafter
KU	9534	Anteil für Konto 9954, Teilhafter
KU	9535	Anteil für Konto 9955, Teilhafter
KU	9536	Anteil für Konto 9956, Teilhafter
KU	9537	Anteil für Konto 9957, Teilhafter
KU	9538	Anteil für Konto 9958, Teilhafter
KU	9539	Anteil für Konto 9959, Teilhafter
KU	9540	Anteil für Konto 9930, Vollhafter
KU	9541	Anteil für Konto 9931, Vollhafter
KU	9542	Anteil für Konto 9932, Vollhafter
KU	9543	Anteil für Konto 9933, Vollhafter
KU	9544	Anteil für Konto 9934, Vollhafter
KU	9545	Anteil für Konto 9935, Vollhafter
KU	9546	Anteil für Konto 9936, Vollhafter
KU	9547	Anteil für Konto 9937, Vollhafter
KU	9548	Anteil für Konto 9938, Vollhafter
KU	9549	Anteil für Konto 9939, Vollhafter
KU	9550	Anteil für Konto 9810, Vollhafter
KU	9551	Anteil für Konto 9811, Vollhafter
KU	9552	Anteil für Konto 9812, Vollhafter
KU	9553	Anteil für Konto 9813, Vollhafter
KU	9554	Anteil für Konto 9814, Vollhafter
KU	9555	Anteil für Konto 9815, Vollhafter
KU	9556	Anteil für Konto 9816, Vollhafter
KU	9557	Anteil für Konto 9817, Vollhafter
KU	9558	Anteil für Konto 9818, Vollhafter
KU	9559	Anteil für Konto 9819, Vollhafter
KU	9560	Anteil für Konto 9820, Vollhafter
KU	9561	Anteil für Konto 9821, Vollhafter

Funktionen	Konto	Beschriftung SKR03 2009
KU	9562	Anteil für Konto 9822, Vollhafter
KU	9563	Anteil für Konto 9823, Vollhafter
KU	9564	Anteil für Konto 9824, Vollhafter
KU	9565	Anteil für Konto 9825, Vollhafter
KU	9566	Anteil für Konto 9826, Vollhafter
KU	9567	Anteil für Konto 9827, Vollhafter
KU	9568	Anteil für Konto 9828, Vollhafter
KU	9569	Anteil für Konto 9829, Vollhafter
KU	9570	Anteil für Konto 0870, Vollhafter
KU	9571	Anteil für Konto 0871, Vollhafter
KU	9572	Anteil für Konto 0872, Vollhafter
KU	9573	Anteil für Konto 0873, Vollhafter
KU	9574	Anteil für Konto 0874, Vollhafter
KU	9575	Anteil für Konto 0875, Vollhafter
KU	9576	Anteil für Konto 0876, Vollhafter
KU	9577	Anteil für Konto 0877, Vollhafter
KU	9578	Anteil für Konto 0878, Vollhafter
KU	9579	Anteil für Konto 0879, Vollhafter
KU	9580	Anteil für Konto 0880, Vollhafter
KU	9581	Anteil für Konto 0881, Vollhafter
KU	9582	Anteil für Konto 0882, Vollhafter
KU	9583	Anteil für Konto 0883, Vollhafter
KU	9584	Anteil für Konto 0884, Vollhafter
KU	9585	Anteil für Konto 0885, Vollhafter
KU	9586	Anteil für Konto 0886, Vollhafter
KU	9587	Anteil für Konto 0887, Vollhafter
KU	9588	Anteil für Konto 0888, Vollhafter
KU	9589	Anteil für Konto 0889, Vollhafter
KU	9590	Anteil für Konto 0890, Vollhafter
KU	9591	Anteil für Konto 0891, Vollhafter
KU	9592	Anteil für Konto 0892, Vollhafter
KU	9593	Anteil für Konto 0893, Vollhafter
KU	9594	Anteil für Konto 0894, Vollhafter
KU	9595	Anteil für Konto 0895, Vollhafter
KU	9596	Anteil für Konto 0896, Vollhafter
KU	9597	Anteil für Konto 0897, Vollhafter
KU	9598	Anteil für Konto 0898, Vollhafter
KU	9599	Anteil für Konto 0899, Vollhafter
KU	9600 –9609	Name des Gesellschafters, Vollhafter
KU	9610 –9619	Tätigkeitsvergütung, Vollhafter
KU	9620 –9629	Tantieme, Vollhafter
KU	9630 –9639	Darlehensverzinsung, Vollhafter
KU	9640 –9649	Gebrauchsüberlassung, Vollhafter
KU	9650 –9689	Sonstige Vergütungen, Vollhafter
KU	9690 –9699	Restanteil, Vollhafter
KU	9700 –9709	Name des Gesellschafters, Teilhafter
KU	9710 –9719	Tätigkeitsvergütung, Teilhafter
KU	9720 –9729	Tantieme, Teilhafter
KU	9730 –9739	Darlehensverzinsung, Teilhafter
KU	9740 –9749	Gebrauchsüberlassung, Teilhafter
KU	9750 –9779	Sonstige Vergütungen, Teilhafter
KU	9780	Anteil für Konto 9840, Teilhafter
KU	9781	Anteil für Konto 9841, Teilhafter
KU	9782	Anteil für Konto 9842, Teilhafter
KU	9783	Anteil für Konto 9843, Teilhafter
KU	9784	Anteil für Konto 9844, Teilhafter
KU	9785	Anteil für Konto 9845, Teilhafter
KU	9786	Anteil für Konto 9846, Teilhafter
KU	9787	Anteil für Konto 9847, Teilhafter
KU	9788	Anteil für Konto 9848, Teilhafter
KU	9789	Anteil für Konto 9849, Teilhafter
KU	9790 –9799	Restanteil, Teilhafter
	9800	Lösch- und Korrekturschlüssel
	9801	Lösch- und Korrekturschlüssel
KU	9802 –9809	Frei
		Kapital Personenhandelsgesellschaft Vollhafter
KU	9810 –9819	Gesellschafter-Darlehen
KU	9820 –9829	Verlust-/Vortragskonto
KU	9830 –9839	Verr.kto für Einzahlungsverpflichtungen
		Kapital Personenhandelsgesellschaft Teilhafter
KU	9840 –9849	Gesellschafter-Darlehen
KU	9850 –9859	Verrechnungskonto für Einzahlungsverpflichtungen
		Einzahlungsverpflichtungen im Bereich der Forderungen
KU	9860 –9869	Einzahlungsverpfl. persönlich haft. Gesellschafter
KU	9870 –9879	Einzahlungsverpfl. Kommanditisten
		Ausgleichsposten für aktivierte eigene Anteile und Bilanzierungshilfen
KU	9880	Ausgleichsposten f. aktiv. eigene Anteile
KU	9881	Frei
KU	9882	Ausgleichsposten f. aktiv. Bilanzierungshilfen

Funktionen	Konto	Beschriftung SKR03 2009
		Nicht durch Vermögenseinlagen gedeckte Entnahmen
KU	9883	Ungedeckte Entnahme pers. haft. Gesellschafter
KU	9884	Ungedeckte Entnahme Kommanditisten
		Verrechnungskonto für nicht durch Vermögenseinlagen gedeckte Entnahmen
KU	9885	Verr.kto ungedeckte Entnahme pers. haft. Ges.
KU	9886	Verr.kto ungedeckte Entnahme Kommandit.
		Steueraufwand der Gesellschafter
KU	9887	Steueraufwand der Gesellschafter
KU	9888	Frei
KU	9889	Gegenkonto zu 9887
		Statistische Konten für Gewinnzuschlag
KU	9890	Gewinnzuschlag §§ 6b, 6c, 7g a. F. (H)
KU	9891	Gewinnzuschlag §§ 6b, 6c, 7g a. F. (S)
KU	9892	Frei
		Vorsteuer-/Umsatzsteuerkonten zur Korrektur der Forderungen/ Verbindlichkeiten (EÜR)
KU	9893	Umsatzsteuer in Forderungen allg. Satz
KU	9894	Umsatzsteuer in Forderungen ermäß. Satz
KU	9895	Gegenkonto 9893-9894 Aufteilung Umsatzsteuer
KU	9896	Vorsteuer in Verbindl. allgem. Satz
KU	9897	Vorsteuer in Verbindl. ermäßig. Satz
KU	9898	Frei
KU	9899	Gegenkonto 9896-9897 Aufteilung Vorsteuer
KU	9900 –9909	Frei
		Statistische Konten zu § 4 (4a) EStG
KU	9910	Gegenkto. Minderung Entnahmen § 4, 4a EStG
KU	9911	Minderung der Entnahmen § 4, 4a EStG
KU	9912	Erhöhung der Entnahmen § 4, 4a EStG
KU	9913	Gegenkto. Erhöhung Entnahmen § 4, 4a EStG
KU	9914 –9917	Frei
		Statistische Konten für Kinderbetreuungskosten
KU	9918	Kinderbetreuungskosten, steuerl. Betrag
KU	9919	Kinderbetreuungskosten (Haben)
		Ausstehende Einlagen
KU	9920 –9929	Ausst. Einlage Komplementär, nicht eingefordert
KU	9930 –9939	Ausst. Einlage Komplementär, eingefordert
KU	9940 –9949	Ausst. Einlage Kommanditist, nicht eingefordert
KU	9950 –9959	Ausst. Einlage Kommanditist, eingefordert

Funktionen	Konto	Beschriftung SKR03 2009
KU	9960 –9969	Frei
		Statistische Konten für den außerhalb der Bilanz zu berücksichtigenden Investitionsabzugsbetrag nach § 7g EStG
KU	9970	Investitionsabzugsbetrag § 7g /1 EStG, (S)
KU	9971	Investitionsabzugsbetrag § 7g /1 EStG, (H)
KU	9972	Auflösung Investitionsabzug § 7g /2 EStG, (H)
KU	9973	Auflösung Investitionsabzug § 7g /2 EStG, (S)
KU	9974	Auflös. Investitionsabz. § 7g/2–4, EStG früh. VZ (H)
KU	9975	Auflös. Investitionsabz. § 7g/2–4, EStG früh. VZ (S)
		Statistische Konten für die Zinsschranke § 4h EStG/§ 8a KStG
KU	9976	Nicht abzugsfähige Zinsaufwand § 4h EStG, (H)
KU	9977	Nicht abzugsfähige Zinsaufwand § 4h EStG, (S)
KU	9978	Abziehb. Zinsaufwand Vorjahre § 4h EStG, (S)
KU	9979	Abziehb. Zinsaufwand Vorjahre § 4h EStG, (H)
		Statistische Konten für den GuVAusweis in „Gutschrift bzw. Belastung auf Verbindlichkeitskonten" bei den Zuordnungstabellen für PersHG nach KapCo- RiLiG
KU	9980	Belastung auf Verbindlichkeitskonten
KU	9981	Verrechnungskonto Anteil Belastung Verb.konten
KU	9982	Anteil Gutschrift auf Verbindl.konten
KU	9983	Verrechnungskonto Anteil Gutschrift Verb.konten
KU	9984 –9999	Frei
		Personenkonten
	10000 –69999	Debitoren
	70000 –99999	Kreditoren

DATEV-Kontenrahmen nach dem Bilanzrichtlinien-Gesetz Standardkontenrahmen (SKR) 04 – (Abschlussgliederungsprinzip) Gültig ab 2009

Kontenfunktionen

Automatische Umsatzsteuerfunktionen

Vom DATEV-System sind bereits etliche Konten im SKR mit Automatikfunktionen zu Umsatzsteuerberechnungen ausgestattet. Wenn Sie den Kontenrahmen zur Hand nehmen, sehen Sie zu Beginn etlicher Kontenklassen eine Box mit Kontenbereichen, markiert durch KU, M oder V. Unmittelbar vor den einzelnen Kontennummern stehen die Buchstaben AM und AV.

Das Kürzel AV vor der Kontonummer bedeutet, dass die Vorsteuer aus dem auf diesem Konto gebuchten Bruttobetrag herausgerechnet und automatisch auf dem Vorsteuerkonto verbucht wird. Das Kürzel AM steht für die automatische Verbuchung der Mehrwertsteuer, wenn Sie die so gekennzeichneten Erlöskonten ansprechen.

Als weitere Kontenfunktionen, eingearbeitet in den DATEV-Kontenrahmen, sind hier zu erwähnen:
USt-Zusatzfunktionen:

KU = Keine Umsatzsteuer
V = Nur Vorsteuerabzug/Korrektur möglich
M = Nur Mehrwertsteuer/Korrektur möglich

Eine Sonderrolle bilden die mit S gekennzeichneten Konten Verbindlichkeiten bzw. Forderungen aus Lieferungen und Leistungen. Da auf diesen Konten automatisch die Salden der Personenkonten erscheinen, können sie als einzige Sammelkonten nicht direkt bebucht werden. Dieser Schutz verhindert eventuelle Differenzen zwischen dem Sachkonto und den entsprechenden Personenkonten.

Ebenfalls nicht bebucht werden können die R reservierten Konten. Hier behält sich die DATEV vor, zukünftig Konten mit neuen Merkmalen festzulegen. Beispielsweise wurden viele Konten mit 15 % und 16 % USt für die Umsatzsteuererhöhung in 2007 gesperrt und neu belegt.

Konten mit dem Kürzel F machen auf spezielle Funktionen, z. B. die Abfrage und das Einsteuern in die USt-Voranmeldung oder die Zusammenfassende Meldung aufmerksam.

Funktionen	Konto	Beschriftung SKR 04 2009
		Ausstehende Einlagen auf das gezeichnete Kapital
	0001	Ausstehende Einlagen, nicht eingefordert
	0040	Ausstehende Einlage, eingefordert
	0050	Ausstehende Einlage, Komplementärkapital,
	–0059	nicht eingefordert
	0060	Ausstehende Einlage, Komplementärkapital,
	–0069	eingefordert
	0070	Ausstehende Einlage, Kommanditkapital,
	–0079	nicht eingefordert
	0080	Ausstehende Einlage, Kommanditkapital,
	–0089	eingefordert
		Aufwendungen für die Ingangsetzung und Erweiterung des Geschäftsbetriebs
	0095	Ingangsetzungs- und Erweiterungsaufwand
		Anlagevermögen
		Immaterielle Vermögensgegenstände
	0100	Konzessionen und gewerbliche Schutzrechte
	0110	Konzessionen
	0120	Gewerbliche Schutzrechte
	0130	Ähnliche Rechte und Werte
	0135	EDV-Software
	0140	Lizenzen an gewerblichen Schutzrechten
	0150	Geschäfts- oder Firmenwert
	0160	Verschmelzungsmehrwert
	0170	Anzahlungen immaterielle VermG
	0179	Anzahlungen auf Geschäfts- oder Firmenwert
		Sachanlagen
	0200	Grundstücke, grundstücksgl. Rechte und Bauten
	0210	Grundstücke, grundstücksgleiche Rechte
	0215	Unbebaute Grundstücke
	0220	Grundstücksgleiche Rechte
	0225	Grundstücke mit Substanzverzehr
	0229	Grundstücksanteil häusliches Arbeitszimmer
	0230	Bauten auf eigenen Grundstücken
	0235	Grundstückswert bebauter Grundstücke
	0240	Geschäftsbauten
	0250	Fabrikbauten
	0260	Andere Bauten
	0270	Garagen
	0280	Außenanlagen Fabrik u. Geschäftsbauten
	0285	Hof- und Wegebefestigungen
	0290	Einrichtung Fabrik- und andere Bauten
	0300	Wohnbauten
	0305	Garagen
	0310	Außenanlagen
	0315	Hof- und Wegebefestigungen
	0320	Einrichtungen für Wohnbauten
	0329	Gebäudeteil häusliches Arbeitszimmer
	0330	Bauten auf fremden Grundstücken
	0340	Geschäftsbauten

Funktionen	Konto	Beschriftung SKR 04 2009
	0350	Fabrikbauten
	0360	Wohnbauten
	0370	Andere Bauten
	0380	Garagen
	0390	Außenanlagen
	0395	Hof- und Wegebefestigungen
	0398	Einrichtung Fabrik- und Geschäftsbauten
	0400	Technische Anlagen und Maschinen
	0420	Technische Anlagen
	0440	Maschinen
	0460	Maschinengebundene Werkzeuge
	0470	Betriebsvorrichtungen
	0500	Betriebs- und Geschäftsausstattung
	0510	Andere Anlagen
	0520	PKW
	0540	LKW
	0560	Sonstige Transportmittel
	0620	Werkzeuge
	0640	Ladeneinrichtung
	0650	Büroeinrichtung
	0660	Gerüst- und Schalungsmaterial
	0670	Geringwertige Wirtschaftsgüter
	0675	Geringwertige WG Sammelposten
	0680	Einbauten in fremde Grundstücke
	0690	Sonstige Betriebs- u. Geschäftsausstattung
	0700	Geleistete Anzahlungen u. Anlagen im Bau
	0705	Anzahlungen a. Grundstücke ohne Bauten
	0710	Geschäfts-, Fabrik- u. andere Bauten im Bau
	0720	Anzahlungen auf Bauten eigenen Grundstücken
	0725	Wohnbauten im Bau
	0735	Anzahlungen auf Wohnbauten a. eig. Grundstücken
	0740	Geschäfts-, Fabrik- u. andere Bauten im Bau
	0750	Anzahlungen auf Bauten fremd. Grundstücken
	0755	Wohnbauten im Bau
	0765	Anzahlungen a. Wohnbauten a. fremd. Grundstück.
	0770	Technische Anlagen und Maschinen im Bau
	0780	Anzahlungen auf technische Anlagen
	0785	Betriebs- u. Geschäftsausstattung im Bau
	0795	Anzahlung Betriebs- u. Geschäftsausstattung
		Finanzanlagen
	0800	Anteile an verbundenen Unternehmen
	0809	Anteile an herrschender Gesellschaft
	0810	Ausleihungen an verbundene Unternehmen
	0820	Beteiligungen
	0829	Beteiligung GmbH & Co. an Komplementär GmbH
	0830	Typisch stille Beteiligungen
	0840	Atypische stille Beteiligungen
	0850	Andere Beteiligungen an Kapitalgesellschaften
	0860	Andere Beteiligungen an Personengesellschaften
	0880	Ausleihungen an UN mit Beteiligungsverhältnis
	0900	Wertpapiere des Anlagevermögens
	0910	Wertpapiere mit Gewinnbeteiligungsansprüchen
	0920	Festverzinsliche Wertpapiere

0	Anlage- und Kapitalkonten		
Funktionen	**Konto**	**Beschriftung SKR 04 2009**	
	0930	Sonstige Ausleihungen	
	0940	Darlehen	
	0960	Ausleihungen an Gesellschafter	
	0970	Ausleihungen an nahe stehende Personen	
	0980	Genossenschaftsanteile z. langfristigen Verbleib	
	0990	LV-Rückdeckungsansprüche z. langfrist. Verbleib	

1	Umlaufvermögenskonten		
Funktionen		**Konto**	**Beschriftung SKR 04 2009**

Vorräte

Funktionen		Konto	Beschriftung SKR 04 2009
KU		1000	Roh-, Hilfs- und Betriebsstoffe
		-1039	(Bestand)
KU		1040	Unfertige Erzeugnisse und Leistungen
		-1049	
KU		1050	Unfertige Erzeugnisse
		-1079	
KU		1080	Unfertige Leistungen
		-1089	
KU		1090	In Ausführung befindliche Bauaufträge
		-1094	
KU		1095	In Arbeit befindliche Aufträge
		-1099	
KU		1100	Fertige Erzeugnisse und Waren
		-1109	
KU		1110	Fertige Erzeugnisse
		-1139	
KU		1140	Waren
		-1179	
V		1180	Geleistete Anzahlungen auf Vorräte
V	AV	1181	Geleistete Anzahlungen 7 % Vorsteuer
KU	R	1182	Buchungssperre
		-1183	
V	AV	1184	Geleistete Anzahlungen 16 % Vorsteuer
V	AV	1185	Geleistete Anzahlungen 15% Vorsteuer
V	AV	1186	Geleistete Anzahlungen 19 % Vorsteuer
M		1190	Erhaltene Anzahlungen auf Bestellungen

Forderungen und sonstige Vermögensgegenstände

Funktionen		Konto	Beschriftung SKR 04 2009
KU	S	1200	Forderungen aus Lieferungen u. Leistungen
KU	R	1201	Forderungen aus Lieferungen u. Leistungen,
		-1206	nicht bebuchbar
KU	F	1210	Forderungen aus Lieferungen u. Leistung
		-1214	ohne Kontokorrent
KU	F	1215	Forderungen aus L. + L. allgem. Steuersatz
KU	F	1216	Forderungen aus L. + L. ermäßigt. Steuersatz
KU	F	1217	Forderg. aus steuerfreien, nicht steuerbaren L. + L.
KU	F	1218	Forderungen aus L. + L. gemäß § 24 UStG
KU	F	1219	Gegenkto Aufteilung der Forderungen L. + L.
KU	F	1220	Forderungen nach § 11 EStG für § 4/3
KU	F	1221	Forderg. aus L. + L. o. Ktokorrent, Restlaufz. b.1 J.
KU	F	1225	Forderg. aus L. + L. o. Ktokorrent, Restlaufz. g.1 J.
KU	F	1230	Wechsel aus Lieferung und Leistung
KU	F	1231	– Restlaufzeit bis 1 Jahr
KU	F	1232	– Restlaufzeit größer 1 Jahr

1	Umlaufvermögenskonten		
Funktionen		**Konto**	**Beschriftung SKR 04 2009**
KU	F	1235	Wechsel a. L. + L., bundesbankfähig
KU	F	1240	Zweifelhafte Forderungen
KU	F	1241	– Restlaufzeit bis 1 Jahr
KU	F	1245	– Restlaufzeit größer 1 Jahr
KU		1246	Einzelwertberichtigung Forderung., Restlz. b. 1 J.
KU		1247	Einzelwertberichtigung Forderung., Restlz. g. 1 J.
KU		1248	Pauschalwertberichtigung Forderg., Restlz. b. 1 J.
KU		1249	Pauschalwertberichtigung Forderg., Restlz. g. 1 J.
KU	F	1250	Forderungen aus L. + L. gg. Gesellschafter
KU	F	1251	– Restlaufzeit bis 1 Jahr
KU	F	1255	– Restlaufzeit größer 1 Jahr
KU		1258	Gegenkonto sonst. VG bei Buchung Debitor
KU		1259	Gegenkonto 1221-1229, 1240-1245,1250-1257,
			1270-1279, 1290-1297 bei Aufteilung Debitoren
KU		1260	Forderungen gegen verbundene Unternehmen
KU		1261	– Restlaufzeit bis 1 Jahr
KU		1265	– Restlaufzeit größer 1 Jahr
KU		1266	Besitzwechsel gegen verbundene Unternehmen
KU		1267	– Restlaufzeit bis 1 Jahr
KU		1268	– Restlaufzeit größer 1 Jahr
KU		1269	Besitzwechsel gg. verb. UN, bundesbankfähig
KU	F	1270	Forderungen aus L. + L. gg. verbundene UN
KU	F	1271	– Restlaufzeit bis 1 Jahr
KU	F	1275	– Restlaufzeit größer 1 Jahr
KU		1276	WB Forderungen gg. verbund. UN, Restlz. g. 1 J.
KU		1277	WB Forderungen gg. verbund. UN, Restlz. g. 1 J.
KU		1280	Forderungen gegen. UN m. Beteiligungsverhältnis
KU		1281	– Restlaufzeit bis 1 Jahr
KU		1285	– Restlaufzeit größer 1 Jahr
KU		1286	Besitzwechsel gg. UN m. Beteiligungsverhältnis
KU		1287	– Restlaufzeit bis 1 Jahr
KU		1288	– Restlaufzeit größer 1 Jahr
KU		1289	– bundesbankfähig
KU	F	1290	Forderg. L. + L. gg. UN m. Beteiligungsverhältnis
KU	F	1291	– Restlaufzeit bis 1 Jahr
KU	F	1295	– Restlaufzeit größer 1 Jahr
KU		1296	WB Forderg. gg. UN m. Beteiligg.verh., Rlz. b. 1 J.
KU		1297	WB Forderg. gg. UN m. Beteiligg.verh., Rlz. g. 1 J.
KU		1298	Ausstehende Einlage eingefordert
KU		1299	Eingeforderte Nachschüsse
KU		1300	Sonstige Vermögensgegenstände
KU		1301	– Restlaufzeit bis 1 Jahr
KU		1305	– Restlaufzeit größer 1 Jahr
KU		1310	Forderungen gegen Vorstandsmitglieder und
			Geschäftsführer
KU		1311	– Restlaufzeit bis 1 Jahr
KU		1315	– Restlaufzeit größer 1 Jahr
KU		1320	Fordery. gg. Aufsichtsrats- u. Beirats-Mitglieder
KU		1321	– Restlaufzeit bis 1 Jahr
KU		1325	– Restlaufzeit größer 1 Jahr
KU		1330	Forderungen gegen Gesellschafter
KU		1331	– Restlaufzeit bis 1 Jahr
KU		1335	– Restlaufzeit größer 1 Jahr
KU		1340	Forderg. gg. Personal Lohn- und Gehaltsabrechn.
KU		1341	– Restlaufzeit bis 1 Jahr

Funktionen		Konto	Beschriftung SKR 04 2009
KU		1345	– Restlaufzeit größer 1 Jahr
KU		1350	Kautionen
KU		1351	– Restlaufzeit bis 1 Jahr
KU		1355	– Restlaufzeit größer 1 Jahr
KU		1360	Darlehen
KU		1361	– Restlaufzeit bis 1 Jahr
KU		1365	– Restlaufzeit größer 1 Jahr
KU		1370	Durchlaufende Posten
KU		1374	Fremdgeld
KU		1375	Agenturwarenabrechnung
KU	F	1376	Nachträgl. abziehbar. Vorsteuer, § 15a Abs. 2 UStG
KU	F	1377	Zurückzuzahlende Vorsteuer, § 15a Abs. 2 UStG
KU		1378	Ansprüche a. Rückdeckungsversicherung
KU		1390	GmbH-Anteile z. kurzfristigen Verbleib
KU		1395	Genossenschaftsanteile z. kurzfristigen Verbleib
KU	F	1396	Nachträglich abziehbare Vorsteuer, bewegl. WG § 15a Abs. 1 UStG
KU	F	1397	Zurückzuzahlende Vorsteuer, bewegl. WG § 15a Abs. 1 UStG
KU	F	1398	Nachträglich abziehbare Vorsteuer, unbewegl. WG § 15a Abs. 1 UStG
KU	F	1399	Zurückzuzahlende Vorsteuer, unbewegl. WG § 15a Abs. 1 UStG
KU	S	1400	Abziehbare Vorsteuer
KU	S	1401	Abziehbare Vorsteuer 7 %
KU	S	1402	Abziehbare Vorsteuer aus EG-Erwerb
KU	S	1403	Abziehbare Vorsteuer aus EG-Erwerb 16 %
KU	S	1404	Abziehbare Vorsteuer aus EG-Erwerb 19 %
KU	S	1405	Abziehbare Vorsteuer 16 %
KU	S	1406	Abziehbare Vorsteuer 19 %
KU	S	1407	Abziehbare Vorsteuer § 13b UStG 19 %
KU	S	1408	Abziehbare Vorsteuer § 13b UStG
KU	S	1409	Abziehbare Vorsteuer § 13b UStG 16 %
KU	S	1410	Aufzuteilende Vorsteuer
KU	S	1411	Aufzuteilende Vorsteuer 7 %
KU	S	1412	Aufzuteilende Vorsteuer aus EG-Erwerb
KU	S	1413	Aufzuteilende Vorsteuer aus EG-Erwerb 19 %
KU	R	1414	Buchungssperre
KU	S	1415	Aufzuteilende Vorsteuer 16 %
KU	S	1416	Aufzuteilende Vorsteuer 19 %
KU	S	1417	Aufzuteilende Vorsteuer §§ 13a/13b UStG
KU	S	1418	Aufzuteilende Vorsteuer §§ 13a/13b UStG 16 %
KU	S	1419	Aufzuteilende Vorsteuer §§ 13a/13b UStG 19 %
KU		1420	USt-Forderungen
KU		1421	USt-Forderungen laufendes Jahr
KU		1422	USt-Forderungen Vorjahr
KU		1425	USt-Forderungen frühere Jahre
KU		1427	Forderungen aus Verbrauchsteuern
KU	R	1430	Buchungssperre
KU	S	1431	Abziehbare Vorsteuer, Auslag. Gegenst, USt-Lager
KU	S	1432	Vorsteuer EG-Erwerb neue Kfz ohne UStID
KU	F	1433	Bezahlte Einfuhr-Umsatzsteuer
KU		1434	Vorsteuer im Folgejahr abziehbar
KU		1435	Steuerüberzahlungen
KU	R	1436	Buchungssperre

Funktionen		Konto	Beschriftung SKR 04 2009
KU		1440	Steuererstattungsanspruch gg. andere EG-Länder
KU		1450	Körperschaftsteuerrückforderung
KU		1452	KSt-Guthaben § 37 KStG, Restlaufzeit bis 1 J.
KU		1453	KSt-Guthaben § 37 KStG, Restlaufzeit größer 1 J.
KU	F	1456	Forderungen an FA aus abgeführtem Bauabzug
KU	F	1460	Geldtransit
KU		1480	Gegenkonto Vorsteuer § 4 Abs. 3 EStG
KU		1481	Auflösung Vorsteuer Vorjahr § 4 Abs. 3 EStG
KU		1482	Vorsteuer aus Investitionen § 4 Abs. 3 EStG
KU		1483	Gegenkto. Vorsteuer Durchschnittssätze § 4 Abs. 3 EStG
KU	F	1484	Vorsteuer allgem. Durchschnittssätz., UStVA Kz. 63
KU	F	1485	Gewinnermittl., § 4 Abs. 3 EStG, ergebniswirk.
KU	F	1486	Gewinnerm., § 4 Abs. 3 EStG, nicht ergebniswirk.
V		1487	Wirtschaftsgüter Umlaufvermögen § 4 Abs. 3 EStG
KU	F	1490	Verrechnung Ist-Versteuerung
KU	F	1495	Verrechnung erhaltene Anzahlungen
KU	F	1498	Überleitung Kostenstellen
			Wertpapiere
KU		1500	Anteile an verbundenen Unternehmen
KU		1504	Anteile an herrschender Gesellschaft
KU		1505	Eigene Anteile
KU		1510	Sonstige Wertpapiere
KU		1520	Finanzwechsel
KU		1525	Wertpapiere mit geringen Wertschwankungen
KU		1530	Wertpapieranlagen kurzfristige Disposition
			Kassenbestand, Bundesbankguthaben, Guthaben bei Kreditinstituten und Schecks
KU	F	1550	Schecks
KU	F	1600	Kasse
KU	F	1610	Nebenkasse 1
KU	F	1620	Nebenkasse 2
KU	F	1700	Postbank
KU	F	1710	Postbank 1
KU	F	1720	Postbank 2
KU	F	1730	Postbank 3
KU	F	1780	LZB-Guthaben
KU	F	1790	Bundesbankguthaben
KU	F	1800	Bank
KU	F	1810	Bank 1
KU	F	1820	Bank 2
KU	F	1830	Bank 3
KU	F	1840	Bank 4
KU	F	1850	Bank 5
KU		1890	Finanzmittelanlagen kurzfristige Disposition
KU		1895	Verbindl. gg. Kreditinst. (nicht i. Finanzmittelfonds)
			Abgrenzungsposten
		1900	Aktive Rechnungsabgrenzung
		1920	Aufwand Zölle und Verbrauchsteuern
		1930	Aufwand Umsatzsteuer auf Anzahlungen
		1940	Damnum/Disagio
		1950	Abgrenzung aktive latente Steuern

Funktionen	Konto	Beschriftung SKR 04 2009
		Kapital
KU	2000	Festkapital (EK), Vollhafter/Einzelunternehmer
	–2009	
KU	2010	Variables Kapital (EK), Vollhafter/Einzelunternehmer
	–2019	
KU	2020	Gesellschafter-Darlehen (FK), Vollhafter
	–2029	
	2030	zur freien Verfügung (EK), Einzelunternehmer
	–2049	
KU	2050	Kommandit-Kapital (EK), Teilhafter
	–2059	
KU	2060	Verlustausgleich (EK), Teilhafter
	–2069	
KU	2070	Gesellschafter-Darlehen (FK), Teilhafter
	–2079	
	2080	zur freien Verfügung (EK), Teilhafter
	–2099	
		Privat (Eigenkapital)
		Vollhafter/Einzelunternehmer
KU	2100	Privatentnahmen allgemein
	–2129	
KU	2130	Unentgeltliche Wertabgaben
	–2149	
KU	2150	Privatsteuern
	–2179	
KU	2180	Privateinlagen
	–2199	
KU	2200	Sonderausgaben beschränkt abzugsfähig
	–2229	
KU	2230	Sonderausgaben unbeschränkt abzugsfähig
	–2249	
KU	2250	Zuwendungen, Spenden
	–2279	
KU	2280	Außergewöhnliche Belastungen
	–2299	
KU	2300	Grundstücksaufwand
	–2348	
V	2349	Grundstücksaufwand
KU	2350	Grundstücksertrag
	–2398	
M	2399	Grundstücksertrag (Umsatzsteuerschlüssel)
		Privat (Fremdkapital)
		Teilhafter
KU	2500	Privatentnahmen allgemein
	–2529	
KU	2530	Unentgeltliche Wertabgaben
	–2549	
KU	2550	Privatsteuern
	–2579	
KU	2580	Privateinlagen
	–2599	

2 Eigenkapitalkonten/Fremdkapitalkonten

Funktionen	Konto	Beschriftung SKR 04 2009
KU	2600	Sonderausgaben, beschränkt abzugsfähig
	–2629	
KU	2630	Sonderausgaben, unbeschränkt abzugsfähig
	–2649	
KU	2650	Zuwendungen, Spenden
	–2679	
KU	2680	Außergewöhnliche Belastungen
	–2699	
KU	2700	Grundstücksaufwand
	–2749	
KU	2750	Grundstücksertrag
	–2799	
		Gezeichnetes Kapital
KU	2900	Gezeichnetes Kapital
KU	2910	Ausstehende Einlage nicht eingefordert
		Kapitalrücklage
KU	2920	Kapitalrücklage
KU	2925	Kapitalrücklage, Ausgabe Anteile über Nennbetrag
KU	2926	Kapitalrücklage, Ausgabe Schuldverschreibungen
KU	2927	Kapitalrücklage gg. Vorzugsgewährung
KU	2928	Andere Zuzahlungen in das Eigenkapital
KU	2929	Eingeford. Nachschusskapital, Gegenkonto 1299
		Gewinnrücklagen
KU	2930	Gesetzliche Rücklage
KU	2940	Rücklage für eigene Anteile
KU	2950	Satzungsmäßige Rücklagen
KU	2960	Andere Gewinnrücklagen
KU	2962	Eigenkapitalanteil von Wertaufholungen
		Gewinnvortrag/Verlustvortrag
		vor Verwendung
KU	2970	Gewinnvortrag vor Verwendung
KU	2978	Verlustvortrag vor Verwendung
KU	2979	Vortrag auf neue Rechnung (Bilanz)
		Sonderposten mit Rücklageanteil
KU	2980	SoPo mit Rücklageanteil, steuerfreie Rücklage
KU	2981	SoPo mit Rücklageanteil § 6b EStG
KU	2982	SoPo mit Rücklageanteil EStR R 6.6
KU	2989	SoPo mit Rücklageanteil § 52 Abs.16 EStG
KU	2990	SoPo mit Rücklageanteil, Sonder-AfA
KU	2993	SoPo mit Rücklageanteil § 7g Abs. 2 EStG n. F.
KU	2997	SoPo mit Rücklageanteil Sonder-AfA § 7g Abs. 1 EStG a. F./§ 7g Abs. 5 EStG n. F.
KU	2998	SoPo mit Rücklageanteil § 7g Abs. 3 u. 7 EStG a. F.
KU	2999	SoPo für Zuschüsse u. Zulagen

Funktionen			Konto	Beschriftung SKR 04 2009
				Rückstellungen
KU			3000	Pensions- und ähnliche Rückstellungen
KU			3010	Pensionsrückstellungen
KU			3015	Pensionsähnliche Rückstellungen
KU			3020	Steuerrückstellungen
KU			3030	Gewerbesteuerrückstellung
KU			3035	Gewerbesteuerrückstellung § 4 Abs. 5b EStG
KU			3040	Körperschaftsteuerrückstellung
KU			3060	Rückstellungen für latente Steuern
			3070	Sonstige Rückstellungen
			3074	Rückstellungen für Personalkosten
			3075	Rückstellungen Instandhaltung bis 3 Monate
			3080	Rückstellungen Instandhaltung 4–12 Monate
			3085	Rückstellungen Abraum-/Abfallbeseitigung
			3090	Rückstellungen für Gewährleistungen, Gegenkonto 6790
			3092	Rückstellungen für drohende Verluste
			3095	Rückstellungen für Abschluss- u. Prüfungskosten
			3096	Rückstellungen für Aufbewahrungspflicht
			3098	Aufwandsrückstellungen, § 249 Abs. 2 HGB
			3099	Rückstellungen für Umweltschutz
				Verbindlichkeiten
KU			3100	Anleihen, nicht konvertibel
KU			3101	– Restlaufzeit bis 1 Jahr
KU			3105	– Restlaufzeit 1–5 Jahre
KU			3110	– Restlaufzeit größer 5 Jahre
KU			3120	Anleihen konvertibel
KU			3121	– Restlaufzeit bis 1 Jahr
KU			3125	– Restlaufzeit 1–5 Jahre
KU			3130	– Restlaufzeit größer 5 Jahre
KU			3150	Verbindlichkeiten gg. Kreditinstituten
KU			3151	– Restlaufzeit bis 1 Jahr
KU			3160	– Restlaufzeit 1–5 Jahre
KU			3170	– Restlaufzeit größer 5 Jahre
KU			3180	TZ-Verbindlichkeiten gg. Kreditinstituten
KU			3181	– Restlaufzeit bis 1 Jahr
KU			3190	– Restlaufzeit 1–5 Jahre
KU			3200	– Restlaufzeit größer 5 Jahre
			3210	(frei, in Bilanz kein Restlaufzeitvermerk)
			–3248	
KU			3249	Gegenkonto 3150-3209 bei Aufteil. Kto 3210–3248
M			3250	Erhaltene Anzahlungen auf Bestellungen
M	AM		3260	Erhaltene Anzahlungen 7 % USt
	R		3261	Buchungssperre
			–3264	
M	AM		3270	Erhaltene Anzahlungen 16 % USt
M	AM		3271	Erhaltene Anzahlungen 15% USt
M	AM		3272	Erhaltene, versteuerte Anzahlungen 19 % USt
KU	R		3273	Buchungssperre
			–3274	
M			3280	Erhaltene Anzahlungen, Restlaufzeit bis 1 J.
M			3284	Erhaltene Anzahlungen, Restlaufzeit 1–5 J.
M			3285	Erhaltene Anzahlungen, Restlaufzeit größer 5 J.

Funktionen		Konto	Beschriftung SKR 04 2009
KU	S	3300	Verbindlichkeiten aus Lieferungen u. Leistungen
KU	F	3301 –3303	Verbindlichkeiten aus Lieferungen u. Leistungen,
KU	F	3305	Verbindl. aus L. + L., allgem. Steuersatz
KU	F	3306	Verbindl. aus L. + L., ermäßigt. Steuersatz
KU	F	3307	Verbindl. aus L. + L., ohne Vorsteuerabzug
KU	F	3309	Gegenkto 3305-3307, Aufteilung Verbindlichkeiten
KU	F	3310 –3333	Verbindlichkeiten aus Lieferungen u. Leistungen ohne Kontokorrent
KU	F	3334	Verbindl. aus L. + L., Investitionen § 4/3 EStG
KU	F	3335	Verbindl. aus L. + L., o. Ktokorr., Restlaufz. b.1 J.
KU	F	3337	Verbindl. aus L. + L., o. Ktokorr., Restlaufz. 1–5 J.
KU	F	3338	Verbindl. aus L. + L., o. Ktokorr., Restlaufz. g. 5 J.
KU	F	3340	Verbindl. aus L. + L. gg. Gesellschaftern
KU	F	3341	– Restlaufzeit bis 1 Jahr
KU	F	3345	– Restlaufzeit 1–5 Jahre
KU	F	3348	– Restlaufzeit größer 5 Jahre
KU		3349	Gegenkonto 3335–3348, 3420–3449, 3470–3499 bei Aufteilung Kreditoren
KU	F	3350	Wechselverbindlichkeiten, Ausstell. eigen. Wechsel
KU	F	3351	– Restlaufzeit bis 1 Jahr
KU	F	3380	– Restlaufzeit 1–5 Jahre
KU	F	3390	– Restlaufzeit größer 5 Jahre
KU		3400	Verbindlichkeiten gegenüber verbundenen UN
KU		3401	– Restlaufzeit bis 1 Jahr
KU		3405	– Restlaufzeit 1–5 Jahre
KU		3410	– Restlaufzeit größer 5 Jahre
KU	F	3420	Verbindlichkeiten aus L. + L. gg. verbundenen UN
KU	F	3421	– Restlaufzeit bis 1 Jahr
KU	F	3425	– Restlaufzeit 1–5 Jahre
KU	F	3430	– Restlaufzeit größer 5 Jahre
KU		3450	Verbindl. gg. UN mit Beteiligungsverhältnis
KU		3451	– Restlaufzeit bis 1 Jahr
KU		3455	– Restlaufzeit 1–5 Jahre
KU		3460	– Restlaufzeit größer 5 Jahre
KU	F	3470	Verbindl. a. L. + L. gg. UN m. Beteiligungsverhält.
KU	F	3471	– Restlaufzeit bis 1 Jahr
KU	F	3475	– Restlaufzeit 1–5 Jahre
KU	F	3480	– Restlaufzeit größer 5 Jahre
KU		3500	Sonstige Verbindlichkeiten
KU		3501	– Restlaufzeit bis 1 Jahr
KU		3504	– Restlaufzeit 1–5 Jahre
KU		3507	– Restlaufzeit größer 5 Jahre
KU		3509	Sonstige Verbindlichkeite z. B. nach § 11 Abs. 2 Satz 2 EStG für § 4/3 EStG
KU		3510	Verbindlichkeiten gg. Gesellschaftern
KU		3511	– Restlaufzeit bis 1 Jahr
KU		3514	– Restlaufzeit 1–5 Jahre
KU		3517	– Restlaufzeit größer 5 Jahre
KU		3519	Verbindl. gg. Gesellschaftern, offene Ausschüttung
KU		3520	Darlehen typisch stiller Gesellschafter
KU		3521	– Restlaufzeit bis 1 Jahr
KU		3524	– Restlaufzeit 1–5 Jahre
KU		3527	– Restlaufzeit größer 5 Jahre
KU		3530	Darlehen atypisch stiller Gesellschafter

Funktionen		Konto	Beschriftung SKR 04 2009
KU		3531	– Restlaufzeit bis 1 Jahr
KU		3534	– Restlaufzeit 1–5 Jahre
KU		3537	– Restlaufzeit größer 5 Jahre
KU		3540	Partiarische Darlehen
KU		3541	– Restlaufzeit bis 1 Jahr
KU		3544	– Restlaufzeit 1–5 Jahre
KU		3547	– Restlaufzeit größer 5 Jahre
KU		3550	Erhaltene Kautionen
KU		3551	– Restlaufzeit bis 1 Jahr
KU		3554	– Restlaufzeit 1–5 Jahre
KU		3557	– Restlaufzeit größer 5 Jahre
KU		3560	Darlehen
KU		3561	– Restlaufzeit bis 1 Jahr
KU		3564	– Restlaufzeit 1–5 Jahre
KU		3567	– Restlaufzeit größer 5 Jahre
		3570	Frei, in Bilanz kein Restlaufzeitvermerk
		–3589	
KU		3599	Gegenkto. 3500-3569, Aufteil. Konten 3570-3598
KU		3600	Agenturwarenabrechnung
KU		3610	Kreditkartenabrechnung
KU		3620	Gewinnverfügung stille Gesellschafter
KU		3630	Sonstige Verrechnung (Interimskonto)
KU		3695	Verrechnung geleistete Anzahlungen
KU		3700	Verbindl. aus Betriebssteuern und –abgaben
KU		3701	– Restlaufzeit bis 1 Jahr
KU		3710	– Restlaufzeit 1–5 Jahre
KU		3715	– Restlaufzeit größer 5 Jahre
KU		3720	Verbindlichkeiten aus Lohn und Gehalt
KU		3725	Verbindlichkeiten, Einbehaltung Arbeitnehmer
KU		3726	Verbindlichkeiten, FA abzuführender Bauabzug
KU		3730	Verbindlichkeiten aus Lohn- und Kirchensteuer
KU		3740	Verbindlichkeiten, soziale Sicherheit
KU		3741	– Restlaufzeit bis 1 Jahr
KU		3750	– Restlaufzeit 1–5 Jahre
KU		3755	– Restlaufzeit größer 5 Jahre
KU		3759	Voraussichtl. Beitrag gg. Sozialversicherungsträger
KU		3760	Verbindlichkeiten, Einbehaltung (KapESt und SolZ)
KU		3761	Verbindlichkeiten für Verbrauchsteuern
KU		3770	Verbindlichkeiten aus Vermögensbildung
KU		3771	– Restlaufzeit bis 1 Jahr
KU		3780	– Restlaufzeit 1–5 Jahre
KU		3785	– Restlaufzeit größer 5 Jahre
KU		3790	Lohn- und Gehaltsverrechnungen
KU		3791	Lohn/Gehaltsverrechnung § 11/2 für § 4/3 EStG
KU		3796	Verbindlichkeiten, soziale Sicherheit § 4/3 EStG
KU	S	3800	Umsatzsteuer
KU	S	3801	Umsatzsteuer 7 %
KU	S	3802	Umsatzsteuer aus EG-Erwerb
KU	S	3803	Umsatzsteuer aus EG-Erwerb 16 %
KU	S	3804	Umsatzsteuer aus EG-Erwerb 19 %
KU	S	3805	Umsatzsteuer 16 %
KU	S	3806	Umsatzsteuer 19 %
KU	S	3807	Umsatzsteuer EG-Lieferungen
KU	S	3808	Umsatzsteuer EG-Lieferungen 19 %
KU	S	3809	USt aus EG-Erwerb ohne Vorsteuerabzug

Funktionen		Konto	Beschriftung SKR 04 2009
KU	S	3810	Umsatzsteuer nicht fällig
KU	S	3811	Umsatzsteuer nicht fällig 7 %
KU	S	3812	USt nicht fällig, EG-Lieferungen
KU	S	3813	USt nicht fällig, EG-Lieferungen 16 %
KU	S	3814	USt nicht fällig, EG-Lieferungen 19 %
KU	S	3815	Umsatzsteuer nicht fällig 16 %
KU	S	3816	Umsatzsteuer nicht fällig 19 %
KU	S	3817	USt, im anderen EG-Land stpfl. Lieferung
KU	S	3818	USt, im anderen EG-Land sonstigen Leistungen/
			Werklieferungen
KU	R	3819	Buchungssperre
KU	F	3820	Umsatzsteuervorauszahlungen
KU	F	3830	Umsatzsteuervorauszahlungen 1/11
KU	R	3831	Buchungssperre
KU	F	3832	Nachsteuer , UStVA Kz. 65
KU	R	3833	Buchungssperre
KU	S	3834	USt EG-Erwerb Neufahrzeuge ohne UStID
KU	S	3835	Umsatzsteuer nach § 13b UStG
KU	S	3836	Umsatzsteuer nach § 13b UStG 16 %
KU	S	3837	Umsatzsteuer nach § 13b UStG 19 %
KU	R	3838	Buchungssperre
KU	S	3839	Umsatzsteuer, Auslagerung v. Gegenständen aus
			Umsatzsteuerlager
KU		3840	Umsatzsteuer laufendes Jahr
KU		3841	Umsatzsteuer Vorjahr
KU		3845	Umsatzsteuer frühere Jahre
KU		3850	Aufgeschobene Einfuhr-Umsatzsteuer
KU	F	3851	Unrichtig oder unberechtigt ausgewiesene USt,
			UStVA Kz. 69
KU		3854	Steuerzahlungen an andere EG-Länder
			Rechnungsabgrenzungsposten
		3900	Passive Rechnungsabgrenzung
		3950	Abgrenzung unterjährige AfA für BWA

4 Betriebliche Erträge

			Umsatzerlöse
M		4000	Umsatzerlöse
		–4099	(zur freien Verfügung)
M	AM	4100	Steuerfreie Umsätze § 4 Nr. 8 ff UStG
M	AM	4105	Stfr. Umsätze aus V&V § 4 Nr. 12 UStG
M	AM	4110	Sonstige steuerfreie Umsätze, Inland
M	AM	4120	Steuerfreie Umsätze § 4 Nr. 1a UStG
M	AM	4125	Steuerfreie EG-Lieferungen, § 4,1b UStG
M	AM	4130	Innergemeinschaftliche Dreiecksgeschäft,
			§ 25b Abs. 2 UStG
M	AM	4135	Steuerfreie EG-Lieferung v. Neufahrzg. ohne UStID
KU	R	4138	Buchungssperre
M	AM	4140	Steuerfreie Umsätze Offshore usw.
M	AM	4150	Steuerfreie Umsätze § 4 Nr. 2-7 UStG
M	AM	4160	Steuerfreie Umsätze ohne Vorsteuerabzug
M		4180	Erlöse gemäß § 24 UStG
KU	R	4182	Buchungssperre
		–4183	

Funktionen	Konto	Beschriftung SKR 04 2009
M	4185	Erlöse Kleinunternehmer, § 19 Abs. 1 UStG
M AM	4186	Erlöse Geldspielautomaten 19 % USt
KU R	4187	Buchungssperre
	–4188	
M	4200	Erlöse
M AM	4300	Erlöse 7 % USt
	–4309	
M AM	4310	Erlöse EG-Lieferungen 7 % USt
	–4314	
M AM	4315	Erlöse EG-Lieferungen 19 % USt
	–4319	
M	4320	Im anderen EG-Land stpfl. Lieferungen
	–4329	
M AM	4330	Erlöse EG-Lieferungen 16 % USt
KU R	4331	Buchungssperre
	–4336	
M AM	4337	Erlöse aus Leistungen nach § 13b UStG
M AM	4338	Nicht steuerbare Umsätze Drittland
M AM	4339	Nicht steuerbare Umsätze EG-Land
M AM	4340	Erlöse 16 % USt
M AM	4400	Erlöse 19 % USt
	–4409	
M AM	4410	Erlöse 19 % USt
KU R	4411	Buchungssperre
	–4449	
KU R	4507	Buchungssperre
KU R	4509	Buchungssperre
M	4510	Erlöse Abfallverwertung
M	4520	Erlöse Leergut
M	4560	Provisionsumsätze
KU R	4561	Buchungssperre
	–4563	
M AM	4564	Provisionsumsätze, steuerfrei § 4 Nr. 8 ff. UStG
M AM	4565	Provisionsumsätze, steuerfrei § 4 Nr. 5 UStG
M AM	4566	Provisionsumsätze 7 % USt
KU R	4567	Buchungssperre
M AM	4568	Provisionsumsätze 16 % USt
M AM	4569	Provisionsumsätze 19 % USt
M	4570	Provision, sonstige Erträge
KU R	4571	Buchungssperre
	–4573	
M AM	4574	Provision, sonst. Erträge steuerfr. § 4 Nr. 8 ff. UStG
M AM	4575	Provision, sonst. Erträge steuerfrei § 4 Nr. 5 UStG
M AM	4576	Provision, sonstige Erträge 7 % USt
KU R	4577	Buchungssperre
M AM	4579	Provision, sonstige Erträge 19 % USt

Statistische Konten EÜR

Funktionen	Konto	Beschriftung SKR 04 2009
M	4580	Stat. Konto, Erlöse allgemeiner USt-Satz
M	4581	Stat. Konto, Erlöse ermäßigter USt-Satz
M	4582	Stat. Konto, Erlöse steuerfrei/nicht steuerbar
M	4589	Gegenkto 4580-4582, Aufteilung Erlöse Steuersatz
M	4600	Unentgeltliche Wertabgaben
KU	4605	Entnahme von Gegenständen ohne USt

Funktionen	Konto	Beschriftung SKR 04 2009
KU R	4608	Buchungssperre
	–4609	
M AM	4610	Entnahme Unternehmer (Waren) 7 % USt
	–4615	
M AM	4616	Entnahme Unternehmer (Waren) 7 % USt
KU R	4617	Buchungssperre
	–4618	
KU	4619	Entnahme Unternehmer (Waren) ohne USt
M AM	4620	Entnahme Unternehmer (Waren) 19 % USt
	–4626	
KU R	4627	Buchungssperre
	–4629	
M AM	4630	Verwendung von Gegenständen, außerhalb des
	–4636	Unternehmens, 7 % USt
KU	4637	Verwendung Gegenständen, außerh. Untern. o. USt
KU	4638	Verwend. Gegenständ., außerh. Untern. (Tel) o. USt
KU	4639	Verwend. Gegenständ., außerh. Untern. (Kfz) o. USt
M AM	4640	Verwend. Gegenständ., außerh. Untern. 19 % USt
	–4644	
M AM	4645	Verwend. Gegenst., außerh. Untern. (Kfz) 19 % USt
M AM	4646	Verwend. Gegenst., außerh. Untern. (Tel) 19 % USt
KU R	4647	Buchungssperre
	–4649	
M AM	4650	Unentgeltliche Erbringung, Leistung 7 % USt
	–4655	
M AM	4656	Unentgeltliche Erbringung, Leistung 7 % USt
KU R	4657	Buchungssperre
	–4658	
KU	4659	Unentgeltliche Erbringung, Leistung ohne USt
M AM	4660	Unentgeltliche Erbringung, Leistung 19 % USt
	–4666	
KU R	4667	Buchungssperre
	–4669	
M AM	4670	Unentgeltliche Zuwendung von Waren 7 % USt
	–4675	
M AM	4676	Unentgeltliche Zuwendung von Waren 7 % USt
KU R	4677	Buchungssperre
	–4678	
KU	4679	Unentgeltliche Zuwendung von Waren ohne USt
M AM	4680	Unentgeltliche Zuwendung von Waren 19 % USt
	–4684	
KU R	4685	Buchungssperre
M AM	4686	Unentgeltliche Zuwendung, Gegenstände 19 % USt
	–4687	
KU R	4688	Buchungssperre
KU	4689	Unentgeltliche Zuwendung, Gegenstände ohne USt
KU	4690	Nicht steuerbare Umsätze
KU	4695	Umsatzsteuer-Vergütungen
M	4700	Erlösschmälerungen
M AM	4705	Erlösschmälerungen steuerfrei § 4 Nr. 1a
M AM	4710	Erlösschmälerungen 7 % USt
	–4711	
KU R	4712	Buchungssperre
	–4719	

Funktionen		Konto	Beschriftung SKR 04 2009
M	AM	4720	Erlösschmälerungen 19 % USt
		-4721	
KU	R	4722	Buchungssperre
M	AM	4723	Erlösschmälerungen 16 % USt
M	AM	4724	Erlösschmälerungen, steuerfreie EG-Lieferungen
M	AM	4725	Erlösschmälerungen, EG-Lieferung 7 % USt
M	AM	4726	Erlösschmälerungen, EG-Lieferung 19 % USt
M		4727	Erlösschmäl., aus i. and. EG-Ld. steuerpfl. Lief.
KU	R	4728	Buchungssperre
M	AM	4729	Erlösschmälerung EG-Lieferung 16 % USt
M	S	4730	Gewährte Skonti
M	S/AM	4731	Gewährte Skonti 7 % USt
KU	R	-4732	Buchungssperre
		4734	
M	S/AM	4735	Gewährte Skonti 16 % USt
M	S/AM	4736	Gewährte Skonti 19 % USt
KU	R	4737	Buchungssperre
		-4738	
M	S/AM	4741	Gewährte Skonti, Leistungen § 13b UStG
KU	R	4742	Buchungssperre
M	S/AM	4743	Gewährte Skonti, steuerfreie EG-Lieferung § 4 Nr. 1b UStG
KU	R	4744	Buchungssperre
M	S/AM	4745	Gewährte Skonti, steuerpflichtige EG-Lieferung
M	S/AM	4746	Gewährte Skonti, EG-Lieferung 7 % USt
KU	R	4747	Buchungssperre
M	S/AM	4748	Gewährte Skonti, EG-Lieferung 19 % USt
M	S AM	4749	Gewährte Skonti, EG-Lieferung 16 % USt
M	AM	4750	Gewährte Boni 7 % USt
		-4751	
KU	R	4752	Buchungssperre
		-4759	
M	AM	4760	Gewährte Boni 19 % USt
		-4761	
M	AM	4762	Gewährte Boni 16 % USt
		-4763	
KU	R	4764	Buchungssperre
		-4768	
M		4769	Gewährte Boni
M		4770	Gewährte Rabatte
M	AM	4780	Gewährte Rabatte 7 % USt
		-4781	
KU	R	4782	Buchungssperre
		-4789	
M	AM	4790	Gewährte Rabatte 19 % USt
		-4791	
M	AM	4792	Gewährte Rabatte 16 % USt
		-4793	
KU	R	4794	Buchungssperre
		-4799	
			Erhöhung oder Verminderung des Bestands an fertigen und unfertigen Erzeugnissen
KU		4800	Bestandsveränderung, fertige Erzeugnisse
KU		4810	Bestandsveränderung, unfertige Erzeugnisse
KU		4815	Bestandsveränderung, unfertige Leistung
KU		4816	Bestandsveränderung, Bauaufträge in Ausführung
KU		4818	Bestandsveränderung, Aufträge in Arbeit
			Andere aktivierte Eigenleistungen
KU		4820	Andere aktivierte Eigenleistungen
			Sonstige betriebliche Erträge
M		4830	Sonstige betriebliche Erträge
M	AM	4834	Sonstige Erträge, betriebl. u., regelmäßig 16 % USt
M		4835	Sonstige Erträge, betrieblich u., regelmäßig
M	AM	4836	Sonstige Erträge, betriebl. u., regelmäßig 19 % USt
M		4837	Sonstige Erträge, betriebsfremd u. regelmäßig
M		4839	Sonstige Erträge, unregelmäßig
KU		4840	Erträge aus Kursdifferenzen
KU		4843	Erträge aus Bewertung Finanzmittelfonds
M	AM	4844	Erlöse aus Sachanlagenverkäufe § 4 Nr. 1a UStG
M	AM	4845	Erlöse aus Sachanlagenverkäufe 19 % USt
KU	R	4846	Buchungssperre
		-4847	
M	AM	4848	Erlöse, Sachanlagenverkäufe § 4 Nr. 1b UStG
M		4849	Erlöse, Sachanlagenverkäufe
M		4850	Erlöse, Verkäufe immat. Vermögensgegenstände
M		4851	Erlöse, Verkäufe Finanzanlagen
M		4852	Erlöse, Verkäufe Finanzanlagen, § 3 Nr. 40 EStG/ § 8b KStG
M		4855	Abgänge, Sachanlagen, Restbuchwert
M		4856	Abgänge, immat. Vermögensgegenstände, RBW
M		4857	Abgänge, Finanzanlagen, Restbuchwert
M		4858	Abgänge, Finanzanlagen, §§ 3 Nr. 40, 3c EStG/ § 8b KStG, RBW
M		4860	Grundstückserträge
M	AM	4865	Erlöse, Verkauf WG des UV § 4/3 EStG, 19 % USt
M	AM	4866	Erlöse, Verkauf WG des UV, ustfrei, § 4 Nr. 8 ff. UStG i. V. m. § 4 Abs. 3 Satz 4 EStG
M	AM	4867	Erlöse, Verkauf WG des UV, ustfrei, § 4 Nr. 8 ff. UStG i. V. m. § 4 Abs. 3 Satz 4 EStG, § 3 Nr. 40
M		4869	Erlöse Verkauf WG des UV § 4/3 EStG
M		4900	Erträge, Abgang von AV-Gegenständen
M		4901	Erträge, Veräußerung v. Ant. KapGes § 3 Nr. 40/ § 8b KStG
M		4905	Erträge, Abgang von UV-Gegenständen
M		4906	Erträge, Abgang UV, § 3 Nr. 40 EStG/§ 8b KStG
M		4910	Erträge, Zuschreibg. Sachanlagevermögen
M		4911	Erträge, Zuschreibg. immat. Anlagevermögen
M		4912	Erträge, Zuschreibg. Finanzanlagevermögen
M		4913	Erträge, Zuschreibg. FAV, § 3 Nr. 40 EStG/ § 8b KStG
M		4914	Erträge, Zuschreibg. anderes AV, § 3 Nr. 40 EStG/ § 8b KStG
M		4915	Erträge, Zuschreibung UV-Gegenstände
M		4916	Erträge, Zuschreibg. UV, § 3 Nr. 40 EStG/ § 8b KStG
M		4920	Erträge, Herabsetzung PWB zu Forderungen

Funktionen		Konto	Beschriftung SKR 04 2009
		4923	Erträge, Herabsetzung EWB zu Forderungen
M		4925	Erträge, abgeschriebenen Forderungen
		4930	Erträge, Auflösung von Rückstellungen
		4932	Erträge, steuerl. niedrig. Bewert. v. Rückstellung
		4933	Erträge, Bewertung Verbindlichkeiten
		4934	Erträge, Auflösung SoPo Existenzgründerrücklagen
		4935	Erträge, Auflösung SoPo mit Rücklage-Anteil
		4936	Erträge, Auflösung SoPo, § 7g Abs. 3 EStG a. F./ § 7g Abs. 2 EStG n. F
		4937	Erträge, Auflösung SoPo m. Rücklage-Anteil
		4939	Erträge, Auflös. SoPo m. Rückl.-Ant. § 52/16 EStG
M		4940	Verrechnete sonstige Sachbezüge (keine Waren)
M	AM	4941	Sachbezüge 7 % USt (Waren)
KU	R	4942	Buchungssperre
		−4944	
M	AM	4945	Sachbezüge 19 % USt(Waren)
M		4946	Verrechn. sonstige Sachbezüge
M	AM	4947	Verrechn. sonstige Sachbezüge 19 % USt
KU	R	4948	Buchungssperre
KU		4949	Verrechn. sonstige Sachbezüge ohne USt
		4960	Periodenfremde Erträge
		4970	Versicherungsentschädigungen
		4975	Investitionszuschüsse
		4980	Investitionszulage
		4981	Steuerfreie Erträge aus Auflösung SoPo
		4982	Sonstige steuerfreie Betriebseinnahmen

Funktionen		Konto	Beschriftung SKR 04 2009
			Material- und Stoffverbrauch
V		5000	Aufwendungen f. RHB und bezogene Waren
		−5099	
			Materialaufwand
V		5100	Einkauf Roh-, Hilfs- und Betriebsstoffe
V		5190	Energiestoffe
V		5200	Wareneingang
V	AV	5300	Wareneingang 7 % Vorsteuer
		−5309	
KU	R	5310	Buchungssperre
		−5349	
V	AV	5400	Wareneingang 19 % Vorsteuer
		−5409	
KU	R	5410	Buchungssperre
		−5419	
V	AV	5420	EG-Erwerb, 7 % Vorsteuer und 7 % USt
		−5424	
V	AV	5425	EG-Erwerb, 19 % Vorsteuer und 19 % USt
		−5429	
V	AV	5430	EG-Erwerb, ohne Vorsteuerabzug, 7 % USt
KU	R	5431	Buchungssperre
		−5434	
V	AV	5435	EG-Erwerb, ohne Vorsteuer und 19 % USt
KU	R	5436	Buchungssperre
		−5439	

Funktionen		Konto	Beschriftung SKR 04 2009
V	AV	5440	EG-Erwerb, Neufahrz., o. UStID, 19 % VorSt/USt
KU	R	5441	Buchungssperre
		−5449	
KU	R	5500	Buchungssperre
		−5504	
V	AV	5505	Wareneingang 5,5% Vorsteuer
		−5509	
KU	R	5510	Buchungssperre
		−5539	
V	AV	5540	Wareneingang 10,7 % Vorsteuer
		−5549	
V	AV	5550	Steuerfreier EG-Erwerb
V		5551	Wareneingang, im Drittland steuerbar
V		5552	Erwerb 1. Abnehmer im Dreiecksgeschäft
KU	R	5553	Buchungssperre
		−5557	
V		5558	Wareneingang, im anderen EG-Land stb.
V		5559	Steuerfreie Einfuhren
V	AV	5560	Waren aus USt-Lager, 7 % Vorsteuer, 7 % USt
KU	R	5561	Buchungssperre
		−5564	
V	AV	5565	Waren aus USt-Lager, 19 % Vorsteuer, 19 % USt
KU	R	5566	Buchungssperre
		−5569	
		5600	Nicht abziehbare Vorsteuer
		−5609	
		5610	Nicht abziehbare Vorsteuer 7 %
		−5619	
KU	R	5650	Buchungssperre
		−5659	
		5660	Nicht abziehbare Vorsteuer 19 %
		−5669	
V		5700	Nachlässe
V	AV	5710	Nachlässe 7 % Vorsteuer
		−5711	
KU	R	5712	Buchungssperre
		−5719	
V	AV	5720	Nachlässe 19 % Vorsteuer
		−5721	
V	AV	5722	Nachlässe 16 % Vorsteuer
V	AV	5723	Nachlässe 15% Vorsteuer
V	AV	5724	Nachlässe, EG-Erwerb 7 % Vorsteuer/USt
V	AV	5725	Nachlässe, EG-Erwerb 19 % Vorsteuer/USt
V	AV	5726	Nachlässe, EG-Erwerb 16 % Vorsteuer/USt
V	AV	5727	Nachlässe, EG-Erwerb 15% Vorsteuer/USt
KU	R	5728	Buchungssperre
		−5729	
V	S AV	5730	Erhaltene Skonti
V	S AV	5731	Erhaltene Skonti 7 % Vorsteuer
KU	R	5732	Buchungssperre
		−5734	
V	S AV	5735	Erhaltene Skonti 16 % Vorsteuer
V	S AV	5736	Erhaltene Skonti 19 % Vorsteuer
KU	R	5737	Buchungssperre
		−5738	

256

Funktionen		Konto	Beschriftung SKR 04 2009
V	S AV	5745	Erhaltene Skonti EG-Erwerb
V	S AV	5746	Erhaltene Skonti, EG-Erwerb, 7 % Vorst/USt
KU	R	5747	Buchungssperre
V	S AV	5748	Erhaltene Skonti, EG-Erwerb 19 % Vorst/USt
V	S AV	5749	Erhaltene Skonti, EG-Erwerb 16 % Vorst/USt
V	AV	5750	Erhaltene Boni 7 % Vorsteuer
		–5751	
KU	R	5752	Buchungssperre
		–5759	
V	AV	5760	Erhaltene Boni 19 % Vorsteuer
		–5761	
KU	R	5762	Buchungssperre
		–5763	
V	AV	5764	Erhaltene Boni 16 % Vorsteuer
		–5765	
KU	R	5766	Buchungssperre
		–5768	
V		5769	Erhaltene Boni
V		5770	Erhaltene Rabatte
V	AV	5780	Erhaltene Rabatte 7 % Vorsteuer
		–5781	
KU	R	5782	Buchungssperre
		–5789	
V	AV	5790	Erhaltene Rabatte 19 % Vorsteuer
		–5791	
KU	R	5792	Buchungssperre
		–5793	
V	AV	5794	Erhaltene Rabatte 16 % Vorsteuer
		–5795	
KU	R	5796	Buchungssperre
		–5799	
V		5800	Bezugsnebenkosten
V		5820	Leergut
V		5840	Zölle und Einfuhrabgaben
KU		5860	Verrechnete Stoffkosten
KU		5880	Bestandsveränderung RHB-Stoffe/Waren
			Aufwendungen für bezogene Leistungen
V		5900	Fremdleistungen
			Umsätze, für die als Leistungsempfänger die Steuer nach § 13b Abs. 2 UStG geschuldet wird
V	AV	5910	Bauleist. Inland ansäss. UN, 7 % Vorst, 7 % USt
KU	R	5911	Buchungssperre
		–5914	
V	AV	5915	Leistungen ausl. UN, 7 % Vorsteuer, 7 % USt
KU	R	5916	Buchungssperre
		–5919	
V	AV	5920	Bauleist. Inland ansäss. UN, 19 % Vorst., 19 % USt
		–5921	
KU	R	5922	Buchungssperre
		–5924	
V	AV	5925	Leistungen ausl. UN, 19 % Vorst., 19 % USt
		–5926	

Funktionen		Konto	Beschriftung SKR 04 2009
KU	R	5927	Buchungssperre
		–5929	
V	AV	5930	Bauleist. Inland ansäss. UN, ohne Vorst., 7 % USt
KU	R	5931	Buchungssperre
		–5934	
'V	AV	5935	Leistungen ausl. UN ohne Vorst., 7 % USt
KU	R	5936	Buchungssperre
		–5939	
V	AV	5940	Bauleist. Inland ansäss. UN, ohne Vorst., 19 % USt
		–5941	
KU	R	5942	Buchungssperre
		–5944	
V	AV	5945	Leistungen ausl. UN, ohne Vorst., 19 % USt
		–5946	
KU	R	5947	Buchungssperre
		–5949	
V	S AV	5950	Erhaltene Skonti Leistungen § 13b UStG
V	S AV	5951	Erhaltene Skonti Leistungen § 13b 19 % Vorst./USt
V	S AV	5952	Erhaltene Skonti Leistungen § 13b 16 % Vorst./USt
V	S AV	5953	Erhalt. Skonti Leistungen § 13b o. Vorst., mit USt
V	S AV	5954	Erhalt. Skonti Leist. § 13b o. Vorst., mit 19 % USt
V	S AV	5955	Erhalt. Skonti Leist. § 13b o. Vorst., mit 16 % USt
KU	R	5956	Buchungssperre
		–5959	

Funktionen	Konto	Beschriftung SKR 04 2009
		Personalaufwand
	6000	Löhne und Gehälter
	6010	Löhne
	6020	Gehälter
	6024	Geschäftsführergehälter GmbH-Gesellschafter
	6026	Tantiemen
	6027	Geschäftsführergehälter
	6028	Vergütung angestellter. Mitunternehmer § 15 EStG
	6030	Aushilfslöhne
	6039	Pauschale Abgaben für Zuwendungen an AN
	6040	Pauschale Steuer für Aushilfen
	6045	Bedienungsgelder
	6050	Ehegattengehalt
	6060	Freiwillige soziale Aufwendung., lohnsteuerpflichtig
	6069	Pauschale Steuer für Zuschüsse
	6070	Krankengeldzuschüsse
	6072	Sachzuwendungen und Dienstleistungen an AN
	6075	Zuschüsse Agenturen für Arbeit
	6080	Vermögenswirksame Leistungen
	6090	Fahrtkostenerstattung, Whg./Arbeitsstätte
	6100	**Soziale Abgaben, Altersversorgung**
	6110	Gesetzliche Sozialaufwendungen
	6118	Ges. Sozialaufwendg., Mituntern. § 15 EStG
	6120	Beiträge zur Berufsgenossenschaft
	6130	Freiwillige soziale Aufwendungen, LSt-frei
	6140	Aufwendungen für Altersversorgung
	6147	Pauschale Steuer für Versicherungen
	6148	Aufwend., Altersversorgung Mituntern. § 15 EStG

Funktionen	Konto	Beschriftung SKR 04 2009
	6150	Versorgungskassen
	6160	Aufwendungen für Unterstützung
	6170	Sonstige soziale Abgaben
		Abschreibungen auf immaterielle Vermögensgegenstände des Anlagevermögens und Sachanlagen sowie auf aktivierte Aufwendungen für die Ingangsetzung und Erweiterung des Geschäftsbetriebs des Geschäftsbetriebs
	6200	Abschreibungen, immaterielle VermG
	6205	Abschreibungen, Geschäfts- oder Firmenwert
	6210	Außerplanm. Abschreibungen, immaterielle VermG
	6220	Abschreibungen auf Sachanlagen (ohne AfA auf Kfz und Gebäude)
	6221	Abschreibungen auf Gebäude
	6222	Abschreibungen auf Kfz
	6223	Abschreibung Arbeitszimmer
	6230	Außerplanm. Abschreibungen, Sachanlagen
	6231	Außergewöhnliche Abschreibung, Gebäude
	6232	Außergewöhnliche Abschreibung, Kfz
	6233	Außergewöhnliche Abschreibung, sonstiger WG
	6240	Abschreib., Sachanlagen, steuerl. Sondervorschr.
	6241	Sonder-AfA, ohne Kfz, § 7g Abs. 1 u. 2 EStG a. F./ § 7g Abs. 5 EStG n. F.
	6242	Sonder-AfA für Kfz, § 7g Abs. 1 und 2 EStG a. F./ § 7g Abs. 5 EStG n. F.
	6243	Kürzung AHK, ohne Kfz, § 7g Abs. 2 EStG n. F.
	6244	Kürzung AHK für Kfz, § 7g Abs. 2 EStG n. F.
	6250	Kaufleasing
	6260	Sofortabschreibung GWG
	6262	Abschreibungen auf aktivierte GWG
	6264	Abschreibung auf Sammelposten GWG
	6266	Außerplanm. Abschreibungen auf aktivierte GWG
	6268	Abschreibungen, Ingangsetzung/Erweiterung
		Abschreibungen auf Vermögensgegenstände des Umlaufvermögens, soweit diese die in der Kapitalgesellschaft üblichen Abschreibungen überschreiten
	6270	Abschreibungen auf Vermögensgegenstände UV
	6272	Abschreibungen auf UV, steuerrechtlich bedingt
	6275	Vorwegnahme künftiger UV-Wertschwankungen
M	6280	Forderungsverluste
M AM	6281	Forderungsverluste 7 % USt
KU R	6282	Buchungssperre
	−6284	
M AM	6285	Forderungsverluste 16 % USt
M AM	6286	Forderungsverluste 19 % USt
M AM	6287	Forderungsverluste 15% USt
KU R	6288	Buchungssperre
		Sonstige betriebliche Aufwendungen
V	6300	Sonstige betriebliche Aufwendungen
V	6303	Fremdleistungen und Fremdarbeiten

Funktionen	Konto	Beschriftung SKR 04 2009
V	6304	Sonstige betriebl. u. regelm. Aufwendungen
V	6305	Raumkosten
V	6310	Miete, unbewegliche Wirtschaftsgüter
V	6314	Vergütung, Mituntern. Miete WG, § 15 EStG
V	6315	Pacht, unbewegliche Wirtschaftsgüter
V	6316	Leasing, unbewegliche Wirtschaftsgüter
V	6318	Miet- und Pachtnebenkosten
V	6319	Vergüt. Mituntern. Pacht WG § 15 EStG
V	6320	Heizung
V	6325	Gas, Strom, Wasser
V	6330	Reinigung
V	6335	Instandhaltung betrieblicher Räume
V	6340	Abgaben betrieblich genutzt. Grundbesitz
V	6345	Sonstige Raumkosten
V	6348	Aufwendung. Arbeitszimmer, abz. Anteil
V	6349	Aufwendung. Arbeitszimmer n.abz. Anteil
V	6350	Grundstücksaufwendungen, betrieblich
V	6352	Grundstücksaufwendungen, neutral
	6390	Zuwendungen, Spenden steuerl. nicht abziehbar
	6391	Zuwendungen, Spenden wissensch./kult. Zweck
	6392	Zuwendungen, Spenden mildtätige Zwecke
	6393	Zuwendungen, Spenden kirchl./rel./gemein.
	6394	Zuwendungen, Spenden an politische Partei
	6395	Zuwendungen, Stiftungen gem. § 52/1-3 AO
	6396	Zuwendungen, Stiftungen gem. § 52/2/4 AO
	6397	Zuwendungen, Stiftungen kirchl./rel./gemein.
	6398	Zuwendungen, Stiftungen wiss./mildt./kultur.
	6400	Versicherungen
	6405	Versicherung für Gebäude
	6410	Prämie Rückdeckung f. Versorgungsleistungen
	6420	Beiträge
	6430	Sonstige Abgaben
	6436	Abzugsfähige Verspätungszuschlag/Zwangsgeld
	6437	Nicht abzugsfähig Verspätungszuschl./Zwangsgeld
	6440	Ausgleichsabgabe SchwerbehindertenG
V	6450	Reparatur u. Instandhaltung von Bauten
V	6460	Reparatur u. Instandhaltung, Anlagen u. Maschinen
V	6470	Reparatur u. Instandh., Betriebs- u. Geschäftsaus.
V	6485	Reparatur u. Instandhaltung, andere Anlagen
V	6490	Sonstige Reparaturen/Instandhaltung
V	6495	Wartungskosten für Hard- und Software
V	6498	Mietleasing bewegliche Wirtschaftsgüter
V	6500	Fahrzeugkosten
V	6520	Kfz-Versicherungen
V	6530	Laufende Kfz-Betriebskosten
V	6540	Kfz-Reparaturen
V	6550	Garagenmieten
V	6560	Mietleasing Kfz
V	6570	Sonstige Kfz-Kosten
V	6580	Mautgebühren
V	6590	Kfz-Kosten betriebliche Nutzung Kfz im PV
V	6595	Fremdfahrzeugkosten
V	6600	Werbekosten
V	6610	Geschenke abzugsfähig
V	6611	Zuwendungen an Dritte abzugsfähig

258

Funktionen		Konto	Beschriftung SKR 04 2009
V		6612	Pauschale Abgaben, Zuwendungen abzugsfrei
V		6620	Geschenke nicht abzugsfähig
V		6621	Zuwendungen an Dritte, nicht abzugsfrei
V		6622	Pauschale Abgaben, Zuwendungen nicht abzugsfr.
V		6625	Geschenke, ausschließlich betrieblich genutzt
V		6630	Repräsentationskosten
V		6640	Bewirtungskosten
V		6641	Eingeschränkt abziehb. BA, abziehbarer Anteil
V		6642	Eingeschränkt abziehb. BA, nicht abziehb. Anteil
V		6643	Aufmerksamkeiten
V		6644	Nicht abzugsfähige Bewirtungskosten
V		6645	Nicht abzugsfähige Betriebsausgaben
V		6650	Reisekosten Arbeitnehmer
V		6652	Reisekosten Arbeitnehmer, nicht abziehbar. Anteil
V		6660	Reisekosten AN Übernachtungsaufwand
V		6663	Reisekosten Arbeitnehmer, Fahrtkosten
V		6664	Reisekosten AN Verpflegungsmehraufwand
KU	R	6665	Buchungssperre
V		6668	Kilometergelderstattung Arbeitnehmer
V		6670	Reisekosten Unternehmer
V		6672	Reisekosten Unternehmer, nicht abziehbar. Anteil
V		6673	Reisekosten Unternehmer, Fahrtkosten
V		6674	Reisekosten UN Verpflegungsmehraufwand
V		6680	Reisekosten UN Übernachtungsaufwand
KU	R	6685	Buchungssperre
		−6686	
V		6688	Fahrten Wohnung/Betrieb, abziehbarer Anteil
V		6689	Fahrten Wohnung/Betrieb, nicht abziehbar. Anteil
V		6690	Fahrten Wohnung/Betriebsstätte (Haben)
V		6700	Kosten Warenabgabe
V		6710	Verpackungsmaterial
V		6740	Ausgangsfrachten
V		6760	Transportversicherungen
V		6770	Verkaufsprovisionen
V		6780	Fremdarbeiten (Vertrieb)
V		6790	Aufwand für Gewährleistungen
V		6800	Porto
V		6805	Telefon
V		6810	Telefax und Internetkosten
V		6815	Bürobedarf
V		6820	Zeitschriften, Bücher
V		6821	Fortbildungskosten
V		6822	Freiwillige Sozialleistungen
V		6823	Vergütungen an Mitunternehmer § 15 EStG
V		6824	Haftungsvergütung an Mitunternehmer
V		6825	Rechts- und Beratungskosten
V		6827	Abschluss- und Prüfungskosten
V		6830	Buchführungskosten
V		6835	Mieten für Einrichtungen bewegliche WG
V		6836	Pacht (bewegliche Wirtschaftsgüter)
V		6837	Aufwendungen für Lizenzen, Konzessionen
V		6840	Mietleasing bewegliche Wirtschaftsgüter
V		6845	Werkzeuge und Kleingeräte
V		6850	Sonstiger Betriebsbedarf
V		6855	Nebenkosten des Geldverkehrs

Funktionen		Konto	Beschriftung SKR 04 2009
V		6855	Nebenkosten des Geldverkehrs
V		6856	Aufwendungen, Anteile KapG, z. T. nicht abziehbar
		6857	Aufwend., Veräuß. Ant. KapG, z. T. nicht abziehbar
V		6859	Aufwand Abraum-/Abfallbeseitigung
		6860	Nicht abziehbare Vorsteuer
		6865	Nicht abziehbare Vorsteuer 7 %
		6871	Nicht abziehbare Vorsteuer 19 %
		6875	Nicht abziehbare AR-Vergütungen
		6876	Abziehbare Aufsichtsratsvergütung
		6880	Aufwendungen aus Kursdifferenzen
		6883	Aufwendungen, Bewertung Finanzmittelfonds
M	AM	6884	Erlöse Sachanlageverkäufe § 4 Nr. 1a UStG
M	AM	6885	Erlöse Sachanlageverkäufe 19 % USt
KU	R	6886	Buchungssperre
		−6887	
M	AM	6888	Erlöse Sachanlageverkäufe § 4 Nr. 1b UStG
M		6889	Erlöse Sachanlageverkäufe
M		6890	Erlöse, Verkauf immat. Vermögensgegenstände
M		6891	Erlöse, Verkauf Finanzanlagen
M		6892	Erlöse, Verkauf Finanzanl. z. T. nicht abziehbar
M		6895	Abgänge Sachanlagen Restbuchwert
M		6896	Abgänge immat. Vermögensgegenstände RBW
M		6897	Abgänge Finanzanlagen Restbuchwert
M		6898	Abgänge Finanzanlagen, z. T. nicht abziehbar, RBW
		6900	Verluste aus Anlagenabgang
		6903	Verluste, Veräuß. Anteil. KapG, z. T. nicht abziehbar
		6905	Verluste aus Abgang von Umlaufvermögen
		6906	Verluste, Abgang UV z. T. nicht abziehbar
		6907	Abgang WG des UV § 4 Abs. 3 EStG
		6908	Abgang WG des UV § 4/3 EStG, z. T. nicht
		6910	Abschreibungen auf Umlaufvermögen
		6912	Abschreibungen auf UV, steuerrechtlich bedingt
		6915	Vorwegnahme künftiger UV-Wertschwankungen
		6916	Aufwendungen, Zuschreibung Verbindlichkeiten
		6917	Aufwendungen, Zuschreibung Rückstellungen
		6920	Einstellung in die PWB zu Forderungen
		6923	Einstellung in die EWB zu Forderungen
		6925	Einstellungen SoPo mit Rücklage-Anteil
		6926	Einstellungen SoPo § 7g Abs.2 EStG n. F.
		6927	Einstellungen SoPo mit Rücklage-Anteil
M		6930	Forderungsverluste
M	AM	6931	Forderungsverluste 7 % USt
M	AM	6932	Forderungsverluste, steuerfreie EG-Lieferungen
M	AM	6933	Forderungsverluste, EG-Lieferungen 7 % USt
M	AM	6934	Forderungsverluste, EG-Lieferung 16 % USt
M	AM	6935	Forderungsverluste, 16 % USt
M	AM	6936	Forderungsverluste, 19 % USt
M	AM	6937	Forderungsverluste, 15% USt
M	AM	6938	Forderungsverluste, EG-Lieferung 19 % USt
M	AM	6939	Forderungsverluste, EG-Lieferung 15% USt
		6960	Periodenfremde Aufwendungen
		6967	Sonst. Aufwendung., betriebsfremd u. regelmäßig
		6969	Sonstige Aufwendungen, unregelmäßig

Funktionen	Konto	Beschriftung SKR 04 2009
		Kalkulatorische Kosten
	6970	Kalkulatorischer Unternehmerlohn
	6972	Kalkulatorische Miete und Pacht
	6974	Kalkulatorische Zinsen
	6976	Kalkulatorische Abschreibungen
	6978	Kalkulatorische Wagnisse
	6979	Kalkulatorischer Lohn, unentgeltliche AN
	6980	Verrechneter kalkulatorischer Unternehmerlohn
	6982	Verrechnete kalkulatorische Miete und Pacht
	6984	Verrechnete kalkulatorische Zinsen
	6986	Verrechnete kalkulatorische Abschreibungen
	6988	Verrechnete kalkulatorische Wagnisse
	6989	Verrechneter kalk. Lohn, unentgeltliche AN
		Kosten bei Anwendung des Umsatzkostenverfahrens
	6990	Herstellungskosten
	6992	Verwaltungskosten
	6994	Vertriebskosten
	6999	Gegenkonto zu 6990 bis 6998

Funktionen	Konto	Beschriftung SKR 04 2009
		Erträge aus Beteiligungen
	7000	Erträge aus Beteiligungen
	7005	Erträge aus Beteiligungen, § 3 Nr. 40 EStG/ § 8b KStG
	7006	Erträge aus Beteilig. verbund. UN, § 3 Nr. 40 EStG/ § 8b KStG
	7007	Sonst. GewSt-freie Gewinne aus Anteile KapG
	7008	Gewinnant. aus Mitunternehmersch. § 9 GewStG
	7009	Erträge a. Beteiligung an verbundenen UN
		Erträge aus anderen Wertpapieren und Ausleihungen des Finanzlagevermögens
	7010	Erträge Wertpapiere/Ausleihungen FAV
	7014	Erträge a. Beteilig. FAV, § 3 Nr. 40 EStG/ § 8b KStG
	7015	Erträge a. Beteilig. verb. UN, § 3 Nr. 40 EStG/ § 8b KStG
	7019	Erträge Wertpapiere/FAV-Ausl. verb. UN
		Sonstige Zinsen und ähnliche Erträge
	7100	Sonstige Zinsen und ähnliche Erträge
	7102	Steuerfr. Aufzinsung Körperschaftsteuerguthaben
	7103	Erträge a. Beteilig. UV, § 3 Nr. 40 EStG/ § 8b KStG
	7104	Erträge a. Beteilig. verb. UN, § 3 Nr. 40 EStG/ § 8b KStG
	7105	Zinserträge § 233a AO
	7106	Zinserträge § 233a AO, Anlage A KSt
	7107	Zinserträge § 233a AO, § 4 Abs. 5b EStG
	7109	Sonst. Zinsen u. ä. Erträge aus verb. UN

Funktionen	Konto	Beschriftung SKR 04 2009
	7110	Sonstiger Zinsertrag
	7115	Erträge Wertpapiere/Ausleihungen UV
	7119	Sonstige Zinserträge aus verb. UN
	7120	Zinsähnliche Erträge
	7128	Zinserträge, Rückzahlung KSt-Erhöh. § 38 KStG
	7129	Zinsähnliche Erträge verbundene UN
	7130	Diskonterträge
	7139	Diskonterträge verbundene Unternehmen
		Erträge aus Verlustübernahme und aufgrund einer Gewinngemeinschaft, eines Gewinn- oder Teilgewinnabführungsvertrags erhaltene
	7190	Erträge aus Verlustübernahme
	7192	Gewinne, Gewinngemeinschaft
	7194	Gewinne, Gewinn/Teilgewinnabführungsvertrag
		Abschreibungen auf Finanzanlagen und auf Wertpapiere des Umlaufvermögens
	7200	Abschreibungen auf Finanzanlagen
	7204	Abschreibungen, Finanzanlagen, §§ 3 Nr. 40, 3c EStG/§ 8b KStG
	7208	Abschr., Verlust- Ant. Mituntern.sch. § 8 GewStG
	7210	Abschreibungen, Wertpapiere des UV
	7214	Abschr., Wertpapiere UV, §§ 3 Nr. 40, 3c EStG / § 8b KStG
	7250	Abschr., Finanzanlagen, steuerl. Sondervorschrift.
	7255	Abschr, Finanzanlagen, §§ 3 Nr. 40, 3c EStG / § 8b KStG
	7260	Vorwegn. künft. Wertschwankg., Wertpapiere UV
		Zinsen und ähnliche Aufwendungen
	7300	Zinsen und ähnliche Aufwendungen
	7303	Abzugsfähige, andere Nebenleistungen zu Steuern
	7304	Nicht abzugsfähige andere Nebenleist. z. Steuern
	7305	Zinsaufwendungen § 233a AO betriebliche Steuern
	7306	Zinsaufwendungen §§ 233a bis 237 AO
	7307	Abzinsung KSt-Erhöhungsbetrag § 38 KStG
	7308	Zinsaufwendungen § 233a AO, § 4 Abs. 5b EStG
	7309	Zinsen u. ähnliche Aufwendungen verb. UN
	7310	Zinsaufwendungen, kurzfristige Verbindlichkeiten
	7313	Nicht abzugsfähige Schuldzinsen § 4/4a EStG
	7318	Zinsen auf Kontokorrentkonten
	7319	Zinsaufwendung., kurzfr. Verbindl. an verbund. UN
	7320	Zinsaufwendung., langfr. Verbindlichkeiten
	7325	Zinsen für Gebäude im Betriebsvermögen
	7326	Zinsen zur Finanzierung Anlagevermögens
	7327	Renten und dauernde Lasten
	7328	Zinsen an Mitunternehmer § 15 EStG
	7329	Zinsaufwendung., langfr. Verbindl. verbundene UN
	7330	Zinsähnliche Aufwendungen
	7339	Zinsähnliche Aufwendungen an verbundene UN
	7340	Diskontaufwendungen
	7349	Diskontaufwendungen an verbundene UN
	7350	Zinsen/ähnl. Aufwend, § 3 Nr. 40 EStG/§ 8b KStG

Funktionen	Konto	Beschriftung SKR 04 2009
	7351	Zinsen/ähnl. Aufwend. verb. UN, § 3 Nr. 40 EStG/ § 8b KStG
		Aufwendungen aus Verlustübernahme und auf Grund einer Gewinngemeinschaft, eines Gewinn- oder Teilgewinnabführungsvertrags abgeführte Gewinne
	7390	Aufwendungen aus Verlustübernahme
	7392	Abgeführte Gewinne, Gewinngemeinschaft
	7394	Abgef. Gewin., Gewinn-/Teilgewinnabführ.vertrag.
	7399	Abgef. Gewinne stille Gesellschafter § 8 GewStG
		Außerordentliche Erträge
	7400	Außerordentliche Erträge
	7401	Außerordentliche Erträge, finanzwirksam
	7450	Außerordentliche Erträge, nicht finanzwirksam
		Außerordentliche Aufwendungen
	7500	Außerordentliche Aufwendungen
	7501	Außerordentliche Aufwendungen, finanzwirksam
	7550	Außerordentliche Aufwend. nicht finanzwirksam
		Steuern vom Einkommen und Ertrag
	7600	Körperschaftsteuer
	7603	Körperschaftsteuer für Vorjahre
	7604	Körperschaftsteuererstattung Vorjahre
	7605	Körperschaftsteuererstattung VJ § 37 KStG
	7606	Körperschaftsteuer-Erhöhung § 38 Abs. 5 KStG
	7607	Solidaritätszuschlagerstattung Vorjahre
	7608	Solidaritätszuschlag
	7609	Solidaritätszuschlag für Vorjahre
	7610	Gewerbesteuer
	7630	Kapitalertragsteuer 25%
	7632	Kapitalertragsteuer 20%
	7633	SolZ auf Kapitalertragsteuer 25%
	7634	SolZ auf Kapitalertragsteuer 20%
	7635	Zinsabschlagsteuer
	7638	SolZ auf Zinsabschlagsteuer
	7639	Anzurechnende ausländische Quellensteuer
	7640	GewSt-Nachzahlung Vorjahre
	7641	GewSt-Nachzahlung/-Erstattung VJ § 4/5b EStG
	7642	GewSt-Erstattung Vorjahre
	7643	Auflösung, GewSt-Rückstellun. § 4/5b EStG
	7644	Auflösung, Gewerbesteuerrückstellung
	7645	Aufwendung., Zuführg./Auflösung, latente Steuern
	7649	Erträge, Zuführg./Auflösg., latente Steuern
		Sonstige Steuern
	7650	Sonstige Steuern
	7675	Verbrauchsteuer
	7678	Ökosteuer
	7680	Grundsteuer
	7685	Kfz-Steuer
	7690	Steuernachzahlung VJ, sonstige Steuern
	7692	Erstattung VJ, sonstige Steuern

Funktionen		Konto	Beschriftung SKR 04 2009
		7694	Erträge, Auflösung Rückstellung, sonstige Steuern
		7700	Gewinnvortrag nach Verwendung
		7720	Verlustvortrag nach Verwendung
		7730	Entnahmen aus Kapitalrücklagen
			Entnahmen aus Gewinnrücklagen
		7735	Entnahmen aus d. gesetzlichen Rücklage
		7740	Entnahmen Rücklage für eigene Anteile
		7745	Entnahmen satzungsmäßige Rücklagen
		7750	Entnahmen andere Gewinnrücklagen
		7755	Erträge a. Kapitalherabsetzung
		7760	Einstellungen Kapitalrücklage
			Einstellungen in Gewinnrücklagen
		7765	Einstellungen gesetzliche Rücklage
		7770	Einstellung Rücklage eigene Anteile
		7775	Einstellungen satzungsmäßiger Rücklagen
		7780	Einstellungen andere Gewinnrücklagen
		7790	Vorabausschüttung
		7795	Vortrag auf neue Rechnung (GuV)
		7800	Zur freien Verfügung
		−7899	
KU	R	7900	Buchungssperre
KU	R	7910	Buchungssperre
		−7913	
KU	R	7915	Buchungssperre
KU	R	7920	Buchungssperre
		−7923	
KU	R	7930	Buchungssperre
		−7933	
KU	R	7940	Buchungssperre
		−7943	
KU	R	7945	Buchungssperre
KU	R	7950	Buchungssperre
KU	R	7955	Buchungssperre
KU	R	7960	Buchungssperre
KU	R	7965	Buchungssperre
KU	R	7970	Buchungssperre
KU	R	7975	Buchungssperre
KU	R	7980	Buchungssperre
KU	R	7985	Buchungssperre
		7990	Aufwendungen/Erträge aus Umrechnungsdifferenz

		8000	
		−8999	

			Vortragskonten
KU	S	9000	Saldenvorträge Sachkonten
KU	F	9001	Saldenvorträge
		−9007	
KU	S	9008	Saldenvorträge Debitoren

Funktionen		Konto	Beschriftung SKR 04 2009
KU	S	9009	Saldenvorträge Kreditoren
KU	F	9060	Offene Posten 1990
KU	F	9069	Offene Posten 1999
KU	F	9070	Offene Posten 2000
KU	F	9071	Offene Posten 2001
KU	F	9072	Offene Posten 2002
KU	F	9073	Offene Posten 2003
KU	F	9074	Offene Posten 2004
KU	F	9075	Offene Posten 2005
KU	F	9076	Offene Posten 2006
KU	F	9077	Offene Posten 2007
KU	F	9078	Offene Posten 2008
KU	F	9079	Offene Posten 2009
KU	F	9090	Summenvortrag
KU	F	9091	Offene Posten 1991
KU	F	9092	Offene Posten 1992
KU	F	9093	Offene Posten 1993
KU	F	9094	Offene Posten 1994
KU	F	9095	Offene Posten 1995
KU	F	9096	Offene Posten 1996
KU	F	9097	Offene Posten 1997
KU	F	9098	Offene Posten 1998
			Statistische Konten für Betriebswirtschaftliche Auswertungen (BWA)
KU	F	9101	Verkaufstage
KU	F	9102	Anzahl der Barkunden
KU	F	9103	Beschäftigte Personen
KU	F	9104	Unbezahlte Personen
KU	F	9105	Verkaufskräfte
KU	F	9106	Geschäftsraum qm
KU	F	9107	Verkaufsraum qm
KU	F	9116	Anzahl Rechnungen
KU	F	9117	Anzahl Kreditkunden monatlich
KU	F	9118	Anzahl Kreditkunden aufgelaufen
KU		9120	Erweiterungsinvestitionen
	F	9130	Frei
		−9131	
KU		9135	Auftragseingang im Geschäftsjahr
KU		9140	Auftragsbestand
KU	F	9190	Gegenkto. zu Konten 9101-9107, 9116-9118
KU		9199	Gegenkonto zu Konten 9120, 9135-9140
			Statistische Konten für den Kennzifferteil der Bilanz
KU	F	9200	Beschäftigte Personen
	F	9201	Frei
		−9208	
KU	F	9209	Gegenkonto zu 9200
KU		9210	Produktive Löhne
KU		9219	Gegenkonto zu 9210

Funktionen		Konto	Beschriftung SKR 04 2009
			Statistische Konten zur informativen Angabe des gezeichneten Kapitals in anderer Währung
KU	F	9220	Gez. Kapital in DM (Art. 42/3/1 EGHGB)
KU	F	9221	Gez. Kapital Euro (Art. 42/3/2 EGHGB)
KU	F	9229	Gegenkonto zu Konten 9220-9221
			Passive Rechnungsabgrenzung
KU		9230	Passive RAP Baukostenzuschüsse
KU		9232	Passive RAP Investitionszulagen
KU		9234	Passive RAP Investitionszuschüsse
KU		9239	Gegenkonto zu Konten 9230-9238
KU		9240	Investitionsverbindlichk., Leistungsverbindlichk.
KU		9241	Investitionsverbindlichk., Sachanlagen
KU		9242	Investitionsverbindlichk., immat. VG
KU		9243	Investitionsverbindlichk. Finanzanlagen
KU		9244	Gegenkonto zu Konten 9240– 43
KU		9245	Forderungen, Sachanlagenverkäufe
KU		9246	Forderungen Verkäufe, immat. VG
KU		9247	Forderungen Verkäufe, Finanzanlagen
KU		9249	Gegenkonto zu Konten 9245– 47
			Eigenkapitalersetzende Gesellschafterdarlehen
KU		9250	Eigenkapitalersetz. Gesellschafterdarl.
KU		9255	Ungesicherte Gesellschafterdarl., Rtlz. größer 5 J.
KU		9259	Gegenkonto zu 9250 und 9255
			Aufgliederung der Rückstellungen
KU		9260	Kurzfristige Rückstellungen
KU		9262	Mittelfristige Rückstellungen
KU		9264	Langfristige Rückstellung ohne Pensionen
KU		9269	Gegenkonto zu Konten 9260-9268
			Statistische Konten für in der Bilanz auszuweisende Haftungsverhältnisse
KU		9270	Gegenkonto zu Konten 9271-9279
KU		9271	Verbindlichkeiten, Wechselbegebung/-übertragung
KU		9272	Verbindl., Wechselbegeb./-übertrag. verbund. UN
KU		9273	Verbindl., Bürgschaft., Wechsel-/Scheckbürgschaft.
KU		9274	Verbindl., Bürgsch., Wechsel-/Scheckb. verb. UN
KU		9275	Verbindl., Gewährleistungsverträgen
KU		9276	Verbindl., Gewährleistsverträgen verbund. UN
KU		9277	Haftung fremde Verbindlichkeiten
KU		9278	Haftung fremde Verbindlichkwiten. gg. verbund. UN
KU		9279	Verpflichtungen aus Treuhandvermögen
			Statistische Konten für die im Anhang anzugebenden sonstigen finanziellen Verpflichtungen
KU		9280	Gegenkonto zu Konten 9281-9286
KU		9281	Verpflichtungen, Leasing-u. Mietverträgen
KU		9282	Verpflichtungen, Leasing- u. Mietvertr. verbund. UN
KU		9283	Andere Verpflichtungen, § 285 Nr. 3 HGB
KU		9284	And. Verpflicht., § 285 Nr. 3 HGB, verbund. UN

Funktionen	Konto	Beschriftung SKR 04 2009
		Statistische Konten für § 4 Abs. 3 EStG
KU	9287	Zinsen, Debitorenbuchung § 4/3 EStG
KU	9288	Mahngebühr, Debitorenbuchung § 4/3 EStG
KU	9289	Gegenkonto zu Konto 9287 und 9288
KU	9290	Statistisches Konto, steuerfreie Auslagen
KU	9291	Gegenkonto zu 9290
KU	9292	Statistisches Konto, Fremdgeld
KU	9293	Gegenkonto zu 9292
KU	9295	Einlagen stiller Gesellschafter
KU	9297	Steuerrechtlicher Ausgleichsposten
F	9300	Frei
	−9320	
F	9326	Frei
	−9343	
F	9346	Frei
	−9349	
F	9357	Frei
	−9360	
F	9365	Frei
	−9367	
F	9371	Frei
	−9372	
F	7399	Frei
		Privat Teilhafter (für Verrechnung Gesellschafter- **darlehen mit Eigenkapitalcharakter** **Konto 9840-9849)**
KU	9400	Privatentnahmen allgemein
	−9409	
KU	9410	Privatsteuern
	−9419	
KU	9420	Sonderausgaben beschränkt abzugsfähig
	−9429	
KU	9430	Sonderausgaben unbeschränkt abzugsfähig
	−9439	
KU	9440	Zuwendungen, Spenden
	−9449	
KU	9450	Außergewöhnliche Belastungen
	−9459	
KU	9460	Grundstücksaufwand
	−9469	
KU	9470	Grundstücksertrag
	−9479	
KU	9480	Unentgeltliche Wertabgaben
	−9489	
KU	9490	Privateinlagen
	−9499	
		Statistische Konten für die **Kapitalkontenentwicklung**
KU	9500	Anteil für Konto 2000, Vollhafter
KU	9501	Anteil für Konto 2001, Vollhafter
KU	9502	Anteil für Konto 2002, Vollhafter
KU	9503	Anteil für Konto 2003, Vollhafter

Funktionen	Konto	Beschriftung SKR 04 2009
KU	9504	Anteil für Konto 2004, Vollhafter
KU	9505	Anteil für Konto 2005, Vollhafter
KU	9506	Anteil für Konto 2006, Vollhafter
KU	9507	Anteil für Konto 2007, Vollhafter
KU	9508	Anteil für Konto 2008, Vollhafter
KU	9509	Anteil für Konto 2009, Vollhafter
KU	9510	Anteil für Konto 2010, Vollhafter
KU	9511	Anteil für Konto 2011, Vollhafter
KU	9512	Anteil für Konto 2012, Vollhafter
KU	9513	Anteil für Konto 2013, Vollhafter
KU	9514	Anteil für Konto 2014, Vollhafter
KU	9515	Anteil für Konto 2015, Vollhafter
KU	9516	Anteil für Konto 2016, Vollhafter
KU	9517	Anteil für Konto 2017, Vollhafter
KU	9518	Anteil für Konto 2018, Vollhafter
KU	9519	Anteil für Konto 2019, Vollhafter
KU	9520	Anteil für Konto 2020, Vollhafter
KU	9521	Anteil für Konto 2021, Vollhafter
KU	9522	Anteil für Konto 2022, Vollhafter
KU	9523	Anteil für Konto 2023, Vollhafter
KU	9524	Anteil für Konto 2024, Vollhafter
KU	9525	Anteil für Konto 2025, Vollhafter
KU	9526	Anteil für Konto 2026, Vollhafter
KU	9527	Anteil für Konto 2027, Vollhafter
KU	9528	Anteil für Konto 2028, Vollhafter
KU	9529	Anteil für Konto 2029, Vollhafter
KU	9530	Anteil für Konto 9810, Vollhafter
KU	9531	Anteil für Konto 9811, Vollhafter
KU	9532	Anteil für Konto 9812, Vollhafter
KU	9533	Anteil für Konto 9813, Vollhafter
KU	9534	Anteil für Konto 9814, Vollhafter
KU	9535	Anteil für Konto 9815, Vollhafter
KU	9536	Anteil für Konto 9816, Vollhafter
KU	9537	Anteil für Konto 9817, Vollhafter
KU	9538	Anteil für Konto 9818, Vollhafter
KU	9539	Anteil für Konto 9819, Vollhafter
KU	9540	Anteil für Konto 0060, Vollhafter
KU	9541	Anteil für Konto 0061, Vollhafter
KU	9542	Anteil für Konto 0062, Vollhafter
KU	9543	Anteil für Konto 0063, Vollhafter
KU	9544	Anteil für Konto 0064, Vollhafter
KU	9545	Anteil für Konto 0065, Vollhafter
KU	9546	Anteil für Konto 0066, Vollhafter
KU	9547	Anteil für Konto 0067, Vollhafter
KU	9548	Anteil für Konto 0068, Vollhafter
KU	9549	Anteil für Konto 0069, Vollhafter
KU	9550	Anteil für Konto 2050, Teilhafter
KU	9551	Anteil für Konto 2051, Teilhafter
KU	9552	Anteil für Konto 2052, Teilhafter
KU	9553	Anteil für Konto 2053, Teilhafter
KU	9554	Anteil für Konto 2054, Teilhafter
KU	9555	Anteil für Konto 2055, Teilhafter
KU	9556	Anteil für Konto 2056, Teilhafter
KU	9557	Anteil für Konto 2057, Teilhafter
KU	9558	Anteil für Konto 2058, Teilhafter

263

Funktionen	Konto	Beschriftung SKR 04 2009
KU	9559	Anteil für Konto 2059, Teilhafter
KU	9560	Anteil für Konto 2060, Teilhafter
KU	9561	Anteil für Konto 2061, Teilhafter
KU	9562	Anteil für Konto 2062, Teilhafter
KU	9563	Anteil für Konto 2063, Teilhafter
KU	9564	Anteil für Konto 2064, Teilhafter
KU	9565	Anteil für Konto 2065, Teilhafter
KU	9566	Anteil für Konto 2066, Teilhafter
KU	9567	Anteil für Konto 2067, Teilhafter
KU	9568	Anteil für Konto 2068, Teilhafter
KU	9569	Anteil für Konto 2069, Teilhafter
KU	9570	Anteil für Konto 2070, Teilhafter
KU	9571	Anteil für Konto 2071, Teilhafter
KU	9572	Anteil für Konto 2072, Teilhafter
KU	9573	Anteil für Konto 2073, Teilhafter
KU	9574	Anteil für Konto 2074, Teilhafter
KU	9575	Anteil für Konto 2075, Teilhafter
KU	9576	Anteil für Konto 2076, Teilhafter
KU	9577	Anteil für Konto 2077, Teilhafter
KU	9578	Anteil für Konto 2078, Teilhafter
KU	9579	Anteil für Konto 2079, Teilhafter
KU	9580	Anteil für Konto 9820, Vollhafter
KU	9581	Anteil für Konto 9821, Vollhafter
KU	9582	Anteil für Konto 9822, Vollhafter
KU	9583	Anteil für Konto 9823, Vollhafter
KU	9584	Anteil für Konto 9824, Vollhafter
KU	9585	Anteil für Konto 9825, Vollhafter
KU	9586	Anteil für Konto 9826, Vollhafter
KU	9587	Anteil für Konto 9827, Vollhafter
KU	9588	Anteil für Konto 9828, Vollhafter
KU	9589	Anteil für Konto 9829, Vollhafter
KU	9590	Anteil für Konto 0080, Teilhafter
KU	9591	Anteil für Konto 0081, Teilhafter
KU	9592	Anteil für Konto 0082, Teilhafter
KU	9593	Anteil für Konto 0083, Teilhafter
KU	9594	Anteil für Konto 0084, Teilhafter
KU	9595	Anteil für Konto 0085, Teilhafter
KU	9596	Anteil für Konto 0086, Teilhafter
KU	9597	Anteil für Konto 0087, Teilhafter
KU	9598	Anteil für Konto 0088, Teilhafter
KU	9599	Anteil für Konto 0089, Teilhafter
KU	9610	Tätigkeitsvergütung, Vollhafter
	−9619	
KU	9620	Tantieme, Vollhafter
	−9629	
KU	9630	Darlehensverzinsung, Vollhafter
	−9639	
KU	9640	Gebrauchsüberlassung, Vollhafter
	−9649	
KU	9650	Sonstige Vergütungen, Vollhafter
	−9689	
KU	9690	Restanteil, Vollhafter
	−9699	
	9700	Name des Gesellschafter, Teilhafter
	−9709	

Funktionen	Konto	Beschriftung SKR 04 2009
KU	9710	Tätigkeitsvergütung, Teilhafter
	−9719	
KU	9720	Tantieme, Teilhafter
	−9729	
KU	9730	Darlehensverzinsung, Teilhafter
	−9739	
KU	9740	Gebrauchsüberlassung, Teilhafter
	−9749	
KU	9750	Sonstige Vergütungen, Teilhafter
	−9779	
KU	9780	Anteil für Konto 9840, Teilhafter
KU	9781	Anteil für Konto 9841, Teilhafter
KU	9782	Anteil für Konto 9842, Teilhafter
KU	9783	Anteil für Konto 9843, Teilhafter
KU	9784	Anteil für Konto 9844, Teilhafter
KU	9785	Anteil für Konto 9845, Teilhafter
KU	9786	Anteil für Konto 9846, Teilhafter
KU	9787	Anteil für Konto 9847, Teilhafter
KU	9788	Anteil für Konto 9848, Teilhafter
KU	9789	Anteil für Konto 9849, Teilhafter
KU	9790	Restanteil, Teilhafter
	−9799	
	9800	**Lösch- und Korrekturschlüssel**
	9801	**Lösch- und Korrekturschlüssel**
		Kapital Personenhandelsgesellschaft
		Vollhafter
KU	9810	Gesellschafter-Darlehen
	−9819	
KU	9820	Verlust-/Vortragskonto
	−9829	
KU	9830	Verrechnungskonto für Einzahlungsverpflichtungen
	−9839	
		Kapital Personenhandelsgesellschaft
		Teilhafter
KU	9840	Gesellschafter-Darlehen
	−9849	
KU	9850	Verrechnungskonto für Einzahlungsverpflichtungen
	−9859	
		Einzahlungsverpflichtungen
		im Bereich der Forderungen
KU	9860	Einzahlungsverpfl. persönl. haft.Gesellschafter
	−9869	
KU	9870	Einzahlungsverpflichtungen Kommanditisten
	−9879	
		Ausgleichsposten für aktivierte
		eigene Anteile und Bilanzierungshilfen
KU	9880	Ausgleichsposten f. aktiv. eigene Anteile
KU	9882	Ausgleichsposten f. aktiv. Bilanzierungshilfen

Funktionen	Konto	Beschriftung SKR 04 2009
		Nicht durch Vermögenseinlagen gedeckte Entnahmen
KU	9883	Ungedeckte Entnahme persönl. haft. Gesellschafter
KU	9884	Ungedeckte Entnahme Kommanditisten
		Verrechnungskonto für nicht durch Vermögenseinlagen gedeckte Entnahmen
KU	9885	Verr.kto, ungedeckte Entnahme persönl. haft. Ges.
KU	9886	Verr.kto, ungedeckte Entnahme Kommanditisten
		Steueraufwand der Gesellschafter
KU	9887	Steueraufwand der Gesellschafter
KU	9889	Gegenkonto zu 9887
		Statistische Konten für Gewinnzuschlag
KU	9890	Gewinnzuschlag §§ 6b, 6c, 7g a. F. EStG (H)
KU	9891	Gewinnzuschlag §§ 6b, 6c, 7g EStG a. F. (S) Gegenkonto zu 9890
		Vorsteuer-/Umsatzsteuerkonten zur Korrektur der Forderungen/Verbindlichkeiten (EÜR)
KU	9893	Umsatzsteuer in Forderungen allgemeiner Satz
KU	9894	Umsatzsteuer in Forderungen ermäßigter Satz
KU	9895	Gegenkonto Aufteilung Umsatzsteuer
KU	9896	Vorsteuer in Verbindl. allgemeiner Satz
KU	9897	Vorsteuer in Verbindl. ermäßigter Satz
KU	9899	Gegenkonto 9896-9897, Aufteilung Vorsteuer
		Statistische Konten zu § 4 (4a) EStG
KU	9910	Gegenkto. Minderung Entnahmen § 4,4a EStG
KU	9911	Minderung der Entnahmen § 4, 4a EStG
KU	9912	Erhöhung der Entnahmen § 4, 4a EStG
KU	9913	Gegenkto. Erhöhung Entnahmen § 4,4a EStG
		Statistische Konten für Kinderbetreuungskosten
KU	9918	Kinderbetreuungskosten, steuerlicher Betrag
KU	9919	Kinderbetreuungskosten (H)
		Statistische Konten für den außerhalb der Bilanz zu berücksichtigenden Investitionsabzugsbetrag nach § 7g EStG
KU	9970	Investitionsabzugsbetrag § 7g /1 EStG, (S)
KU	9971	Investitionsabzugsbetrag § 7g /1 EStG, (H) Gegenkonto zu 9970
KU	9972	Auflösung Investitionsabzug § 7g /2 EStG, (H)
KU	9973	Auflösung Investitionsabzug § 7g /2 EStG, (S) Gegenkonto zu 9972
KU	9974	Auflös. Investitionsab. § 7g/2-4 EStG, früh. VZ (H)
KU	9975	Auflös. Investitionsab. § 7g/2-4 EStG, früh. VZ (S) Gegenkonto zu 9974

Funktionen	Konto	Beschriftung SKR 04 2009
		Statistische Konten für die Zinsschranke § 4h EStG/§ 8a KStG
KU	9976	Nicht abzugsfähige Zinsaufw., § 4h EStG, (H)
KU	9977	Nicht abzugsfähige Zinsaufw., § 4h EStG, (S)
KU	9978	Abzieh. Zinsaufw. Vorjahre, § 4h EStG, (S)
KU	9979	Abzieh. Zinsaufw. Vorjahre, § 4h EStG, (H) Gegenkonto zu 9978
		Statistische Konten für den GuV-Ausweis in „Gutschrift bzw. Belastung auf Verbindlichkeitskonten" bei den Zuordnungs-Tabellen für PersHG nach KapCoRiLiG
KU	9980	Belastung auf Verbindlichkeitskonten
KU	9981	Verr.kto. Anteil Belastung Verb.konten
KU	9982	Anteil Gutschrift auf Verbindl.konten
KU	9983	Verr.kto Anteil Gutschrift Verb.konten
		Personenkonten
	10000	
	−69999	= Debitoren
	70000	
	−99999	= Kreditoren

Industriekontenrahmen (IKR)

AKTIVA

Kontenklasse 0 – Immaterielle Vermögens-gegenstände und Sachanlagen

00 Ausstehende Einlagen
001 noch nicht eingeforderte Einlagen
002 eingeforderte Einlagen

01 Aufwendungen für die Ingangsetzung und Er-weiterung des Geschäftsbetriebes

Immaterielle Vermögensgegenstände 02–04

02 Konzessionen, gewerbliche Schutzrechte und ähnliche Rechte und Werte sowie Lizenzen an solchen Rechten und Werten
021 Konzessionen
022 Gewerbliche Schutzrechte
023 ähnliche Rechte und Werte
024 Lizenzen an Rechten und Werten

03 Geschäfts- und Firmenwert
031 Geschäfts- und Firmenwert
032 Verschmelzungsmehrwert

04 Geleistete Anzahlungen auf immaterielle Vermögensgegenstände

Sachanlagen (05–09)

05 Grundstücke, grundstücksgleiche Rechte und Bauten einschließlich der Bauten auf fremden Grundstücken
050 unbebaute Grundstücke
  0511 – mit eigenen Bauten
  0519 – mit fremden Bauten
052 grundstücksgleiche Rechte
053 Betriebsgebäude
  0531 – auf eigenen Grundstücken
  0539 – auf fremden Grundstücken
054 Verwaltungsgebäude
055 andere Bauten
056 Grundstückseinrichtungen
  0561 – auf eigenen Grundstücken
  0569 – auf fremden Grundstücken
057 Gebäudeeinrichtungen
058 frei
059 Wohngebäude

06 frei

07 Technische Anlagen und Maschinen
070 Anlagen und Maschinen der Energieversor-gung
071 Anlagen der Materiallagerung und -bereit-stellung
072 Anlagen und Maschinen der mechanischen Materialbearbeitung, -verarbeitung und -um-wandlung

073 Anlagen für Wärme-, Kälte- und chemische Prozesse sowie ähnliche Anlagen.
074 Anlagen für Arbeitssicherheit und Umwelt-schutz
075 Transportanlagen und ähnliche Betriebsvor-richtungen
076 Verpackungsanlagen und -maschinen
077 sonstige Anlagen und Maschinen
078 Reservemaschinen und -anlageteile
079 geringwertige Anlagen und Maschinen

08 Andere Anlagen, Betriebs- und Geschäftsausstattung
080 andere Anlagen
081 Werkstätteneinrichtung
082 Werkzeuge, Werksgeräte und Modelle, Prüf- und Meßmittel
083 Lager- und Transporteinrichtungen
084 Fuhrpark
085 sonstige Betriebsausstattung
086 Büromaschinen, Organisationsmittel und Kommunikationsanlagen
087 Büromöbel und sonstige Geschäftsaus-stattung
088 Reserveteile für Betriebs- und Geschäftsaus-stattung
089 geringwertige Vermögensgegenstände der Betriebs- und Geschäftsausstattung

09 Geleistete Anzahlungen und Anlagen im Bau
090 geleistete Anzahlungen auf Sachanlagen
095 Anlagen im Bau

Kontenklasse 1 – Finanzanlagen

10 frei

11 Anteile an verbundenen Unternehmen
110 – an einem herrschenden oder einem mit der Mehrheit beteiligten Unternehmen
111 – an der Konzernmutter, soweit nicht zu Kto. 110 gehörig
112 – an Tochterunternehmen
|
117
118 frei
119 – an sonstigen verbundenen Unternehmen

12 Ausleihungen an verbundene Unternehmen
120 – gesichert, durch Grundpfandrechte oder an-dere Sicherheiten
125 – ungesichert

Kontenklasse 2 – Umlaufvermögen und aktive Rechnungsabgrenzung

Vorräte (20–23)

26 Sonstige Vermögensgegenstände

260 anrechenbare Vorsteuer
2601 anrechenb. VorSt. ermäßigter Satz
2605 anrechenb. VorSt. voller Satz
261 aufzuteilende Vorsteuer
2611 aufzut. VorSt. ermäßigter Satz
2615 aufzut. VorSt. voller Satz
262 sonstige USt.-Forderungen
2621 Umsatzsteuerforderungen
2622 USt.-Ford. laufendes Jahr
2623 USt.Ford. Vorjahr
2624 USt.-Ford. frühere Jahre
2625 § 13 BerlinFG
2626 Kürzung BerlinFG
2627 Kürzung Warenbezüge a.d. WgM-DDR
2628 bezahlte Einfuhrumsatzsteuer
2629 VorSt. im Folgejahr abziehbar
263 sonstige Forderungen an Finanzbehörden
264 Forderungen an Sozialversicherungsträger
265 Forderungen an Mitarbeiter, an Organmitglieder und an Gesellschafter
2651 Forderungen an Mitarbeiter
|
2653
2654 Forderungen an Geschäftsführer/Vorstandsmitglieder
2655 frei
2656 Forderungen an Mitglieder des Beirats/Aufsichtsrats
2657 frei
2658 Forderungen an Gesellschafter
266 andere sonstige Forderungen
2661 Ansprüche auf Versicherungs- sowie Schadenersatzleistungen
2662 Kostenvorschüsse (soweit nicht Anzahlungen)
2663 Kautionen und sonstige Sicherheitsleistungen
2664 Darlehen, soweit nicht Finanzanlage
2665
| frei
2667
2668 Forderungen aus Soll-Salden der Kontengruppe 44
267 andere sonstige Vermögensgegenstände
268 eingefordertes, noch nicht eingezahltes Kapital
2681 eingeforderte, noch nicht eingezahltes Kapital
2685 eingeforderte Nachschüsse gem. § 42 Abs. 2 GmbH
269 Wertberichtigungen zu sonstigen Forderungen und Vermögensgegenständen

27 Wertpapiere

270 Anteile an verbundenen Unternehmen
2701 – an einem herrschenden oder einem mit Mehrheit beteiligten Unternehmen
2702 – an der Konzernmutter soweit nicht zu Kto. 10 gehörig
2703 – an Tochterunternehmen
|
2707
2708 frei
2709 – an sonstigen verb. Unternehmen
271 eigene Anteile

Sonstige Wertpapiere
272 Aktien
273 variable verzinsliche Wertpapiere
274 festverzinsliche Wertpapiere
275 Finanzwechsel
276 frei
277 frei
278 Optionsscheine
279 Wertpapiere

28 Flüssige Mittel

280 Guthaben bei Kreditinstituten
|
284
285 Postgiroguthaben
286 Schecks
287 Bundesbank
288 Kasse
289 Nebenkassen

29 Aktive Rechnungsabgrenzung

290 Disagio
291 Zölle und Verbrauchsteuern
292 Umsatzsteuer auf erhaltene Anzahlungen
293 andere aktive Jahresabgrenzungsposten
294 frei
295 aktive Steuerabgrenzung
296
| frei
298
299 Nicht durch Eigenkapital gedeckter Fehlbetrag

PASSIVA

Kontenklasse 3 – Eigenkapital und Rückstellungen

Eigenkapital

30 Kapitalkonto/Gezeichnetes Kapital

Bei Einzelfirmen und Personengesellschaften:
300 Kapitalkonto Gesellschafter A
3001 Eigenkapital
3002 Privatkonto
301 Kapitalkonto Gesellschafter B
3011 Eigenkapital
3012 Privatkonto

alternativ
300 Festkapitalkonto
3001 – Gesellschafter A
3002 – Gesellschafter B

301 veränderliches Kapitalkonto
    3011 – Gesellschafter A
    3012 – Gesellschafter B
302 Privatkonto
    3021 – Gesellschafter A
    3022 – Gesellschafter B

Bei Kapitalgesellschaften
300 Gezeichnetes Kapital
305 noch nicht eingeforderte Einlagen

31 Kapitalrücklage
311 Aufgeld aus des Ausgabe von Anteilen
312 Aufgeld aus der Ausgabe von Wandelschuldverschreibungen
313 Zahlung aus der Gewährung eines Vorzugs für Anteile
314 andere Zuzahlungen von Gesellschaftern in das Eigenkapital
315
|
317
318 eingeforderte Nachschüsse gemäß § 42 Abs. 2 GmbH

32 Gewinnrücklagen
321 gesetzliche Rücklagen
322 Rücklage für eigene Anteile
    3221 – für Anteile eines herrschenden oder eines mit Mehrheit beteiligten Unternehmens
    3222 – für Anteile des Unternehmens selbst
323 satzungsmäßige Rücklagen
324 andere Gewinnrücklagen
325 Eigenkapitalanteil bestimmter Passivposten
    3251 EK-Anteil von Wertaufholungen
    3252 EK-Anteil von Preissteigerungsrücklagen

33 Ergebnisverwendung
331 Jahresergebnis (Jahresüberschuß/Jahresfehlbetrag) des Vorjahres
332 Ergebnisvortrag aus früheren Perioden
333 Entnahme aus der Kapitalrücklage
334 Veränderungen der Gewinnrücklagen vor Bilanzergebnis
335 Bilanzergebnis (Bilanzgewinn/Bilanzverlust)
336 Ergebnisausschüttung
337 Zusätzlicher Aufwand oder Ertrag auf Grund Ergebnisverwendungsbeschluß
338 Einstellungen in Gewinnrücklagen nach Bilanzergebnis
339 Ergebnisvortrag auf neue Rechnung

34 Jahresüberschuß/Jahresfehlbetrag (Jahresergebnis)

35 Sonderposten mit Rücklagenanteil
350 sog. steuerfreie Rücklagen

355 Wertberichtigungen auf Grund steuerlicher Sonderabschreibungen

36 Wertberichtigungen
(Bei Kapitalgesellschaften als Passivposten der Bilanz nicht mehr zulässig.)

Rückstellungen (37–39)

37 Rückstellungen für Pensionen und ähnliche Verpflichtungen
371 Verpflichtungen für eingetretene Pensionsfälle
372 Verpflichtungen für unverfallbare Anwartschaften
373 Verpflichtungen für verfallbare Anwartschaften
374 Verpflichtungen für ausgeschiedene Mitarbeiter
375 Pensionsähnliche Verpflichtungen (z. B. Verpflichtungen aus Vorruhestandsregelungen)

38 Steuerrückstellungen
380 Gewerbeertragsteuer
381 Körperschaftsteuer
382 Kapitalertragsteuer
383 ausländ. Quellensteuer
384 andere Steuern vom Einkommen und Ertrag
385 latente Steuern (passive Steuerabgrenzung)
386 Gewerbekapitalsteuer
387 Vermögensteuer
388 frei
389 sonstige Steuerrückstellungen

39 Sonstige Rückstellungen
390 – für Personalaufwendungen und die Vergütung an Aufsichtsgremien
391 – für Gewährleistung
    3911 Vertragsgarantie
    3915 Kulanzgarantie
392 – Rechts- und Beratungskosten
393 – für andere ungewisse Verbindlichkeiten
394
| frei
396
397 – für drohende Verluste aus schwebenden Geschäften
398 – für unterlassene Instandhaltung
    3981 Pflichtrückstellungen
    3985 freiwillige Rückstellungen
399 – für andere Aufwendungen gem. § 249 Abs. 2

Kontenklasse 4 – Verbindlichkeiten und passive Rechnungsabgrenzung

40 frei

41 Anleihen
410 Konvertible Anleihen
415 Anleihen – nicht konvertibel

42 Verbindlichkeiten gegenüber Kreditinstituten
420 Kredit, Bank A
|
424 Kredit, Bank Z
425 Investitionskredit, Bank A
|
428 Investitionskredit, Bank Z
429 sonstige Verbindlichkeiten gegenüber Kreditinstituten

43 Erhaltene Anzahlungen auf Bestellungen

44 Verbindlichkeiten aus Lieferungen und Leistungen
440 Verbindlichkeiten aus Lieferungen und Leistungen/Inland
445 Verbindlichkeiten aus Lieferungen und Leistungen/Ausland

45 Wechselverbindlichkeiten (Schuldwechsel)
450 – gegenüber Dritten
451 – gegenüber verbundenen Unternehmen
452 – gegenüber Unternehmen, mit denen ein Beteiligungsverhältnis besteht

46 Verbindlichkeiten gegenüber verbundenen Unternehmen
460 – aus Lieferungen und Leistungen/Inland
465 – aus Lieferungen und Leistungen/Ausland
469 sonstige Verbindlichkeiten (verbundene Unternehmen)

47 Verbindlichkeiten gegenüber Unternehmen, mit denen ein Beteiligungsverhältnis besteht
470 – aus Lieferungen und Leistungen/Inland
475 – aus Lieferungen und Leistungen/Ausland
479 sonstige Verbindlichkeiten (Beteiligungsverhältnis)

48 Sonstige Verbindlichkeiten
480 Umsatzsteuer
4801 Umsatzsteuer ermäßigter Satz
4805 Umsatzsteuer voller Satz
481 Umsatzsteuer nicht fällig
4811 USt. nicht fällig ermäßigter Satz
4815 USt. nicht fällig voller Satz
482 Umsatzsteuervorauszahlung
4821 USt.-Vorauszahlung 1/11
4822 USt.-Abzugsverfahren, UStVA Kennziffer 75
4823 Nachsteuer, UStVA Kennziffer 65
4824 USt. laufendes Jahr
4825 USt. Vorjahr
4826 USt. frühere Jahre
4827 Einfuhr-USt. aufgeschoben
4828 in Rechnung unberechtigt ausgew. Steuer, UStVA Kennziffer 69
4829 frei
483 sonstige Steuer-Verbindlichkeiten

484 Verbindlichkeiten gegenüber Mitarbeitern, Organmitgliedern und Gesellschaftern
4851 Verb. geg. Mitarbeitern
|
4853
4854 Verb. geg. Geschäftsführern/Vorstandsmitgliedern
4855 frei
4856 Verb. geg. Mitgl. d. Beirats/Aufsichtsrats
4857 frei
4858 Verb. geg. Gesellschaftern
486 andere sonstige Verbindlichkeiten
4861 Verpflichtungen zu Schadenersatzleistungen
4862 erhaltene Kostenvorschüsse (soweit nicht Anzahlungen)
4863 erhaltene Kautionen
4864
| frei
4867
4868 Verbindlichkeiten aus Haben-Salden der Kontengruppe 24
4869 frei
487 frei
488 frei
489 übrige sonstige Verbindlichkeiten

49 Passive Rechnungsabgrenzung
490 passive Jahresabgrenzung

ERTRÄGE

Kontenklasse 5 – Erträge

50 Umsatzerlöse
500
| frei
504
505 st.freie Umsätze § 4 Ziff. 1–6 UStG
506 st.freie Umsätze § 4 Ziff. 8 ff. UStG
507 Lieferungen in das Währungsgebiet der Mark der DDR (WgM-DDR)
5070 Erlöse 3 % Umsatzsteuer
5075 Erlöse 6 % Umsatzsteuer
508 Erlöse ermäßigter USt.-Satz
509 frei

51
510 Umsatzerlöse für eigene Erzeugnisse
| und andere eigene Leistungen, voller USt.-Satz
513
514 andere Umsatzerlöse voller USt.-Satz
515 Umsatzerlöse für Waren, voller USt.-Satz

Erlösberichtigungen
(soweit nicht den Umsatzerlösarten direkt zurechenbar)
516 Skonti
5161 Skonti, ermäßigter USt.-Satz
5165 Skonti, voller USt.-Satz

517 Boni
    5171 Boni, ermäßigter USt.-Satz
    5175 Boni, voller USt.-Satz
518 andere Erlösberichtigungen
    5181 andere Erlösber. ermäßigter USt.-Satz
    5185 andere Erlösber. voller USt.-Satz
519 frei

52 Erhöhung oder Verminderung des Bestandes an unfertigen und fertigen Erzeugnissen

521 Bestandsveränderungen an unfertigen Erzeugnissen und nicht abgerechneten Leistungen
522 Bestandsveränderungen an fertigen Erzeugnissen
523 frei
524 frei
525 zusätzliche Abschreibungen auf Erzeugnisse bis Untergrenze erwarteter Wertschwankungen gem. § 253 Abs. 3 S. 3
526 steuerliche Sonderabschreibungen auf Erzeugnisse

53 Andere aktivierte Eigenleistungen

530 selbsterstellte Anlagen
539 sonstige andere aktivierte Eigenleistungen

54 Sonstige betriebliche Erträge

540 Nebenerlöse
    5401 – aus Vermietung und Verpachtung
    5402 frei
    5403 – aus Werksküche und Kantine
    5404 – aus anderen Sozialeinrichtungen
    5405 – aus Abgabe von Energien und Abfällen soweit nicht Umsatzerlöse
    5406 – aus anderen Nebenbetrieben
    5407 frei
    5408 frei
    5409 sonstige Nebenerlöse
541 sonstige Erlöse
    5411 – aus Provisionen
    5412 – aus Lizenzen
    5413 – aus Veräußerung von Patenten
542 Eigenverbrauch
    5421 Entn. v. Gegenst. gem. 2a, ermäßigter USt.-Satz
    5422 Entn. v. Gegenst. gem. 2a, voller USt.-Satz
    5423 Entn. v. so. Leistungen gem. 2b, ermäßigter USt.-Satz
    5424 Ent. v. so. Leistungen gem. 2b, voller USt.-Satz
    5425 Eigenverbrauch gem. 2c, ermäßigter USt.-Satz
    5426 Eigenverbrauch gem. 2c, voller USt.-Satz
    5427 Unentgelt. Leistungen gem. Nr. 3, ermäßigter USt.-Satz
    5428 Unentgelt. Leistungen gem. Nr. 3, voller USt.-Satz

543 andere sonstige betriebliche Erträge
    5431 empfangene Schadensersatzleistungen
    5432 Schuldenerlaß
    5433 Steuerbelastungen an Organgesellschaften
    5434 Investitionszulagen
544 Erträge aus Werterhöhungen von Gegenständen des Anlagevermögens (Zuschreibungen)
545 Erträge aus Werterhöhungen von Gegenständen des Umlaufvermögens außer Vorräten und Wertpapieren (Zuschreibungen)
    5451 – aus der Auflösung oder Herabsetzung der Einzelwertberichtigungen
    5452 – aus der Auflösung oder Herabsetzung der Pauschalwertsberichtigung
    5453 frei
    5454 – aus Kursgewinnen bei Forderungen (und Verbindlichkeiten) in Fremdwährung und bei Valutabeständen
546 Erträge aus dem Abgang von Vermögensgegenständen
    5461 – immaterielle Vermögensgegenstände
    5462 – Sachanlagen
    5463 Umlaufvermögen (soweit nicht unter anderen Erlösen)
547 Erträge aus der Auflösung von Sonderposten mit Rücklageanteil
548 Erträge aus der Herabsetzung von Rückstellungen
    5481 Erträge aus der Auflösung von (nicht verbrauchten) Rückstellungen
    5489 Ausgleichsposten für (über andere Aufwendungen) verbrauchte Rückstellungen (z. B. bei Aufwendungen für Gewährleistung)
549 periodenfremde Erträge
    5491 Rückerstattung von betrieblichen Steuern
    5492 Rückerstattung von Steuern vom Einkommen und Ertrag
    5493 Rückerstattung von sonstigen Steuern
    5494 andere Aufwandsrückerstattungen
    5495 Zahlungseingänge auf abgeschriebene Forderungen
    5496 andere periodenfremde Erträge

55 Erträge aus Beteiligungen

Erträge aus Beteiligungen an verbundenen Unternehmen
550 Erträge aus Beteiligungen an verbundenen Unternehmen, mit denen Verträge über Gewinngemeinschaft, Gewinnabführung oder Teilgewinnabführung bestehen
551 Erträge aus Beteiligungen an anderen verbundenen Unternehmen
552 Erträge aus Zuschreibungen zu Anteilen an verbundenen Unternehmen
553 Erträge aus dem Abgang von Anteilen an verbundenen Unternehmen
554 frei

Erträge aus Beteiligungen an nicht verb. Unternehmen

555 Erträge aus Beteiligungen an nicht verbundenen Unternehmen, mit denen Verträge über Gewinngemeinschaft, Gewinnabführung oder Teilgewinnabführungen bestehen

556 Erträge aus anderen Beteiligungen

557 Erträge aus Zuschreibungen zu Anteilen an nicht verbundenen Unternehmen

558 Erträge aus dem Abgang von Anteilen an nicht verbundenen Unternehmen

559 frei

56 Erträge aus anderen Wertpapieren und Ausleihungen des Finanzanlagevermögens

560 Erträge von verbundenen Unternehmen aus anderen Wertpapieren und Ausleihungen des Anlagevermögens

5601 Zinsen und ähnliche Erträge

5602 Erträge aus Zuschreibungen zu anderen Wertpapieren

5603 Erträge aus dem Abgang von anderen Wertpapieren

565 Erträge von nicht verbundenen Unternehmen aus anderen Wertpapieren und Ausleihungen des Anlagevermögens

57 Sonstige Zinsen und ähnliche Erträge

570 sonstige Zinsen und ähnliche Erträge von verbundenen Unternehmen

571 Bankzinsen

572 frei

573 Diskonterträge

574 frei

575 Bürgschaftsprovisionen

576 Zinsen für Forderungen

577 Aufzinsungserträge

578 Erträge aus Wertpapieren des Umlaufvermögens (soweit von nicht verbundenen Unternehmen)

5781 Zinsen und Dividenden aus Wertpapieren des UV

5782 zinsähnliche Erträge aus Wertpapieren des UV

5783 Erträge aus der Zuschreibung zu Wertpapieren des UV

5784 Erträge aus dem Abgang von Wertpapieren des UV

579 übrige sonstige Zinsen und ähnliche Erträge

58 Außerordentliche Erträge

59 Erträge aus Verlustübernahme

(bei Tochtergesellschaft; Ausweis in GuV vor der Pos. 20 Jahresüberschuß/Jahresfehlbetrag)

Aufwendungen

Kontenklasse 6 – Betriebliche Aufwendungen

Materialaufwand (60–61)

60 Aufwendungen für Roh-, Hilfs- und Betriebsstoffe und für bezogene Waren

600 Rohstoffe/Fertigungsmaterial

601 Vorprodukte/Fremdbauteile

602 Hilfsstoffe

603 Betriebsstoffe/Verbrauchswerkzeuge

604 Verpackungsmaterial

605 Energie

606 Reparaturmaterial und Fremdinstandhaltung (sofern nicht unter 616, weil die Fremdinstandhaltung überwiegt)

607 sonstiges Material

6071 Putz- und Pflegematerial

6072 Berufskleidung

6073 Lebensmittel und Kantinenware

6074 anderes sonstiges Material

608 Aufwendungen für Waren

609 Sonderabschreibungen auf Roh-, Hilfs- und Betriebsstoffe und auf bezogene Waren

6092 zusätzliche Abschreibungen auf Material und Waren bis Untergrenze erwarteter Wertschwankungen gem. § 253 Abs. 3 S. 3 bzw. nach vernünftiger kfm. Beurteilung gem. § 253 Abs. 4.

6093 steuerliche Sonderabschreibungen auf Material und Waren

61 Aufwendungen für bezogene Leistungen

610 Fremdleistungen für Erzeugnisse und andere Umsatzleistungen

611 Fremdleistungen für die Auftragsgewinnung (bei Auftragsfertigung – soweit einzelnen Aufträgen zurechenbar)

612 Entwicklungs-, Versuchs- und Konstruktionsarbeiten durch Dritte

613 weitere Fremdleistungen

6131 Fremdleistungen für Garantiearbeiten

6132 Leiharbeitskräfte für die Leistungserstellung

614 Frachten und Fremdlager (incl. Vers. u. anderer Nebenkosten)

6141 – für Eingangsware, soweit nicht direkt zurechenbar

6145 – für Ausgangsware

615 Vertriebsprovisionen

616 Fremdinstandhaltung und Reparaturmaterial

617 sonstige Aufwendungen für bezogene Leistungen

Aufwandsberichtigungen
(soweit nicht den Aufwandsarten direkt zurechenbar)

618 Skonti

6181 Skonti ermäßigter USt.-Satz

6185 Skonti voller USt.-Satz
619 Boni und andere Aufwandsberichtigungen
6191 Boni ermäßigter USt.-Satz
6195 Boni voller USt.-Satz
6197 andere Aufwandsberichtigungen
|
6199

Personalaufwand (62–64)
62 Löhne
620 Löhne für geleistete Arbeitszeit einschl. tariflicher, vertraglicher oder arbeitsbedingter Zulagen
621 Löhne für andere Zeiten (Urlaub, Feiertag, Krankheit)
622 sonstige tarifliche oder vertragliche Aufwendungen für Lohnempfänger
623 freiwillige Zuwendungen
624 frei
625 Sachbezüge
626 Vergütungen an gewerbl. Auszubildende
627
| frei
628
629 sonstige Aufwendungen mit Lohncharakter

63 Gehälter
630 Gehälter einschließlich tariflicher, vertraglicher oder arbeitsbedingter Zulagen
631 frei
632 sonstige tarifliche oder vertragliche Aufwendungen
633 freiwillige Zuwendungen
634 frei
635 Sachbezüge
636 Vergütungen an techn./kaufm. Auszubildende
637
| frei
638
639 sonstige Aufwendungen mit Gehaltscharakter

64 Soziale Abgaben und Aufwendungen für Altersversorgung und für Unterstützung

Soziale Abgaben
640 Arbeitgeberanteil zur Sozialversicherung (Lohnbereich)
641 Arbeitgeberanteil zur Sozialversicherung (Gehaltsbereich)
642 Beiträge zur Berufsgenossenschaft
643 sonstige soziale Abgaben
6431 Beiträge zum Pensionssicherungsverein (PSV)
6439 übrige sonstige soziale Abgaben

Aufwendungen für Altersversorgung
644 gezahlte Betriebsrenten (einschl. Vorruhestandsgeld)
645 Veränderungen der Pensionsrückstellungen

646 Aufwendungen für Direktversicherungen
647 Zuweisungen an Pensions- und Unterstützungskassen
648 sonstige Aufwendungen für Altersversorgung

Aufwendung für Unterstützung
649 Beihilfen und Unterstützungsleistungen

65 Abschreibungen
650 Abschreibungen auf aktivierte Aufwendungen für die Ingangsetzung und Erweiterung des Geschäftsbetriebes

Abschreibungen auf Anlagevermögen
651 Abschreibungen auf immaterielle Vermögensgegenstände des Anlagevermögens
6511 A. auf Rechte
6512 A. auf Geschäfts- oder Firmenwert
6513 A. auf Anzahlungen
652 Abschreibungen auf Grundstücke und Gebäude
653 Abschreibungen auf technische Anlagen und Maschinen
654 Abschreibungen auf andere Anlagen, Betriebs- und Geschäftsausstattung
6541 A. auf andere Anlagen und Betriebsausstattung
|
6543
6544 A. auf Fuhrpark
6545 frei
6546 A. auf Geschäftsausstattung
|
6548
6549 A. auf geringwertige Wirtschaftsgüter
655 außerplanmäßige Abschreibungen auf Sachanlagen gem. § 253 Abs. 2 S. 3
656 steuerrechtliche Sonderabschreibungen auf Sachanlagen gem. § 254

Abschreibungen auf Umlaufvermögen
(soweit das in d. Gesellsch. übliche Maß überschreitend)
657 unübliche Abschreibungen auf Vorräte
658 unübliche Abschreibungen auf Forderungen und sonstige Vermögensgegenstände
659 frei

Sonstige betriebliche Aufwendungen (66–70)

66 Sonstige Personalaufwendungen
660 Aufwendungen für Personaleinstellung
661 Aufwendungen für übernommene Fahrtkosten
662 Aufwendungen für Werkarzt und Arbeitssicherheit
663 personenbezogene Versicherungen
664 Aufwendungen für Fort- und Weiterbildung
665 Aufwendungen für Dienstjubiläen
666 Aufwendungen für Belegschaftsveranstaltungen

667 frei (evtl. Aufwendungen für Werksküche und
    Sozialeinrichtungen)
668 Ausgleichsabgabe nach dem Schwerbehin-
    dertengesetz
669 übrige sonstige Personalaufwendunen

**67 Aufwendungen für die Inanspruchnahme von
Rechten und Diensten**
670 Mieten, Pachten, Erbbauzinsen
671 Leasing
    6711 Leasing, Sachmittel
    6712 Leasing EDV
672 Lizenzen und Konzessionen
673 Gebühren
674 Leiharbeitskräfte
675 Bankspesen/Kosten des Geldverkehrs u.d.
    Kapitalbeschaffung
676 Provisionen
677 Prüfung, Beratung, Rechtsschutz
678 Aufwendugnen für Aufsichtsrat bzw. Beirat
    oder dgl.
679 frei

Kontenklasse 7 – Weitere Aufwendungen

70 Betriebliche Steuern
700 Gewerbekapitalsteuer
701 Vermögensteuer
702 Grundsteuer
703 Kraftfahrzeugsteuer
704 frei
705 Wechselsteuer
706 Gesellschaftssteuer
707 Ausfuhrzölle
708 Verbrauchsteuern
709 sonstige betriebliche Steuern

71 frei

72 frei

73 frei

**74 Abschreibungen auf Finanzanlagen und auf
Wertpapiere des Umlaufvermögens und Verluste aus entsprechenden Abgängen**
740 Abschreibungen auf Finanzanlagen
    7401 frei
    7402 Abschreibungen auf den beizulegenden
        Wert gem. § 253 Abs. 2 S. 3
    7403 steuerliche Sonderabschreibungen
741 frei
742 Abschreibungen auf Wertpapiere des Umlauf-
    vermögens
    7421 Abschreibungen auf den Tageswert
        gem. § 253 Abs. 3 S. 1 und 2
    7422 zusätzliche Abschreibungen bis Unter-
        grenze erwarteter Wertschwankungen
        gem. § 253 Ans. 3 S. 3 bzw. nach ver-
        nünftiger kfm. Beurteilung gem. § 253
        Abs. 4

7423 steuerliche Sonderabschreibungen
743 frei
744 frei
745 Verluste aus dem Abgang von Finanzanlagen
746 Verluste aus dem Abgang von Wertpapieren
    des Umlaufvermögens
747
 | frei
748
749 Aufwendungen aus Verlustübernahme

75 Zinsen und ähnliche Aufwendungen
750 Zinsen und ähnliche Aufwendungen an ver-
    bundene Unternehmen
751 Bankzinsen
    7511 Zinsen für Dauerkredite
    7512 Zinsen für andere Kredite
752 Kredit- und Überziehungsprovisionen
753 Diskontaufwand
754 Abschreibung auf Disagio
755 Bürgschaftsprovisionen
756 Zinsen für Verbindlichkeiten
757 Abzinsungsbeträge
758 frei
759 sonstige Zinsen und ähnliche Aufwendungen

76 Außerordentliche Aufwendungen

77 Steuern vom Einkommen und Ertrag
770 Gewerbeertragsteuer
771 Körperschaftsteuer
772 Kapitalertragsteuer
773 ausländ. Quellensteuer
774 frei
775 latente Steuern
776 frei
777 frei
778 frei
779 sonstige Steuern vom Einkommen und Ertrag

78 Sonstige Steuern

79 Aufwendungen aus Gewinnabführungsvertrag
(bei Tochtergesellschaft; Ausweis in GuV vor der
Pos. 20 Jahresüberschuß/Jahresfehlbetrag)

Ergebnisrechnungen
Kontenklasse 8 – Ergebnisrechnungen

80 Eröffnung/Abschluß
800 Eröffnungsbilanzkonto
801 Schlußbilanzkonto
802 GuV-Konto Gesamtkostenverfahren
803 GuV-Konto Umsatzkostenverfahren
Konten der Kostenbereiche für die GuV im Umsatzkostenverfahren

81 Herstellungskosten

810 Fertigungsmaterial
811 Fertigungsfremdleistungen
812 Fertigungslöhne und -gehälter
813 Sondereinzelkosten der Fertigung
814 Primärgemeinkosten des Materialbereichs
815 Primärgemeinkosten des Fertigungsbereichs
816 Sekundärgemeinkosten des Materialbereichs (anteilige Gemeinkosten des Verwaltungs- und Sozialbereichs)
817 Sekundärgemeinkosten des Fertigungsbereichs (s. Hinweis unter Konto 816)
818 Minderung der Erzeugnisbestände

82 Vertriebskosten

83 Allgemeine Verwaltungskosten

84 Sonstige betriebliche Aufwendungen

Konten der kurzfristigen Erfolgsrechnung für innerjährige Rechnungsperioden (Monat, Quartal oder Halbjahr)

85 Korrekturkonten zu den Erträgen der Kontenklasse 5

850 Umsatzerlöse
851
852 Bestandsveränderungen
853 andere aktivierte Eigenleistungen
854 sonstige betriebliche Erträge
855 Erträge aus Beteiligungen
856 Erträge aus anderen Wertpapieren und Ausleihungen des Finanzvermögens
857 sonstige Zinsen und ähnliche Erträge
858 außerordentliche Erträge
859 frei

86 Korrekturkonten zu den Aufwendungen der Kontenklasse 6

860 Aufwendungen für Roh-, Hilfs- und Betriebsstoffe und für bezogene Waren
861 Aufwendungen für bezogene Leistungen
862 Löhne
863 Gehälter
864 Soziale Abgaben und Aufwendungen für Altersversorgung und für Unterstützung
865 Abschreibungen
866 sonstige Personalaufwendungen
867 Aufwendungen für die Inanspruchnahme von Rechten und Diensten
868 Aufwendungen für Kommunikation (Dokumentation, Informatik, Reisen, Werbung)
869 Aufwendungen für Beiträge und sonstige sowie Wertkorrekturen und periodenfremde Aufwendungen

87 Korrekturkonten zu den Aufwendungen der Kontenklasse 7

870 betriebliche Steuern

871
| frei
873
874 Abschreibungen auf Finanzanlagen und auf Wertpapiere des Umlaufvermögens und Verluste aus entsprechenden Abgängen
875 Zinsen und ähnliche Aufwendungen
876 außerordentliche Aufwendungen
877 Steuern vom Einkommen und Ertrag
878 sonstige Steuern
879 frei

88 Gewinn- und Verlustrechnung (GuV) für die kurzfristige Erfolgsrechnung (KER)

880 Gesamtkostenverfahren
881 Umsatzkostenverfahren

89 Innerjährige Rechnungsabgrenzung (alternativ zu 298 bzw. 498)

890 aktive Rechnungsabgrenzung
895 passive Rechnungsabgrenzung

Die Kontengruppen 85–87 erfassen die Gegenbuchungen zur KER auf Konto 880. Gleichzeitig enthalten sie die Abgrenzungsbeträge dieser periodenbereinigten Aufwendungen und Erträge zu den Salden der Kontenklasse 5–7. Die Gegenbuchung der Abgrenzungsbeträge erfolgt auf entsprechenden Konten der innerjährigen Rechnungsabgrenzung z. B. 298 bzw. 498 oder 890 bw. 895.

Kosten und Leistungsrechnung

Kontenklasse 9 – Kosten und Leistungsrechnung (KLR)

90 Unternehmensbezogene Abgrenzungen
(betriebsfremde Aufwendungen und Erträge)

91 Kostenrechnerische Korrekturen

92 Kostenarten und Leistungsarten

93 Kostenträger

95 Fertige Erzeugnisse

96 Interne Lieferungen und Leistungen sowie deren Kosten

97 Umsatzkosten

98 Umsatzleistungen

99 Ergebnisausweise

In der Praxis wird die KLR gewöhnlich tabellarisch durchgeführt. Es wird auf die dreibändigen BDI-Empfehlungen zur Kosten- und Leistungsrechnung hingewiesen. (Vertrieb: Heider-Verlag). Der ungekürzte und erläuterte Industriekontenrahmen ist im Heider-Verlag, 51465 Bergisch Gladbach, Pfaffrather Straße 102–116, Tel. 02202/9 54 01, Fax 02202/2 15 31 erschienen.

Stichwortverzeichnis

Stichwortverzeichnis

Stichwortverzeichnis

Notizen

Notizen